MARTIN ERBSTÖSSER

DIE KREUZZÜGE

EINE KULTUR-GESCHICHTE

BASTEI
LÜBBE

BASTEI-LÜBBE-TASCHENBUCH
Band 64159

© 1977 by Edition Leipzig in der Dornier Medienholding GmbH,
Berlin, 3. überarb. Aufl. 1996
Lizenzausgabe im Bastei-Verlag Gustav H. Lübbe GmbH & Co.,
Bergisch Gladbach
Printed in Germany, November 1998
Einbandgestaltung: Morian & Bayer-Eynck, Coesfeld, unter Verwendung
des Gemäldes »Die Eroberung von Konstantinopel« von
Jacopo Robusti, genannt Tintoretto (1518-1594). AKG, Berlin
Zeichnungen: Lutz-Erich Müller, Inge Brüx (Grundrisse)
Satz: hanseatenSatz-bremen, Bremen
Druck und Bindung: Clausen & Bosse, Leck
ISBN 3-404-64159-0

INHALT

VORWORT

Die Kreuzzüge west- und mitteleuropäischer Fürsten und Ritter in den Vorderen Orient gehören zu den Ereignissen, die auch heute noch die Aufmerksamkeit des historisch interessierten Lesers finden, obwohl sie siebenhundert bis neunhundert Jahre zurückliegen – vielleicht weniger, weil diese Welt mit ihren Vorstellungen, Handlungen und Gewohnheiten uns fremd erscheint, sondern mehr deshalb, weil sich auch ohne nähere Sachkenntnis Fragen ergeben, deren Beantwortung über den unmittelbaren geschichtlichen Prozeß hinausgeht.

Die Zeitgenossen sahen in der Kreuzzugsbewegung zunächst ausschließlich eine Konfrontation zwischen Christentum und Islam. Die »Befreiung des Heiligen Grabes aus den Händen der Ungläubigen« stand als Hauptmotiv hinter allen kriegerischen Aktionen. Für den Historiker stellt sich die Problematik aber etwas anders dar.

Das Vordringen westeuropäischer Ritter in den Mittelmeerraum war dem Wesen nach nicht nur eine Expansion, sondern auch der Zusammenstoß verschiedenartiger Feudalgesellschaften: der arabisch-islamischen, der byzantinischen und der westeuropäischen. Diese unterschieden sich wesentlich, vor allem hinsichtlich des wirtschaftlichen und kulturellen Niveaus. Die arabisch-islamische Welt – einschließlich der Mittelmeerregion bis nach Spanien – hatte mit einer historisch nahezu einzigartigen Rezeption der klassisch-antiken und der alten asiatischen Kulturen bereits vor den Kreuzzügen eine

Blüte erreicht, mit der sich die Gesellschaft des übrigen Europas nicht im entferntesten messen konnte. Die ihr in kultureller wie wirtschaftlicher Hinsicht annähernd ebenbürtige byzantinische Macht beherrschte Kleinasien, Südosteuropa und Unteritalien. West- und Mitteleuropa spielten demgegenüber im Weltgeschehen nur eine Nebenrolle.

Diese grobe Charakterisierung skizziert einen Zustand, sie besagt jedoch noch nichts über die gesellschaftliche Dynamik in den jeweiligen Gebieten. So führte die Zersplitterung Europas in Klein- und Kleinststaaten und Herrschaften zu einer erhöhten Machtposition der zahllosen Territorialfürsten ihrem jeweiligen Landesfürsten gegenüber und somit zu einer zunehmenden Dezentralisierung politischer, kultureller und wirtschaftlicher Macht, während Byzanz für das byzantinische Reich, die Residenz des arabischen Kalifats für die arabisch-islamische Welt unbestrittene Zentren darstellten. Der Bruch mit dem antiken Stadt-Land-Verhältnis – in dem die Stadt Sitz politischer und wirtschaftlicher Macht und zugleich kulturelles Zentrum war – war in Europa eindeutig, im Orient und im ehemaligen Oströmischen Reich vollzog er sich dagegen nur teilweise.

Von Europa ausgehende Eroberungszüge in den Mittelmeerraum sind damit nicht allein unter politisch-militärischem Aspekt zu betrachten, sondern auch unter dem der Auseinandersetzung zweier Kulturen sehr unterschiedlichen Niveaus.

Diese Problematik ist nicht einmalig. Für die mittelalterliche Geschichte begegnet uns dieses Spannungsverhältnis als Begleiterscheinung von Expansionen fast in jedem Jahrhundert. Aber es hat auch immer wieder ganz spezielle Erscheinungsformen dabei gegeben. Diese Auseinandersetzung in den Vordergrund zu rücken, ist Anliegen des Buches, ohne freilich alle anderen Aspekte aus dem Blick zu verlieren.

Innerhalb von zweihundert Jahren zogen Zehntausende von Rittern, dazu Bauern, Kaufleute und Handwerker nach dem

Orient. Sieben große Kreuzzüge wurden geführt, dazu zahlreiche kleinere militärische Unternehmen, weiter ein Bauernkreuzzug, ein Kinderkreuzzug, nicht gerechnet der ständige Strom von Pilgern. Vier Kreuzfahrerstaaten wurden im heutigen Syrien und Palästina gegründet, ein Lateinisches Kaiserreich am Bosporus. Auch hier soll weniger das politische Detail, sondern vielmehr die Frage nach der Motivation im Vordergrund stehen, nach den wirtschaftlichen, sozialen und geistigen Beweggründen also, die diese Massenbewegung auslösten.

Wenn es sich bei den Kreuzzügen um eine Expansionsbewegung europäischer Fürsten gegen die islamischen Staaten und teilweise auch gegen das Byzantinische Reich handelte, so sollen zumindest am Rande auch die Handelsexpansion des oberitalienischen Kaufmannes, die im Zusammenhang mit der Kreuzzugsbewegung stattfand, aber auch die normannische Eroberung Siziliens und Süditaliens sowie das Vordringen der christlichen spanischen Reiche in das maurische Spanien in die Betrachtung mit einbezogen werden, geht es doch hier ebenfalls um die Frage, wie die Auseinandersetzung mit der überlegenen Kultur der unterworfenen Völker erfolgte.

Der Verfasser ist sich dessen bewußt, daß damit der übliche Rahmen von Darstellungen über die Geschichte der Kreuzzugsbewegungen verlassen wird. Die Fragestellung dürfte jedoch eine andere Gliederung des Stoffes rechtfertigen. In einem ersten Abschnitt wird ein Überblick über die wirtschaftliche und geistige Struktur der arabisch-islamischen, der byzantinischen und der westeuropäischen Gesellschaft gegeben, soweit das für das Verständnis der Problematik von Belang erscheint. Die Herausbildung und Entwicklung der Kreuzzugsideologie sowie die Charakterisierung der Teilnehmer an dem 1. Kreuzzug, der als der ursprüngliche gilt, schließen sich an, ergänzt durch die Skizzierung des Bauernkreuzzuges. Die folgenden Abschnitte konzentrieren sich auf die Probleme der

Auseinandersetzung mit der arabisch-islamischen und byzantinischen Gesellschaft und ihrer Kultur in den eroberten Gebieten sowie auf die Entwicklung der Kreuzzugsideologie in Europa. Den Schwerpunkt bilden die Kreuzfahrerstaaten, daneben die Handelsexpansion des italienischen Kaufmannes und – in knappem Vergleich – das Normannenreich und die Reconquista. Art und Weise der Übernahme orientalischer und byzantinischer Kultur durch die europäische Gesellschaft des Mittelalters während der Kreuzzugszeit bilden den Abschluß.

Es ist also Absicht, die Geschichte der Kreuzzüge unter dem kulturgeschichtlichen Aspekt darzustellen. Materielles und geistiges Lebensniveau stehen dabei jeweils im Vordergrund der Betrachtung. Tieferes historisches Verständnis für die politische Gesamtproblematik soll damit erreicht werden.

Alle Ausführungen wenden sich an den historisch interessierten Leser, sollen also einführen. Daher wurde zugunsten eines Gesamtüberblicks auf viele Details sowie auf die Gegenüberstellung kontroverser Auffassungen und Polemiken verzichtet.

KULTUREN DER
MITTELALTERLICHEN WELT

Das arabische Kalifat

Dominierende Macht im Mittelmeerraum war am Vorabend der Kreuzzüge in ökonomischer, geistig-kultureller und politischer Hinsicht die islamisch-orientalische Gesellschaft. In einem gewaltigen Siegeszug hatten im 7./8. Jahrhundert die Nachfolger Mohammeds von der arabischen Halbinsel aus die politische Landkarte Mittelasiens, des Orients und bedeutender Gebiete am Mittelmeer verändert. Syrien, Palästina, Ägypten, Nordafrika, Spanien und Sizilien waren erobert worden und bildeten zusammen mit dem Irak, Persien, Transkaukasien und bedeutenden Teilen Mittelasiens das arabische Kalifat.

Für die genannten Territorien und deren Bevölkerung hatten diese Eroberungen tiefgreifende Folgen. Sowohl ökonomisch als auch staatlich, geistig und politisch rückten sie in grundlegend neue Zusammenhänge. Im Mittelmeerraum prägten, von Syrien bis zu den Pyrenäen, die islamisch-arabische Herrschaft und Kultur das gesellschaftliche Leben. Der Gegensatz zu Europa, dem anderen Teil des ehemaligen Römischen Reiches also, hatte sich innerhalb weniger Jahrhunderte derart vertieft, daß zur Zeit der Kreuzzüge die Beziehungen zwischen dem maurischen Spanien und den östlichen Teilen des arabischen Kalifats auf nahezu allen Gebieten des gesellschaftlichen Lebens intensiver waren als zum christlichen Europa. Diese Trennungslinie wurde sowohl durch die Religion gezogen, die im Bewußtsein der Völker eine überragende Rolle spielte, als auch durch die unterschiedlichen Herrschaftsformen und das daraus resultierende Gefälle im materiellen und geistigen Niveau. Die letzteren wirkten viel tiefer als Grenzscheide.

Das arabische Kalifat war zunächst ein sehr lockeres heterogenes Gebilde gewesen. Die arabischen Eroberer stellten lediglich eine Minderheit der Gesamtbevölkerung. Während die arabische Aristokratie von den Städten des eroberten Gebietes aus das Reich beherrschte, blieben die einfachen Beduinenkrieger in geschlossenen Militärsiedlungen punktuell über das Reich verstreut.

Im Ergebnis der Expansion erweiterte sich trotz kriegerischer Verluste die Zahl der Muslime und deren Machtstellung in den eroberten Territorien teilweise beträchtlich. Das geschah vor allem durch die Verwirklichung des *Gihad,* des Heiligen Krieges, und führte somit zur gewaltsamen Ausbreitung des Islam, vor allem aber zur Ausweitung der Macht des Kalifen. Diese Praxis, ursprünglich zur Islamisierung der Stämme auf der arabischen Halbinsel angewandt, wurde jedoch im wesentlichen gegenüber den Arabern und ihnen verwandten Stämmen verfochten. Gegenüber Christen anderer ethnischer Herkunft und Juden verhielt man sich zumeist tolerant. Daraus resultierte, daß sich die islamisch-arabische Bevölkerung sehr ungleichmäßig über das gesamte Reich verteilte. Konzentrationsgebiete kannten vor allem der Irak, Palästina, Syrien und Ägypten sowie Nordafrika, wo die Berberstämme bereitwillig den Islam annahmen und in der Folgezeit aktiv an der Eroberung insbesondere Spaniens und Siziliens teilnahmen.

In anderen Gebieten war die arabische Bevölkerung zahlenmäßig eher schwach geblieben, vor allem im Iran, in Mittelasien und in Transkaukasien. Aber auch in den Mittelmeerterritorien blieb die einheimische Bevölkerung weitgehend unbehelligt.

Das eigentliche Problem, mit dem sich die Eroberer auseinanderzusetzen hatten und das für die Gesamtstruktur des Kalifats bestimmend wurde, bestand in der Gestaltung des Verhältnisses zu den unterworfenen kulturellen Zentren und deren Bevölkerung. Insbesondere Syrien, Ägypten, Persien, Transkaukasien und Mittelasien galten als Gebiete hochentwickelter materieller und geistiger Kultur.

Die auf Sklavenhaltung beruhende Sozialstruktur der Antike war zwar bereits zerfallen oder aber im Zerfall begriffen, das ökonomische Niveau aber nur relativ wenig davon berührt. Es existierten nach wie vor bedeutende Städte mit ausgeprägter Arbeitsteilung, in denen Handwerk und Handel blühten und wo man die Wissenschaft und die Kultur der Alten Welt pflegte.

Den arabischen Eroberern gelang es, sich diese städtische Kultur nutzbar zu machen und sie in den Dienst des Ausbaus ihres Großreiches zu stellen. Bereits 661 verlegten sie die Residenz des Kalifats von Medina nach Damaskus. Dies war mehr als ein Ortswechsel von der Peripherie in das Zentrum des Reiches. Dahinter stand die Absicht, sich auf die wirtschaftlich und kulturell höherentwickelten Teile des Reichs zu orientieren, die Reichtümer dieser Gebiete voll zu nutzen und offensiv die Auseinandersetzung mit den alten Kulturen zu führen.

Die Dynastie der Omaijaden, die diesen Prozeß einleitete, blieb dabei allerdings noch in den Anfängen stecken. Während ihrer Regierungszeit wollte die arabische Aristokratie ihre Herrschaft mit dem Adel der unterworfenen Bevölkerung noch nicht teilen. Sie besetzte die staatlichen Machtpositionen allein. Übertritte zum Islam, die die Privilegierung bedeutet hätten, wurden radikal unterbunden, da sie auch das Herrschaftsprinzip der Eroberer gefährdet hätten.

Im arabischen Kalifat war alles Land Eigentum des Kalifen. Ihm flossen alle Abgaben, Steuern und Zölle aus Landwirtschaft, Produktion und Handel unmittelbar zu. Von dieser Zentrale aus wurden sie in den verschiedensten Formen an die Eroberer verteilt beziehungsweise die Verteilung kontrolliert. Die Einnahmen kamen vorwiegend aus den Abgaben der nichtmohammedanischen Bevölkerung, und zwar sowohl von den Bauern und Handwerkern als auch vom Adel. Die Muslime dagegen zahlten nur eine sehr geringfügige Steuer.

Die Zeit der Omaijadendynastie gilt als die vollendete Form der Herrschaft der arabischen Aristokratie. Für die ökonomische Entfaltung bedeutete diese Entwicklung keinen Abbruch. Von Damaskus und den Provinzstädten aus beherrschten die Eroberer nicht nur das Reich politisch und militärisch, sie stellten auch die gesamte wirtschaftliche Produktion der unterworfenen Bevölkerung, die hochspezialisierten Handwerke, den Handel und die kulturellen Leistungen in den Dienst ihres Staates.

Die arabische Aristokratie war städtisch orientiert. Das bedeutet insgesamt eine faktische Annäherung an das materielle Niveau der unterworfenen Bevölkerung, insbesondere deren noch existierende Oberschicht, während andererseits die materielle und geistige Kultur in den Zentren islamisiert wurde.

Der entscheidende Umschwung in der Herrschaft des Omaijadengeschlechts vollzog sich erst mit dem Übergang der Macht an die Dynastie der Abbasiden (750 bis 1258). Die soziale Basis der Omaijadenherrschaft war gegen Ende der Regierungszeit überaus schmal geworden. Die unterworfene Bevölkerung empfand die drückende Steuerlast, besonders die Kopfsteuer für Nichtmohammedaner, als sehr hart, und überall regte sich der Widerstand. Auch die einfachen Beduinen waren mit der Konzentration des Reichtums in den Händen der Aristokratie unzufrieden. Allzu deutlich bekamen sie den sozialen Differenzierungsprozeß zu spüren, der sich im Denken und Handeln der arabischen Eroberer vollzog. Die einheimische Aristokratie, vor allem der persische Adel, war nicht länger gewillt, auf einen angemessenen Anteil an der politischen Macht zu verzichten.

Aufstände, die vom Osten des Reiches ausgingen, führten zu einem Wechsel der Dynastie, der entschieden mehr war als eine einfache Ablösung eines Herrschergeschlechts durch ein anderes. Bereits die Verlagerung der Residenz von Damaskus nach Bagdad bringt dies zum Ausdruck.

Der persische Einfluß auf das Kalifat wurde dominierend. Der iranische Adel stellte fortan einflußreiche Ratgeber am Hof und besetzte wichtige Staatsfunktionen. Begünstigt wurde dieser Prozeß unter anderem dadurch, daß sich jetzt der Islam der unterworfenen Bevölkerung öffnete und nicht mehr als Privileg der Eroberer angesehen wurde. Ähnliche Prozesse vollzogen sich auch in den anderen Teilen des Reiches.

Die Orientierung des Kalifats auf den Osten blieb für die islamisch geprägte Mittelmeerregion nicht ohne politische Folgen. Die Verselbständigung der einzelnen Provinzen machte rasche Fortschritte. Bereits im Jahre 756 wurde Spanien selbständiges Emirat. Marokko, Tunis, Algier folgten. Ägypten erhielt im 9. Jahrhundert seine Unabhängigkeit. Kleinreiche entstanden zudem in Syrien.

Dieser politischen Entwicklung folgten keine negativen Konsequenzen für die sozialen, ökonomischen und kulturellen Prozesse. Im Gegenteil, die eigentliche Blüte der arabischen Gesellschaft des Mittelalters fiel in diese Zeit. Von dieser Veränderung profitierten natürlich auch die islamischen Mittelmeerstaaten.

Der Höhepunkt dieser Blütezeit lag zwischen dem 8. und 10. Jahrhundert, bestimmte aber auch noch die Kultur der Kreuzzugszeit. Prägend wirkten in diesem Zusammenhang vor allem zwei Momente: zum einen die Einbeziehung der unterworfenen Bevölkerung in die islamische Gesellschaft und zum anderen die daraus resultierende hohe städtische Kultur.

Die Bauern des Orients verwendeten auf Grund des heißen Klimas von alters her größte Mühe auf die Anlage funktionsfähiger Bewässerungssysteme. Das arabische Kalifat setzte diese Tradition fort. In allen Gebieten des Reiches wurden neue Anlagen errichtet. Das Schöpfrad am Orontes in Syrien, erbaut um 1000, zählt mit 25 Meter Durchmesser noch heute zu den größten seiner Art. Über die Schöpfkellen wird das Wasser in den Kanal auf dem Aquädukt und von dort auf die Felder geleitet.

Die »Arbeitsteilung« zwischen Stadt und Land wurde damit nicht nur übernommen, sondern weiter ausgebaut. In großen Teilen des Kalifats waren Bauern und Handwerker zumeist

Angehörige der durch die arabischen Herrscher unterworfenen Bevölkerung. Das gilt insbesondere für Mittelasien und den Iran, aber auch für die Mittelmeergebiete. So waren zum Beispiel bis zum Ende des Kalifats in Spanien die Bauern und Handwerker meist Christen. Auch in den übrigen Territorien wurde die Bevölkerung der unterworfenen Gebiete nicht vertrieben, sondern verblieb in der Regel an ihren angestammten Plätzen und in ihren Berufen. Andererseits lassen sich ständig Siedlungsbewegungen islamischer Bauern beobachten, so etwa in Spanien und Sizilien, aber auch in Ägypten, Palästina und dem Irak. Kulturell setzte sich mehr und mehr das islamische Element durch.

Aber auch die Mittelschicht der jeweiligen Regionen, die Kaufleute, Gelehrten und Künstler, wurde unabhängig von ihrer religiösen Zugehörigkeit in zunehmendem Maße in die islamische Gesellschaft integriert. Juden, Syrer, Perser, Ägypter wirkten nicht nur bei der Pflege und Weiterentwicklung der geistigen Kultur mit, sie bekleideten darüber hinaus untere Staatsämter und wurden zuweilen als Ratgeber am Hof herangezogen. So trugen zum Beispiel Juden nach dem Untergang des Kalifats von Damaskus in Spanien maßgeblich zur Entwicklung der Kultur des Kalifats von Córdoba bei. Die nichtarabische Bevölkerung brachte also auf solche und ähnliche Weise ihr kulturelles Erbe in die Gesellschaft des Kalifats ein. Vor allem die Traditionen der antiken persischen, mittelasiatischen und indischen Gesellschaften und der griechisch-römischen Kultur wurden auf diese Weise direkt wirksam.

Dieses Erbe blieb nicht Fremdkörper, sondern konnte integriert werden, da es gelang, die materiellen und geistigen Lebensbedingungen im Kalifat in zunehmendem Maße zu islamisieren und zu arabisieren. Es gibt heute unterschiedliche Auffassungen darüber, was unter dem Begriff islamisch-arabische Kultur zu verstehen ist und was den eigenständigen Charakter der unterworfenen Bevölkerung spiegelt. Dieses Problem ist außerordentlich bedeutungsvoll im Hinblick auf die nationale Geschichte der einzelnen Völker. Hier ist jedoch zunächst hervorzuheben, daß die integrierenden Elemente zumindest für die Blütezeit vom 8. bis 10. Jahrhundert derart stark waren, daß trotz des politischen Umbruchs in allen Teilen des Kalifats Ähnlichkeit, ja eine gewisse Gleichförmigkeit in der ökonomischen, sozialen und kulturellen Entwicklung erreicht wurde. Diese Symbiose konnte allerdings nur unter dem spezifischen Verhältnis zwischen Stadt und Land im arabischen Kalifat wirksam werden. Obwohl die Landwirtschaft und damit die Landbevölkerung quantitativ dominierte, ging das bestimmende Moment des geistigen und materiellen Niveaus von den Städten aus. Das anfängliche Festsetzen der arabischen Aristokratie in den eroberten Städten war also keine Übergangslösung der frühen Expansion. Vielmehr lebte die gesamte herrschende Schicht überwiegend in den Städten. Hier lagen die Paläste und Residenzen des Adels. Von den Städten aus wurde das Land regiert. Sie bildeten die religiösen Zentren und verfügten über eine gewaltige ökonomische und kulturelle Ausstrahlungskraft. Die Städte waren die eigentlichen Bindeglieder des gewaltigen territorialen Komplexes, den das Kalifat bildete.

Diese Städte existierten nicht isoliert voneinander, die Regel waren vielmehr intensive Austauschbeziehungen für alle Bereiche des ökonomischen, sozialen und geistigen Lebens. Relativ rasch breiteten sich Veränderungen und Neuerungen im ganzen Staat aus und blieben nicht auf ein kleines Territorium beschränkt. Im Unterschied zur europäischen Stadt, die sich durch Privilegien und andere rechtliche Bestimmungen und soziale Gewohnheiten vom Dorf abhob, wo der Adel in seiner Mehrheit auf dem Lande wohnte und von hier aus sein Lehen beherrschte, gab es im Orient diese Differenzierung nicht. Die Städte waren die eigentlichen Kristallisationspunkte der ökonomischen, sozialen und politischen Macht im Kalifat.

Trotz ihrer Bedeutung wissen wir heute wenig über die Bevölkerungszahlen der Städte. Bagdad, eine Neugründung der Abbasidendynastie, soll im 9. Jahrhundert etwa dreihunderttausend Einwohner gehabt haben. Es überragte damit zweifellos alle anderen Städte. Aber auch die Provinzmetropolen übertrafen bereits von der Größe her jede europäische Stadt des Mittelalters um ein Mehrfaches.

Wirtschaftliche Grundlage der Stadt war die handwerkliche Produktion zur Versorgung der Bevölkerung. Darüber hinaus lieferte sie ihre Erzeugnisse in alle Teile des Kalifats und über dessen Grenzen hinaus nach Asien und, wenn auch in begrenztem Maße, nach Europa. Hohes gewerbliches – Können, verbunden mit außerordentlicher Spezialisierung, bildeten dafür die Voraussetzung. Den größten Umfang hatte zweifellos die Textilproduktion. Stoffe auf der Basis von Wolle, Baumwolle, Leinen und Seide wurden in nahezu allen Gebieten der orientalischen Welt handwerklich hergestellt. Berühmt waren die Teppichwebereien Persiens, Aserbaidschans und Bucharas, die sich jeweils durch unterschiedliche Dessins voneinander abhoben. Weltruf besaßen die persischen und mittelasiatischen Baumwoll- und Seidenerzeugnisse.

Auch die islamischen Mittelmeergebiete wurden von dieser Entwicklung erfaßt. Vor allem Ägypten, als Webereizentrum in der Antike bereits bekannt, erlangte mit seinen Erzeugnissen zur Zeit des arabischen Kalifats Berühmtheit. In Damiette und Tunis wurden feinste, fast durchsichtige Stoffe für die Turbane hergestellt. Bis zu fünfzig Meter lang soll der Stoffstreifen für einen einzigen Turban gewesen sein. Bedrucktes Leinen und fein mit Goldfäden durchwirkte Stoffe stellten ägyptische Weber her. Nach Sizilien verpflanzten die Muslime die Seiden- und Goldstickerei, und nicht wenige der heute noch in europäischen Museen aufbewahrten Gewebe stammen von hier. Denn auch nach der Eroberung Süditaliens durch die Normannen blieb dieses Handwerk erhalten.

Bedeutende Zentren der Baumwollverarbeitung wurden zur Zeit des arabischen Kalifats in Spanien und Nordafrika aufgebaut. Auf hohem Niveau stand das metallverarbeitende Handwerk. Gold wurde in Nubien und im Sudan gefunden, Silber und Kupfer in verschiedenen Orten Mittelasiens. Eisen gewann man dort ebenfalls, daneben aber auch in Nordafrika und Sizilien; Perlen und Edelsteine wiederum führte man vor allem aus Indien ein. Das metallverarbeitende Handwerk lieferte die verschiedensten aus Metallen und Edelmetallen gefertigten Gebrauchs- und Luxusgegenstände. Eine breite Palette an Erzeugnissen wie Vasen, Schalen und anderen Gefäßen, die kunstvoll geschmiedet und mit Edelsteinen verziert waren, kündet vom überragenden Können islamischer Handwerker.

Selbst das Verfahren, Silber auf Kupfer aufzulegen und Gold auf Silber, »Tauschieren« genannt, beherrschten die Araber während des Mittelalters vollendet. Außerdem kannten sie die Technik, schraubenförmig zusammengedrehte Metalle auszuschmieden. Dadurch entstanden nicht nur sehr harte Stähle. Durch entsprechende Behandlung gelang es auch, flammige oder blumige Zeichnungen auf dem Stahl sichtbar werden zu lassen. Dieses Verfahren, aus dem Iran übernommen, erlangte solche Beliebtheit, daß von einem der Hauptproduktionsorte im arabischen Kalifat, Damaskus, der Fachterminus »damaszieren« abgeleitet wurde, der bekanntlich heute noch gebräuchlich ist.

Recht aufschlußreiche Einblicke in das hohe Niveau gewerblicher Produktion geben die mechanischen Erzeugnisse des metallverarbeitenden Handwerks. Automaten, Uhren, mechanische Wunderwerke der damaligen Zeit, zeugen davon. Berühmt waren die komplizierten Ausführungen von Uhren, die zusätzlich zur Zeitangabe durch klangvolle Akustik und pompöse Ausstattung zum Amüsement der Besitzer beitrugen.

Diese und ähnliche Arbeiten bildeten jedoch im Grunde nur einen Teil der Erzeugnisse einer handwerklichen Produktionsart, die in Verbindung mit den Naturwissenschaften entstanden war. Präzisionswaagen, Astrolabien, Darstellungen des Sternenhimmels, Fernrohre, ja ganze Observatorien, von denen jede größere Stadt mindestens eines besaß, gehörten genauso zum Repertoire, wie im Zusammenspiel mit der Naturwissenschaft die Anfertigung hochwertiger technischer Geräte und Gefäße aus Glas und Keramik.

Die entsprechende Produktion war außer in Persien vor allem in Syrien und Ägypten angesiedelt. Neben einfachen Gefäßen für den Hausgebrauch wurden kostbare Vasen und Schalen hergestellt. Man produzierte technische Gläser wie Retorten, Destillierkolben und Reagenzgläser sowie große Flaschen als Verpackungsmaterial. Kristallglas aus Ägypten erlangte besondere Berühmtheit.

Die spezialisierte Produktion konnte ohne einen ausgedehnten Handel nicht existieren. Im Vordergrund stand dabei der Warentransfer über Land. Karawanenstraßen verbanden alle Teile des Kalifats, und auch der politische Verfall tat diesem Handel keinen Abbruch. In der Anfangszeit waren die arabischen Kaufleute privilegiert. Seit dem 8. Jahrhundert standen jedoch die übrigen Bevölkerungsgruppen durchaus gleichberechtigt neben ihnen. Insbesondere Juden und Syrer waren mit ihren Karawanen in allen Teilen der arabischen Welt anzutreffen. Die Beziehungen zwischen den einzelnen Territorien müssen ziemlich intensiv gewesen sein. Auch außerhalb des eigentlichen Handels erfahren wir immer wieder, daß insbesondere Lehrer und Studenten, aber auch Angehörige der Oberschicht aus beruflichen Gründen oder besuchsweise für längere Zeit von einer Stadt in die andere übersiedelten.

Der Handel über das Meer dagegen spielte in der Anfangszeit keine große Rolle. Die Araber kannten weder den Schiffbau noch waren sie Seefahrer. Sie nutzten allerdings sehr bald die vor allem in den syrischen und ägyptischen Hafenstädten vorgefundenen Werften – zunächst zum Bau einer Kriegsflotte, später auch für den Handel. Die Seeleute waren in der Mehrzahl Ägypter und Syrer.

Gegenüber der städtischen Wirtschaftskraft blieb das Land vergleichsweise zurück, vor allem deshalb, weil die Diskrepanz zwischen den hochentwickelten Kulturzentren und den weiten Wüsten- und Steppengebieten mit nomadisierenden Viehzüchtern nicht überwunden wurde. Die Arbeitsgeräte der Bauern blieben in der Regel sehr einfach. Erhalten konnten sich jedoch die jahrhundertealten Erfahrungen und Kenntnisse über die künstliche Bewässerung des Landes. In den fruchtbaren Gebieten wurden sie in den verschiedensten Formen wie Kanalsystemen, Schleusen, Wasserrädern usw. genutzt. Nicht nur für die vor allem in den Städten blühenden großen Obst- und Gemüsegärten, sondern auch für eine Reihe von Feldkulturen bedeutete das eine beträchtliche Ertragssteigerung.

Das eigentliche Niveau der Landwirtschaft wurde jedoch durch die Vielfalt der Kulturen bestimmt. Neben den Hauptgetreidearten Weizen und Gerste baute man eine große Auswahl an Obst- und Gemüsesorten an. Auch Seiden- und Wollproduktion war in vielen Gebieten üblich.

Relativ rasch breitete sich der Anbau spezieller Nutzpflanzen im Kalifat aus, und besonders die Mittelmeerländer profitierten davon. So wurde zum Beispiel die Baumwolle in Ägypten, Nordafrika, Spanien und Sizilien heimisch. Das gleiche gilt für das sehr begehrte Zuckerrohr. Dattelpalmen brachten arabische Siedler unter anderem nach Sizilien und Südspanien.

Für den Europäer blieben sowohl die gewerblichen als auch die landwirtschaftlichen Erzeugnisse des Orients unerreichbarer, märchenhafter Luxus. Es wäre jedoch falsch, aus dieser Darstellung auf einen allgemeinen Wohlstand im Kalifat zu schließen. Die Handwerker und Bauern hatten davon nur wenig Nutzen. Hohe Abgaben und Steuern in Geld und Naturalien, dazu Fronarbeit, machten jeden Wohlstand unmöglich. Der

Reichtum floß in die Taschen der Grundbesitzer, der Beamten, der Krieger, der geistlichen Würdenträger und der Kaufleute und Wucherer. Die Unterschichten waren in zwei Formen abhängig. Die überwiegende Mehrheit zahlte die Steuern direkt an den Staat, der dann davon die Aristokraten, die die höchsten Positionen im Staat besetzten, entlohnte. Außerdem hatten die Bauern in den verschiedensten Formen, etwa beim Bau von Bewässerungsanlagen, beim Straßenbau, Frondienste auch direkt für die staatlichen Organe zu leisten. Daneben entwickelte sich auch privater Grundbesitz in vielfältigen Nuancen mit unmittelbar abhängigen Bauern.

Der hohe Grad der Arbeitsteilung, insbesondere die Existenz großer Städte, verschleierte allerdings das starke soziale Gefälle, da sich eine breite Mittelschicht an Gelehrten, Ärzten, Künstlern und hochspezialisierten Handwerkern herausbildete, die zwar nicht weniger im Dienst des Adels stand, aber doch von diesem gefördert wurde und damit einen größeren Anteil am gesellschaftlichen Reichtum erlangte als die agrarische Unterschicht. Diese Mittelschicht vollbrachte insbesondere während der Abbasidenzeit gewaltige kulturelle Leistungen, die heute zum Erbe der Menschheit gehören.

Auch daran beteiligte sich die Bevölkerung der islamischen Mittelmeergebiete. Syrische Christen waren es vorwiegend, die die Werke der antiken griechischen Philosophen und Naturwissenschaftler in die arabische Schriftsprache übertrugen. In den syrischen Städten gab es regelrechte Übersetzerschulen; Galen, Hippokrates, Ptolemäus, Euklid, Archimedes, Aristoteles, Plato und viele andere gehörten zum Repertoire. In gleicher Weise übersetzten Perser die Arbeiten aus der Zeit des alten Iran, und in den mittelasiatischen Zentren Buchara, Samarkand und Chiwa bereiteten einheimische Gelehrte ebenfalls die alten Kulturen auf. Kenntnisse der indischen und chinesischen Wissenschaft bereicherten zusätzlich die Kultur des Kalifats.

Beim hochentwickelten Stand des Kommunikationssystems blieb die Rezeption des Erbes nicht territorial begrenzt, sondern breitete sich rasch in alle Teile des Kalifats aus, das heißt auch in alle Mittelmeerländer. Aus diesen geistigen Voraussetzungen entwickelte sich eine Wissenschaftsblüte, die nahezu alle Disziplinen erfaßte: Philosophie, Mathematik, Physik, Chemie, Biologie, Astronomie, Geschichte, Geographie sind nur die Hauptgebiete. Es ist an dieser Stelle unmöglich, auch nur die wichtigsten Gelehrten und ihre Leistungen zu skizzieren. Das Reservoir scheint unerschöpflich gewesen zu sein. Einige ganz wenige Beispiele müssen genügen.

Al-Chwarismi, aus Choresmien stammend (780 bis 850), führte das indische Zahlensystem ein, schrieb mehrere Arbeiten über Algebra und berechnete die Entfernungen und Bewegungen der Sterne.

Der Mediziner und Philosoph Ibn Sina (lat. Avicenna, 980 bis 1037) faßte das gesamte medizinische Wissen seiner Zeit in einem »Kanon der Medizin« zusammen. Er war einer der berühmtesten Ärzte des Mittelalters. Als Philosoph entwickelte er den Aristotelismus weiter und verband ihn mit der Vorstellung von einem absoluten Prinzip (Gott), das allem Sein Wirklichkeit verleiht.

Ibn al-Haitam (gestorben 1059) schrieb wissenschaftliche Untersuchungen über das Auge.

Al-Biruni (973 bis 1050), ein Enzyklopädist an Wissen, stammte aus Mittelasien. Er stellte zusammen mit anderen Astronomen Kalenderberechnungen an, die bereits den späteren gregorianischen Kalender an Genauigkeit übertrafen.

Ar-Razi aus Persien, Mediziner, Chemiker und Philosoph, schrieb berühmte Abhandlungen über Infektionskrankheiten auf der Grundlage genauer klinischer Untersuchungen.

Die Beispiele könnten fortgesetzt werden. Auf dem Gebiet der Chemie setzten sich die auch heute noch gebräuchlichen Hauptformen des Experimentierens durch. Genaue Beobachtungen der chemischen Prozesse, Gebrauch des Destillierens, Filtrierens und anderer Verfahren waren unter den Gelehrten üblich. Man war in der Lage, Silbernitrat, Soda, Laugen, Kupfervitriol und viele andere chemische Verbindungen herzustellen. Hunderte von Drogen wurden fabriziert.

Nicht zufällig sind gerade aus der Chemie viele Begriffe direkt aus der arabischen Sprache abgeleitet, so die Bezeichnungen Droge, Alaun, Amalgam, Anilin, Arrak, Soda, Talkum usw. In der Medizin waren komplizierte Behandlungen schwerer Krankheiten möglich. Man kannte Operationen mit Betäubung und verwendete spezielle medizinische Geräte.

Die Mittelmeerländer der arabisch-islamischen Welt standen bei dieser Entwicklung nicht abseits. Zahlreiche Gelehrte wurden hier herangebildet. Vor allem das Kalifat von Córdoba war eine namhafte Heimstätte der Wissenschaftsförderung. Al-Zarawi, einer der bedeutendsten Mediziner im spanischen Kalifat, schrieb eine Reihe medizinischer und pharmakologischer Lehrbücher. Ibn al-Baitar aus Malaga verfaßte Abhandlungen über Heilpflanzen und Medikamente, in denen eintausendvierhundert Arzneien beschrieben wurden. Der Geograph und Kartograph al-Idrisi, geboren in Ceuta, schrieb eine geographische Darstellung der bekannten Welt.

Nicht unerwähnt bleiben darf der berühmte Mediziner und Philosoph Ibn Rušd (Averroes, 1126 bis 1198), geboren in Córdoba, der ein eigenes philosophisches System, den sogenannten Averroismus, entwickelte und damit die spätere europäische Philosophie nachhaltig beeinflußte.

Die Förderung von Kunst und Wissenschaft lag den Herrschern besonders am Herzen, mehrten sie doch deren Ruhm und Ansehen. Mit der Nähe zum Thron wuchsen auch die Vergütungen. Ein Leibarzt des Kalifen in der ersten Hälfte des 10. Jahrhunderts konnte ein Vermögen erwerben, weil er seinen Patienten zweimal jährlich zur Ader ließ und ihm im gleichen Abstand ein Klistier verabreichte. Ähnlich gestalteten sich die

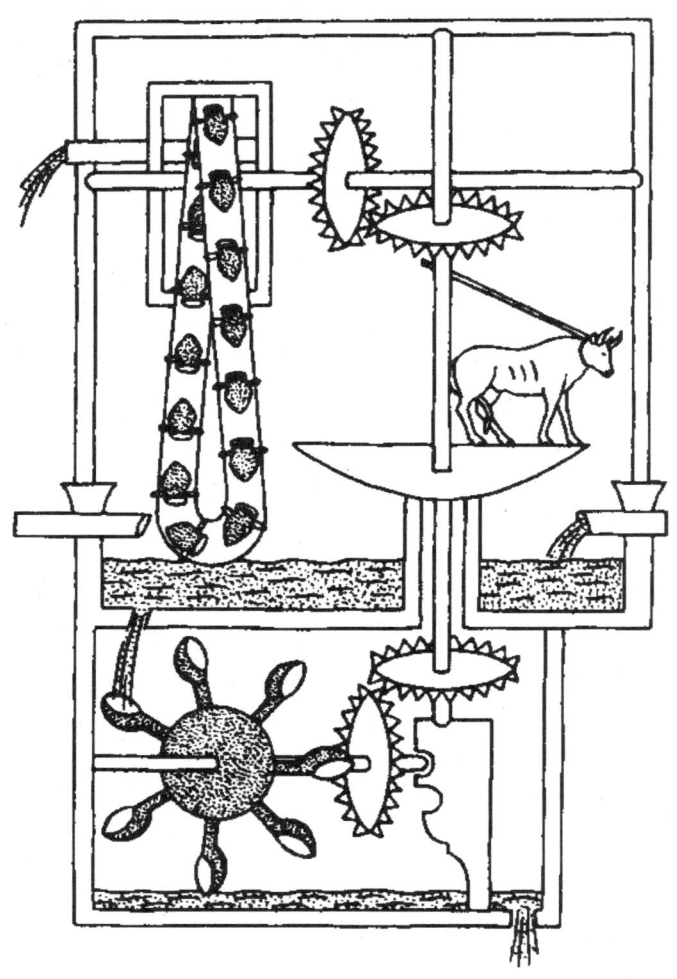

Große Sorgfalt verwendeten die Handwerker im arabischen Kalifat auf die Gestaltung der Mechanismen von Automaten wie Uhren und Wasserspiele. Für den Betrachter erscheint es, als würde das Rind die Schöpfkette antreiben. In Wahrheit wird der Mechanismus durch einen Löffelstern in Bewegung gesetzt.

Beziehungen auch für andere Naturwissenschaften, und für viele Astronomen war die Astrologie am Hofe das einträglichste Geschäft.

Die geistige Kultur konzentrierte sich in den großen Städten des Kalifats beziehungsweise dessen Nachfolgestaaten. Hier lebte und regierte die urbane Aristokratie, und diese pflegte größten persönlichen Luxus, unterhielt einen aufwendigen Hofstaat, ließ sich alle Genüsse, die das Land bot, angedeihen. Dies manifestierte sich nach außen im Bau prunkvoller Paläste und in der Gestaltung der Städte als Herrschaftszentren schlechthin, in denen die Gesamtheit der materiellen und geistigen Kultur sinnfällig zum Ausdruck kam.

Konzentrierte sich die Blüte in der ersten Zeit vor allem auf die Hauptstädte des Kalifats – Damaskus, während der Herrschaft der Omaijaden, Bagdad als Zentrum der Herrschaft der Abbasiden –, so wetteiferten nach dem politischen Verfall des Großreiches die Herrscher der Nachfolgestaaten um den Ausbau ihrer Residenzen sowie aller Städte in ihrem Machtbereich, die Städte der Mittelmeerländer eingeschlossen.

Die ausgeprägte Arbeitsteilung erforderte ein bestimmtes Bildungsniveau der städtischen Bevölkerung. In allgemeinbildenden Schulen wurden zumindest die vermögenden und mittleren Schichten in einem fünfjährigen Kurs in Korankunde, Lesen, Schreiben, Geschichte, Dichtkunst und Rechnen unterrichtet. Allerdings sind Ausmaß und Kontinuität dieser Ausbildung nicht genau nachweisbar. Ein zustimmendes Echo dürfte die Gründung von siebenundzwanzig Armenschulen in Córdoba 965 in anderen Teilen der arabisch-islamischen Welt gefunden haben. Über die praktische Durchführung ist uns allerdings nichts überliefert.

Alle großen Städte besaßen Medresen. Diese entsprachen in ihrem Bildungsauftrag etwa den Gymnasien. Gelehrt wurden Korankunde, Sprach- und Literaturwissenschaft, Geographie, Völkerkunde, Astronomie, Algebra, Chemie, Musik, Geometrie. Das Ansehen einer solchen Schule hing von der Qualität der Lehrkräfte und der Größe der Bibliotheken ab. Aus den bedeutendsten entwickelten sich Hochschulen. Den besten Ruf besaß bis zum 13. Jahrhundert Bagdad, sehr angesehen waren Alexandria, Kairo und Córdoba. Letzterer stand bereits im 10. Jahrhundert eine Bibliothek von vierhunderttausend Bänden zur Verfügung.

Auch außerhalb der Medresen und Universitäten besaßen die Städte Forschungs- und Bildungseinrichtungen. Observatorien, von denen aus systematisch die Sternenwelt erforscht wurde, waren in der arabisch-islamischen Welt keine Seltenheit. Bibliotheken gab es sowohl an Schulen als auch an Höfen und bei Moscheen. Ihre Größe war für die lokalen Herrscher ein Symbol des Ruhms und des Ansehens.

Von dieser Bildungsprosperität wurde auch die Oberschicht selbst geprägt. Es gehörte zum Image eines orientalischen Fürsten, daß er selbst riesige Bibliotheken besaß und die wissenschaftlichen Ergebnisse zumindest zur Kenntnis nahm. Es gibt sogar Beispiele, daß die Herrscher selbst Studien betrieben. Eine Reihe von Gelehrten verdienten sich ihren Unterhalt als Hauslehrer in den einzelnen Herrscherhäusern. Die bereits mehrfach genannten Kalifen von Córdoba zogen zum Beispiel viele Syrer und Juden an ihren Hof und förderten damit die Kulturblüte im maurischen Spanien.

Ähnliche Motive wie für die Förderung der Wissenschaft waren auch für Baukunst und Dichtung maßgebend. Die Omaijadendynastie baute Damaskus aus. Neben Schlössern und Palästen entstanden in den Residenzstädten prachtvolle Moscheen. In Córdoba kündeten wertvoll ausgestattete Moscheen und andere Bauten von der Macht der Emire und Kalifen. Die große Moschee dieser Stadt, fertiggestellt im 10. Jahrhundert, vereinigte künstlerische Elemente aus allen Teilen der arabisch-islamischen Welt. Die Fatimiden ließen um 970 in Kairo die berühmte Al-Azhar-Moschee bauen.

Einen in dieser Hinsicht nicht uninteressanten Sonderfall erlebte Jerusalem zur Zeit der Omaijadendynastie. Die Residenz lag in Damaskus, und die Omaijaden bemühten sich, in Jerusalem ein religiöses Zentrum aufzubauen. Die Gründe waren eher politischer Natur, vor allem die Feindschaft zu den Herrschern von Mekka spielte eine Rolle. Jerusalem sollte zu einer Konkurrenz für das traditionelle Zentrum des Islam aufgebaut werden. Zwischen 687 und 691 wurde hier der Felsendom gebaut, benannt nach dem heiligen Felsen des Tempelplatzes der Stadt. Der Bau ist ein typischer Vertreter omaijadischer Kultur. Eine auf 16 Säulen ruhende Kuppel gibt ihm das Gepräge. Die Innenwände sind mit wertvollen Mosaiken ausgestattet, die Außenwände mit Marmor. Sowohl bei der Gesamtgestaltung als auch im Detail ist der byzantinische Einfluß unverkennbar und entspricht der Rolle der Griechen und Syrer bei der Entwicklung der arabisch-islamischen Kultur.

Bereits kurz zuvor war auf dem Tempelplatz die El-Aksa-Moschee gebaut worden, so daß von der Gesamtanlage her ein religiöses Zentrum entstand, das nicht nur für die Zeitgenossen, sondern auch noch in den folgenden Jahrhunderten einen beliebten Wallfahrtsort der Mohammedaner darstellte. Das galt auch für die Zeit, da die Kreuzfahrer hier ihr Königreich errichtet hatten.

Derartige Absichten und Visionen hatten natürlich die Lokalherrscher mit ihren Bauten nicht, aber die Attraktivität jeder islamischen Stadt und damit auch das Ansehen der herrschenden Dynastie wurde nicht zuletzt an der Pracht der Moscheen in den Residenzstädten gemessen.

Auch alle anderen Bereiche der materiellen Kultur und des täglichen Lebens wurden in den Mittelmeergebieten von den Impulsen erfaßt, die vom Zentrum des Kalifats ausgingen. Meßbar wurde dieser Einfluß vor allem in den Städten. Fast durchgängig lassen sich vor allem um die Paläste riesige Parks und Gärten nachweisen. Kanalisationssysteme kannten die meisten Städte, desgleichen öffentliche städtische Bäder. Für Damaskus wird die Zahl von einhundert Bädern überliefert. Jede Stadt besaß Krankenhäuser, an denen ausgebildete Ärzte ihren Dienst verrichteten. Auch bei dieser Aufzählung müssen wenige Beispiele für vieles andere stehen.

Die Gesamtstruktur des Kalifats beeinflußte nicht unbeträchtlich die Ausformung des Islam. Er war nicht weniger Religion als jede andere und erfaßte das gesamte Leben und Denken des Gläubigen. Nicht wenige auch wurden für Auffassungen, die sich mit der Lehre des Koran und den Auslegungen nicht in Übereinstimmung befanden, zur Verantwortung gezogen. Und doch entwickelte sich der Islam unter den neuen Bedingungen des Kalifats anders als etwa die katholische Kirche im Mittelalter. Er stand mitten im weitverzweigten öffentlichen Leben. Die Moschee war nicht allein heilige Stätte, sondern religiöses, geistiges und gesellschaftliches Zentrum.

Zum materiellen Grundbestand einer Moschee gehörte ein geräumiger viereckiger Hof, der von flachen Gebäuden mit offenen Säulenhallen umgeben war. Vom Minarett, einem hohen Turm, rief der Muezzin die Gläubigen zu den täglichen Gebeten. Man traf sich in der Moschee, die ihre Ausstattung den Stiftungen der Herrscher verdankte, nicht allein zum Gottesdienst, sondern auch zum Unterricht und zur wissenschaftlichen Arbeit, weiter zum Schachspielen, zum Anhören von Erzählern usw.

Von besonderem Interesse im Zusammenhang mit der Herausbildung der Kreuzzugsidee ist das Verhältnis des Islam zum Christentum. Bereits mehrfach wurde erwähnt, daß der Aufbau der frühfeudalen arabisch-islamischen Gesellschaft ohne die konstruktive Mitarbeit der unterworfenen Bevölkerung in der überlieferten Form undenkbar gewesen wäre. Christen und Juden spielten dabei eine hervorragende Rolle. Nur wenige von ihnen traten jedoch zum Islam über. Geistige

Grundlage der Einbeziehung bildete eine konstante religiöse Toleranz der Muslime gegenüber den Andersgläubigen.

637 war Jerusalem in die Hände der Araber gefallen. Kalif Omar selbst ergriff von der Stadt Besitz. Für die Christen des Orients brach damit aber keineswegs eine Zeit der Finsternis herein. Der Islam hatte nicht die Absicht, sie zu bekehren. Es waren vor allem ökonomische Gesichtspunkte, die in der Anfangszeit diese Geisteshaltung bestimmten. Während die Muslime nur eine geringfügige Abgabe zu zahlen hatten, mußten alle anderen eine sehr hohe Kopfsteuer entrichten. Übertritte zum Islam hätten diese materielle Basis geschmälert.

Vor diesem Hintergrund formte sich die Toleranz der Mohammedaner gegenüber Christen und Juden als geistige Grundhaltung. Zwar gab es in der Anfangszeit einige Reibereien, bis sich die Verhältnisse eingespielt hatten. So wurde eine Reihe von Kirchen in Moscheen umgewandelt. In Jerusalem betraf das auch die Vorhalle der Heilig-Grab-Kirche, weil hier Kalif Omar nach der Überlieferung seine Andacht gehalten hatte. Diese Umwandlungen entsprachen jedoch nicht antichristlicher Einstellung, sondern der Notwendigkeit, Gebetshäuser zu schaffen; denn immerhin war der Anteil der Muslime an der Gesamtbevölkerung in Syrien und Palästina von Anfang an relativ hoch. Übrigens waren solche Umwandlungen von Kirchen beziehungsweise Moscheen bei Veränderungen der politischen Macht im Orient generell üblich.

Unter der Herrschaft des Islam konnten die Christen ihrem Glauben ungehindert nachgehen. Nur kurzfristig waren Verfolgungen spürbar, aber mehr aus politischen als aus religiösen Gründen, so für Syrien und Palästina in der Mitte des 8. Jahrhunderts, als örtliche Herrscher Kirchen beschlagnahmten, um sie anschließend von den Christen auslösen zu lassen, oder zu Beginn des 11. Jahrhunderts, als der Kalif Hakim Verordnungen gegen Christen erließ, kirchliches Eigentum beschlagnahmte, Kirchen zur Plünderung freigab und 1009 die Zerstörung der Heilig-Grab-Kirche veranlaßte.

In Europa erregten diese Aktionen großes Aufsehen, und die Nachwirkungen spielten bei der Kreuzzugspropaganda noch eine Rolle. In der langen Geschichte der Christen im Orient waren es jedoch Episoden. Für die zahlreichen christlichen Sonderkirchen und Sekten des Orients brachte die Herrschaft des Islam sogar Vorteile, da sie damit der Unterdrückung durch den byzantinischen Staat entronnen waren. Manches Loblied auf den Islam gibt davon noch heute Zeugnis.

Für die Christen blieb die Heilig-Grab-Kirche, die nach der Zerstörung durch den Kalifen Hakim unter der Schirmherrschaft des byzantinischen Kaisers in der Mitte des 11. Jahrhunderts wieder aufgebaut wurde, religiöses Zentrum. Die Pilgerzüge aus allen Teilen der christlichen Welt nach Jerusalem nahmen in den Jahrhunderten vor den Kreuzzügen nicht ab.

Das Bild ist relativ eindeutig. Wenige Jahrhunderte genügten, um die antike Mittelmeerwelt mit ihren langen Traditionen gründlich zu verändern, politisch-staatlich und kulturell. Zwischen den Pyrenäen und Syrien hatte sich im Mittelmeerraum eine prosperierende Feudalgesellschaft entwickelt, die islamisch-arabisch geworden war. Sie bestimmte das Niveau der geistigen und materiellen Kultur, ein Niveau, das sich nicht allein durch seine hohe Blüte auszeichnete, mehr noch durch die Stabilität der aus mehreren Bestandteilen gewordenen Symbiose. Die zweite Kraft, die im Mittelmeerraum in den Jahrhunderten vor den Kreuzzügen bestimmend war, ist das Byzantinische Reich.

Das Byzantinische Reich

Die islamisch-arabische Staatenwelt war im Westen vor allem auf Kosten des Byzantinischen Reiches entstanden, denn nahezu alle von den Muslimen eroberten Mittelmeerterritorien hatten im 6. Jahrhundert Ostrom entweder direkt unterstanden oder sie wurden als politische Interessensphäre betrachtet. In den Jahrhunderten bis zum Vorabend der Kreuzzüge befand sich Byzanz in ständigen Auseinandersetzungen mit den islamisch-arabischen Staaten. Verteidigungs- und Angriffskriege wechselten miteinander ab, unterbrochen durch Perioden friedlichen Nebeneinanders, in denen Handel und diplomatische Kontakte florierten.

Als die europäischen Kreuzritter zu ihrem ersten Zug nach dem Heiligen Land aufbrachen, hatte Byzanz bereits jahrhundertelange Erfahrung in der Auseinandersetzung mit dem Orient. Keine Kreuzzugsidee war dabei entstanden, kein Zusammenwachsen einer »christlichen gegen eine islamische Welt«. Aber auch kulturelle oder soziale Symbiose im engeren Sinne rückte nie auf die Tagesordnung der Geschichte.

Das Verständnis für diese Entwicklung und damit letztlich auch für das Entstehen der Kreuzzugsbewegung in Westeuropa wird durch einen Blick auf die innere byzantinische Geschichte deutlicher. Die Besonderheiten der Entwicklung im Byzantinischen Reich – die Übergangsepoche reicht etwa vom 7. bis 10. Jahrhundert – resultierten daher, daß der Umformungsprozeß direkt von der Antike ohne staatliche Umwälzung erfolgte. Es war damit, ungeachtet aller äußeren Einflüsse, primär ein Prozeß innerer Strömungen und Konflikte. Die territorialen Verluste des Oströmischen Reiches seit der Zeit Kaiser Justinians (527 bis 565) waren zwar beträchtlich gewesen, aber die Kerngebiete, wie sie sich in etwa am Vorabend der Kreuzzüge darstellten, Kleinasien, die griechische Inselwelt mit Teilen des Balkans, blieben als Zentralstaat erhalten.

Lediglich Süditalien ging im 11. Jahrhundert an die Normannen verloren. Diese Besonderheiten hatten zur Folge gehabt, daß die Auseinandersetzung mit den Relikten der Antike, den ökonomischen, sozialen, staatlichen und geistigen, viel intensiver geführt werden mußte, daß viele wesentliche Elemente der alten Ordnung in den mittelalterlichen Staat aufgenommen wurden und damit den Charakter der Gesellschaft in nicht unbedeutender Weise beeinflußten.

Die Kraft zur Feudalisierung des Reiches war vom Land ausgegangen. Der Umschwung begann mit der Heeresreform unter Kaiser Herakleios I. (610 bis 641), der den Soldaten für ihren militärischen Dienst Landgüter zuwies, damit den ohnehin nicht zur Verfügung stehenden Sold ersetzte und gleichzeitig, da es sich anfangs vorwiegend um Ländereien in den gefährdeten Grenzprovinzen handelte, die Verteidigung des Reiches sicherte. Organisatorisch zusammengefaßt in Wehrbezirken (Themen) bedeutete dies, daß eine neue soziale Kraft heranwuchs, eine Elite von Bauernkriegern (Stratioten) und deren militärischen Führern, die Themenaristokratie, der bald auch zivile Verwaltungsfunktionen übertragen wurden.

In der Konsequenz entwickelte sich daraus jedoch nicht ein Übergewicht des Landes über die Stadt. Im Schutz der erfolgreichen militärischen Verteidigung begannen die Städte sehr bald aufzublühen, allen voran die Hauptstadt Konstantinopel. Dabei ergab sich das eigenartige Bild, daß das Neue zwar grundsätzlich vom Land ausging, während die Stadt sozial und politisch das konservative Element darstellte, das wirtschaftliche und geistige Niveau der Übergangsgesellschaft jedoch von der Stadt geformt wurde. In den Städten hatten – nicht nur in Gestalt der umfangreichen staatlichen und städtischen Bürokratie, der Geistlichkeit und der Intelligenz – die Reste der antiken Ordnung ihre sozialen Positionen halten können. Mit ihnen wurden auch politische Auffassungen, Ideen, Gewohnheiten, kurz das ganze antike Erbe mit in die mittelalterliche Ordnung übernommen. Der Übergang war viel weniger abrupt als im Westen.

Es existierten also während der Übergangszeit faktisch zwei politische Eliten: die Themenaristokratie als künftiger Landadel und die noch auf antiker Basis herrschende städtische Aristokratie. Über Jahrhunderte hinweg während Kämpfe um die Macht im Reich, um den entscheidenden Einfluß auf den kaiserlichen Hof prägten die innere und äußere byzantinische Geschichte dieser Zeit. Sichtbar wurde dieser Entwicklungsgegensatz in der spezifischen Ausformung des Stadt-Land-Verhältnisses. Konstantinopel, die Hauptstadt des Reiches, war während der gesamten Übergangszeit von der Antike zum Mittelalter das überragende politische, ökonomische, geistige und religiöse Zentrum geblieben und stellte sich auch den westeuropäischen Kreuzrittern so vor. Von ihm gingen gleichermaßen Anziehungs- und Ausstrahlungskraft aus, die auf das gesamte Reich und darüber hinaus auch auf Orient und Westeuropa wirkten. Die Spitzen der Gesellschaft, gruppiert um den kaiserlichen Hof, die umfangreiche staatliche und städtische Bürokratie und der hohe Klerus, die Bischöfe und Äbte, lebten und residierten hier und bestimmten trotz aller Veränderungen im Land die Grundlinien der Politik und der Geisteshaltung.

Zahlreich müssen die kunstvollen, mit Reichtümern ausgestatteten Paläste, Kirchen und sonstigen Prunkbauten gewesen sein. Leider sind die Überlieferungen infolge der Zerstörungen späterer Jahrhunderte sehr lückenhaft. Dennoch ist sicher, daß das Zentrum der Stadt von Prunkbauten geprägt wurde. Allein der Kaiser hatte eine Reihe von Palästen und Lustschlössern. Der »Große Palast«, Hauptresidenz, war von der übrigen Stadt streng abgegrenzt. Er besaß, zusammen mit anderen Palästen, mit denen er räumlich verbunden war, eine eigene Wasserleitung, Bäder, Sportplätze und Gärten. Alle Varianten kostbaren Baumaterials hatten Verwendung gefunden, reich mit Edelmetallen verziert, und im Saal für Festbankette war der Tisch des Kaisers aus massivem Gold.

Den Herrschern stand eine breite Intelligenzschicht – Philosophen, Astronomen, Ärzte, Philologen, Theologen und Künstler – zur Verfügung. Sie vor allem hatten die Erhaltung und Pflege der antiken Kultur auf ihre Fahnen geschrieben. Den ökonomischen Rückhalt gaben Handel und gewerbliche Produktion in einer Vielfalt, wie sie die Antike überliefert hatte.

Konstantinopel war für mittelalterliche Verhältnisse eine Riesenstadt geblieben. Im 6. Jahrhundert wohnten hier etwa vierhunderttausend Menschen, in den folgenden Jahrhunderten bis zu den Kreuzzügen dürften es nicht viel weniger geworden sein. Mächtige Mauern umschlossen ein Häusermeer von der Land- und der Seeseite. Allein auf der Landseite erstreckte sich das Befestigungswerk über eine Länge von sechs Kilometern. Dreifach war der Mauerring angelegt, bestehend aus einer Brüstungsmauer, einer Vormauer und der etwa fünf Meter dicken Hauptmauer. Sechsundneunzig Türme verstärkten die Verteidigungskraft.

Allein dieses Äußere, für europäische Verhältnisse einmalig, aber auch gegenüber jeder Stadt oder Festung des Orients konkurrenzfähig, hinterließ einen gewaltigen Eindruck. Hinter den Mauern pulsierte das Leben einer Großstadt. Hier befand sich das gewerbliche Zentrum des Reiches. Alle lebensnotwendigen Handwerke waren heimisch, ebenso eine berühmt gewordene Luxusproduktion. Die Seidenweberei stellte kunstvolle Gewebe her. Juweliere, Goldschmiede, Elfenbeinschnitzer und andere Handwerker produzierten ihre Erzeugnisse mit künstlerischer Vollendung. Auf hohem Niveau stand das Bauhandwerk genauso wie die Malerei und die Produktion von Glaswaren mit künstlerisch anspruchsvollen Dekors.

In den außerordentlich zahlreichen Palästen, Kirchen und Klöstern erregten diese Erzeugnisse immer wieder die Bewunderung auch der verwöhnten Besucher der Stadt. Jedes einzelne der genannten Gebäude schien eine Sammlung wertvoller Schätze zu sein. Konstantinopel war das Handelszentrum Osteuropas. Erzeugnisse aus Osteuropa, dem Orient, aus Asien über die Seidenstraße, die bis China führte, aus Afrika und Westeuropa kamen hier zusammen. Kaufleute aus aller Welt, Orientalen, Juden, Russen, Venezianer, Genuesen kauften und verkauften hier ihre Waren.

Die Handelsbilanz von Byzanz war in den Jahrhunderten vor den Kreuzzügen vorwiegend passiv. Ständig floß Gold ab. Dennoch glaubten die oströmischen Herrscher, sich diese Inaktivität im Außenhandel leisten zu können. Auf ihr luxuriöses Leben wirkte sich dieser Umstand wenig aus.

Neben Konstantinopel blühten in allen Teilen des Landes andere Städte als Gewerbe- und Handelszentren. Hervorzuheben sind vor allem Thessalonike und Smyrna als Stützpunkte wichtiger handwerklicher Produktion. Im Zusammenhang mit der Darstellung des venezianischen Handels werden diese Waren noch genannt. Aber keines dieser Handelszentren konnte sich in seiner Bedeutung auch nur annähernd mit der Hauptstadt vergleichen.

Konstantinopel bewahrte auch viele wissenschaftliche und kulturelle Traditionen der Antike. Es unterhielt Bildungsstätten, an denen Gelehrte der verschiedenen Disziplinen wirkten. Vorherrschend war das Handwerk, aber anders als in Westeuropa spielte der korporative Zusammenschluß der Handwerker etwa in Zünften nur eine geringe Rolle. Selbstverwaltungstendenzen waren in Byzanz generell wenig entwickelt. Ein straffes System staatlicher Kontrolle durch die Bürokratie sowie Abgaben und Dienstleistungen für den Staat machten die Bürger abhängig. Obwohl eine Reihe der Handwerker und der Kaufleute privilegiert war, blieb die Unterordnung unter den von der Antike übernommenen bürokratischen Zwangsapparat weitgehend lebendig.

Zwar nahmen die Handwerker und kleinen Kaufleute materiell eine günstigere Position ein als etwa die Bauern, aber von wenigen Ausnahmen abgesehen lebte das Volk in den Städten in relativer Armut. Die gleichen Chronisten, die die Prunkbauten bewunderten, berichteten von engen, verschmutzten Gassen mit kleinen Hütten, zwar in der Regel aus Stein gebaut, aber auch Lehmhütten lassen sich in einer Reihe von Städten nachweisen. Völlerei und Hunger, Prunk und Elend, Reichtum und Bettel, derartige Gegensätze müssen in Konstantinopel außerordentlich ausgeprägt gewesen sein.

Verglichen mit dem Niveau der städtischen gewerblichen Produktion war die Landwirtschaft rückständig. Vorteile, die im Handwerk aus der beruflichen Spezialisierung erwuchsen, gab es auf dem Dorf kaum. Die Arbeitsgeräte blieben primitiv. Ein hölzerner Pflug ohne Räder ritzte den Boden nur auf. Als Zugvieh dienten dem Bauern vor allem Ochsen. Steiniges Land wurde mit der Hacke bearbeitet. Zum Mähen stand die Sichel zur Verfügung. Gedroschen wurde mit einem bereits in der Antike gebräuchlichen schlittenartigen Gerät, das Ochsen über das ausgebreitete Getreide zogen. Hauptanbauprodukte waren Weizen und Gerste, eine Reihe von Obst- und Gemüsesorten und Ölfrüchte. Weinberge kultivierte man in fast allen Territorien des Byzantinischen Reiches. Künstliche Bewässerung, besonders bei der Gartenkultur, war nicht ungewöhnlich, großräumig angelegte Bewässerungsanlagen gab es jedoch nicht. Die Ernteerträge dürften, obwohl keine genauen Angaben überliefert sind, höher gewesen sein als in Westeuropa. In verschiedenen Gebieten spezialisierten sich die Bauern auf Schafzucht.

Diesem für mittelalterliche Verhältnisse relativ durchschnittlichen Niveau stand jedoch eine sehr interessante soziale Struktur der Dorfgemeinschaft gegenüber. Seit dem 7. Jahrhundert waren hier einschneidende Veränderungen im Gange. Neben den Stratioten hatten vor allem slawische Bauern von dem Land Besitz ergriffen. Zunächst konnten sie den Balkan besiedeln und bis vor die Tore Konstantinopels gelangen, später, als sich die militärische Ordnung des Byzantinischen Reiches stabilisiert hatte, brachten sie durch gelenkte Umsiedlung auch auf die Dörfer Kleinasiens neue soziale Züge. Nun dominierte auf dem Land der vom Grundherren freie Bauer, der, beeinflußt durch die Einwanderung, in noch vielfältigen Formen an urgesellschaftliche Gewohnheiten gebunden war. Das Eigentum an Grund und Boden war dabei aber noch nicht uneingeschränkt. Es war begrenzt etwa durch das Vorkaufsrecht der Verwandten und Hofnachbarn bei Landveräußerungen, durch die unmittelbare Verantwortung des Bauern für den Hofnachbarn in ökonomischen und sozialen Belangen. Wald, Wiese, Weide wurden von den Dorfgenossen gemeinsam genutzt. Gemeinschaftlich verrichtete man auch eine Reihe von Arbeiten zur Gestaltung des Dorfes, etwa Brücken- und Wegbau. Diese genossenschaftlichen Elemente waren im Byzantinischen Reich entschieden zählebiger als in Westeuropa. Sie beeinflußten die soziale Entwicklung auf dem Dorf bis zum Vorabend der Kreuzzüge.

Die Landwirtschaft in Byzanz war bis zum 10. Jahrhundert vorwiegend vom für sich wirtschaftenden Bauern geprägt. Die Existenz der Städte erleichterte die Vermarktung von Überschüssen, so daß auch das Dorf von der Ware-Geld-Beziehung erfaßt wurde. Nur sehr allmählich konnte sich unter diesen Bedingungen der Großgrundbesitz neu entwickeln, die Themenaristokratie sich eigene ökonomische Grundlagen schaffen.

Hemmend auf die Herausbildung des Großgrundbesitzes wirkten neben den genossenschaftlichen Bindungen die Beziehungen zwischen Stadt und Land. Mit der Themenverfassung hatte die Themenaristokratie zwar außer den militärischen auch andere wichtige hoheitliche Funktionen erhalten wie Gerichtsbarkeit und Steuereintreibung, und das Kastell eines

Strategen konnte ein Machtzentrum darstellen. Gleichzeitig gelang es jedoch grundsätzlich nicht, den Rahmen einer Provinzialverwaltung zu sprengen. Der Themenadel blieb in relativ straffer Abhängigkeit von der Zentralregierung, und die städtische Aristokratie wachte argwöhnisch darüber, daß die Stellung des Landes nicht zu stark wurde.

Die Bauern zahlten ihre Steuer an den Staat, das heißt nach Konstantinopel, in verschiedenen Formen. Auf den Punkt gebracht ging es sowohl für die Bauern als auch für die Aristokratie um die Alternative: Abhängigkeit des Landvolks vom Staat oder vom Themenadel. Der Kampf wurde mit aller Härte geführt. Einen Höhepunkt stellte der Aufstand unter Thomas dem Slawen dar (821), bei dem Bauern und Themenaristokratie gemeinsam von Kleinasien aus nach Konstantinopel marschierten, um sich gegen das Anziehen der staatlichen Steuerschraube zur Wehr zu setzen. Weitere Unruhen folgten im 10. Jahrhundert, wurden jetzt aber von den Bauern gegen den erstarkenden Großgrundbesitz getragen.

Beide Fraktionen, die städtische und die ländliche Aristokratie, hielten sich in zunehmendem Maße an den Kaiser, um ihre Interessen durchzusetzen. Konträr sind daher oft die Orientierungen der Zentralgewalt. Der Begünstigung des Themenadels durch die Vergabe von Grundbesitz und Steuerrechten folgten gegenteilige Beschlüsse, etwa die Aufforderung zur Rückgabe von Land an die Bauern.

Trotz aller Widersprüchlichkeit brachten das ausgehende 9. und dann das 10. Jahrhundert eine sichtbare historische Veränderung: Der Grundbesitz der Themenaristokratie war beträchtlich gewachsen. Die Masse der Bauern war entweder von einem Grundherrn oder vom Staat abhängig. Eine Ausnahme bildeten die Stratioten, die als Wehrbauern nicht nur keinen Grundherrn anerkennen mußten, sondern sich selbst zu kleinen Grundbesitzern entwickelten. Mit diesen Veränderungen entstand besonders in den Themen Kleinasiens, aber auch auf dem Balkan, eine soziale und militärische Kraft, die zu machtvollen Expansionen eingesetzt werden konnte.

Erst in der zweiten Hälfte des 11. Jahrhunderts hatte sich der Großgrundbesitz auf dem Land zum dominierenden Element in der Agrarstruktur entwickelt, war die Zahl der Staatsbauern beträchtlich zurückgegangen. Im ganzen Reich hatte sich eine starke Schicht ländlicher Großgrundbesitzer herausgebildet, von der die Bauern abhängig waren. Dieser Prozeß erhielt dadurch Auftrieb, daß immer mehr Staatsbauern durch kaiserlichen Beschluß vom Adel abhängig wurden. Entweder kam ihr Land in die Hände der Großgrundbesitzer, oder aber die Staatssteuer wurde dem Adel zur Eintreibung und Nutzung übertragen.

Nicht allein der Themenadel erhielt in diesen Formen Grundbesitz, auch die städtische Aristokratie, die Klöster und die Kaiser selbst wurden Grundbesitzer. Damit entstand, unter den Nachwirkungen der Antike relativ spät, eine Schicht von Großgrundbesitzern, die sich allerdings auch jetzt nicht von der Stadt löste, sondern vielfach ihre Wohnsitze in den Städten beibehielt.

Vielleicht noch folgenreicher war der Umstand, daß jetzt auch die Masse der Stratioten in Grundabhängigkeit geriet. Denn damit verfiel eine entscheidende militärische Institution des Byzantinischen Reiches, die bei dem Trend der Großgrundbesitzer zur Stadt durch ein Lehensaufgebot nur begrenzt ersetzt werden konnte. Bald gewannen daher auch wieder Bestrebungen die Oberhand, das Heer auf das Söldnerwesen umzustellen. Auch während der vorangegangenen Jahrhunderte hatte man dieses Prinzip nie ganz aufgegeben. Insbesondere Normannen, aber auch Slawen, Armenier, Flamen und Krieger anderer ethnischer Herkunft stellten im 11. Jahrhundert Truppenkontingente im byzantinischen Heer. Das Kreuzzugsheer wollte man in ähnlicher Weise einsetzen.

Das Bild der byzantinischen Gesellschaft, wie es sich uns

am Vorabend der Kreuzzüge bietet, wurde nicht unwesentlich durch den Bilderstreit und dessen Ergebnisse geformt. Alle spezifischen Entwicklungswidersprüche, wie etwa die Gestaltung des Verhältnisses zwischen Staat und Kirche, zwischen Stadt und Land, aber auch Probleme der Rezeption des antiken Erbes, spielten in den mehr als ein Jahrhundert währenden Auseinandersetzungen eine Rolle.

730 verbot Kaiser Leo III. die Verehrung von Heiligenbildern in den Kirchen. Die Verehrung von Ikonen hatte zu dieser Zeit bereits ungeheuere Ausmaße angenommen. Insbesondere im Volk verband sich damit die Erwartung konkreter Hilfe gegen Armut, Naturkatastrophen und persönliches Mißgeschick. Die Ikonoklasten, die Bilderstürmer, verwarfen die Auffassung, daß die Ikone als Mittler zwischen Gott und den Menschen in Erscheinung treten könne.

Hinter diesem theologischen Streit verbarg sich das Tauziehen um das Recht des Kaisers, Verordnungen über den Glauben zu erlassen, wie es Praxis unter Justinian gewesen war. Während die Ikonodulen, die Bilderfreunde, dieses Recht bestritten, bestätigten die Bilderstürmer dem Kaiser diese Macht. Damit sollte der Einfluß der Kirche als selbständige politische Kraft, wie sie sich zu entwickeln begann, eingeschränkt werden. Konkret verband sich der Streit auch mit praktischen Maßnahmen, etwa der Konfiskation von Kirchenschätzen zugunsten der kaiserlichen Zentralgewalt.

Die Fronten im Bilderstreit spiegelten den gesellschaftlichen Entwicklungsprozeß. Während die Stadtbevölkerung, geführt von der Geistlichkeit und der Intelligenz, in ihrer Mehrheit zu den Ikonodulen tendierte, besaßen die Bilderstürmer ihre stabilste soziale Basis, wenn man vom unmittelbaren Gefolge des Kaisers absieht, auf dem Land, bei der Themenaristokratie und den Stratioten.

843 setzten sich auf einer Synode in Konstantinopel die Bilderverehrer durch. Dennoch waren damit die alten Verhältnis-

se nicht wiederhergestellt, und auch die politische Position der Kirche im Staat hatte sich nicht verselbständigen können. Bilderverehrung und Reliquienkult blühten wieder auf. Insbesondere Konstantinopel besaß Reliquien in Hülle und Fülle und wirkte damit als religiöses Zentrum auf die Gläubigen. Bis zum 13. Jahrhundert hat es keine andere christliche Stadt gegeben, die auf Reliquien in derartiger Vielfalt verweisen konnte. Von Körperteilen aller Heiligen bis zu Splittern vom Kreuz und Teilen der Dornenkrone Christi war in etwa alles vorhanden, und es verfehlte seine Wirkung nicht. Auch mancher Westeuropäer pilgerte nach Konstantinopel, um die Reliquien anzubeten.

Aber alles das, samt der Stellung der Kirche im Staat, war der staatlichen Gewalt untergeordnet. Politisch hatte das Kaisertum gewonnen. Das bereits unter Justinian geformte Verhältnis von Staat und Kirche blieb in den Grundlinien erhalten. Obwohl es in Byzanz nie zu einem ausgesprochenen Caesaropapismus kam, hatte das Kaisertum doch gegenüber der Kirche entscheidende Prioritäten. De facto unterstand die geistliche Gewalt der weltlichen. Der Kaiser saß den Synoden vor, bestimmte aus drei vorgeschlagenen Kandidaten den Patriarchen.

Diese Position resultierte nicht so sehr aus dem politischen Kräfteverhältnis, sondern aus der byzantinischen Auffassung über das Kaisertum, die aus der Spätantike übernommen worden war. Der gewählte Kaiser galt als eine sakrale Gestalt. Seine Kleidung und sein Palast waren heilig. Eine Fülle von Zeremonien und Symbolen manifestierte seine Erhabenheit. Diese Pflege des Kaiserkultes galt jedoch nicht der Person, sondern der Institution. Viele Kaiser blieben politisch schwach, Dynastien bildeten sich nur in Ansätzen heraus. Über lange Zeit hinweg war das Kaisertum ein Wahlamt, und der Sohn hatte nur Chancen, die Nachfolge anzutreten, wenn er bereits zu Lebzeiten des Vaters zum Mitregenten gekürt worden war.

Die tiefere Bedeutung des Kaiserkultes ergab sich aus der vorherrschenden Überzeugung, Byzanz sei Erbe und Bewahrer der antiken Welt. Der Kaiserthron galt als entscheidendes Symbol dieser Tradition. Verächtlich sah man auf alle anderen Völker und Staaten als Barbaren herab, ganz gleich, ob es sich um Westeuropäer, Slawen oder Araber handelte. Keine politische Einheit wurde im eigentlichen Sinne als gleichberechtigt anerkannt. Mögen in den praktischen Verhandlungen im einzelnen Zugeständnisse gemacht worden sein – grundsätzlich wurde diese Haltung nie aufgegeben.

Das gab allen militärischen, politischen und geistigen Auseinandersetzungen, die Byzanz während der Übergangszeit bis zum 11. Jahrhundert führte, eine spezifische Richtung. Nicht zufällig gelten das 9. und noch mehr das 10. Jahrhundert als die Blütezeiten des mittelalterlichen Byzanz. Hier verknüpften sich außerordentlich günstig ökonomischer Aufschwung in den Städten mit dem Erstarken der ländlichen Großgrundbesitzer, dem noch intakten Stratiotenheer und dem einigenden Band einer starken Zentralgewalt. Die Umsetzung der außenpolitischen Ziele konnte in den Vordergrund der Politik rükken.

Der Schwerpunkt des Interesses lag bezeichnenderweise an den nördlichen und noch mehr an den östlichen Grenzen. Die zwangsweise Bekehrung der Bulgaren (seit 865), der die gewaltsame Unterwerfung folgte (1018), konnte zwar die Situation an der Nordgrenze nicht grundsätzlich ändern – die Selbständigkeitsbestrebungen der Bulgaren waren viel zu stark –, die zeitweiligen Erfolge mochten Byzanz jedoch als Erfolg seiner politischen Konzeption erscheinen. Ähnliche Wirkung dürfte die Mission in der Rus gehabt haben, die mit der Taufe Wladimirs (988) eingeleitet wurde.

Für unseren Zusammenhang bedeutender sind jedoch die Ereignisse an der Ostgrenze. Nach wechselvollen Kämpfen während des 9. Jahrhunderts begann in der zweiten Hälfte des

10. Jahrhunderts die große Offensive unter den Kaisern Nike-
phoros Phokas (963 bis 969), Johannes Tzimiskes (969 bis
976) und Basileios II. (976 bis 1025). Kilikien, das östliche
Kleinasien bis zum Kaukasus und vor allem Syrien wurden
von dem byzantinischen Stratiotenheer erobert und in das
Reich einbezogen. Die Bilanz war beeindruckend. Im Osten
rückte die Grenze bis an den Araxes. Im Süden wurde Nord-
syrien mit Antiochia das Grenzthema. Byzantinische Garniso-
nen lagen zeitweise längs der Mittelmeerküste bis Caesarea.
Die Insel Zypern war erobert worden. Selbst eine Reihe islamischer Fürsten, so die Herren von Aleppo und von Damaskus, hatten die byzantinische Oberhoheit anerkennen müssen.

Damit hatte Byzanz nachhaltig sein akutes Interesse an den
Gebieten bekundet, die achtzig Jahre später von den westeu-
ropäischen Kreuzrittern erobert wurden. Die Motivation der
Eroberungen war aber keineswegs religiös, zumindest nicht
vorrangig. Es gab zwar Vorstellungen von einem Heiligen
Krieg gegen die Ungläubigen, und die Gefallenen sollten zu
Märtyrern erklärt werden. Aber dominierend war die Erinne-
rung an das alte römische Imperium. Geistig hatte Byzanz die-
se Gebiete niemals abgeschrieben. Die Beziehungen zu den im
Orient lebenden Christen waren nie völlig abgebrochen.

Auf theologischem Gebiet gab es zwar mit den im Orient
existierenden Sonderkirchen, vor allem den Nestorianern,
ständige religiöse Streitigkeiten, aber daraus wird andererseits
das Interesse der byzantinischen Kirche an der Gesamtent-
wicklung des Christentums auch im Orient deutlich.

Die Verbindungen zu den orthodoxen Christen Syriens und
Palästinas waren eng. Begünstigt durch die arabisch-islamische religiöse Toleranz wurden diese Kontakte auch in Zeiten
kriegerischer Auseinandersetzung aufrechterhalten. Bedeutende Theologen, vor allem aus Antiochia, hatten immer wieder
Einfluß auf die gesamtkirchliche Politik genommen. Es war
also eigentlich selbstverständlich, daß sich 1054 bei der Tren-

nung der Ost- und Westkirche die Patriarchen von Alexandria, Jerusalem und Antiochia zu Byzanz bekannten.

Etwas anders akzentuierten sich die Beziehungen des Byzantinischen Reiches zu Westeuropa. Territoriale Interessen hatte Konstantinopel lediglich in Italien. Mit besonderer Sorgfalt beobachtete man die Entwicklung der politisch-staatlichen und kirchlichen Beziehungen. Man war nicht gewillt, auch nur eine Handbreit von den Nachfolgeansprüchen aus der antiken Tradition abzurücken. Besonders deutlich wurde dies 968 beim Streit um den Kaisertitel. Der deutsche König Otto I. war 962 in Rom zum Kaiser gekrönt worden, hatte fast ganz Italien erobert und suchte jetzt für seinen Sohn die Ehe mit einer Schwester des byzantinischen Kaisers. Byzanz reagierte auf diesen Vorschlag mit Hohn und Empörung. Otto sei kein Kaiser, sondern ein Barbarenkönig, und eine Ehe mit einer purpurgeborenen Kaisertochter käme nicht in Frage.

Man unterschied damals deutlich zwischen den Kindern der Kaiserfamilie, die im Kaiserpalast das Licht der Welt erblickten, und den übrigen. Nur der ersten Gruppe, den *Porphyrogenetoi* oder »Purpurgeborenen«, waren die kaiserlichen Gnaden eigen, und eine Eheverbindung mit ausländischen Herrschern hätte bedeutet, deren Ebenbürtigkeit neben Byzanz anzuerkennen. Die Gesandtschaft wurde gedemütigt. 972 lenkte Byzanz zwar ein, aber die Gleichberechtigung des westlichen Kaisertitels resultierte aus der Verbindung Ottos II. mit Theophano nicht.

Am sichtbarsten wurden die Entwicklungsdifferenzen zwischen Westeuropa und Byzanz am Auseinanderleben der Kirche. Unterschiedliche Auffassungen in theologischen Fragen hatte es zwischen den einzelnen Bistümern bereits seit der Spätantike gegeben, und im Orient existierten schon lange Sonderkirchen, etwa die Nestorianer oder die Monophysiten. Zwischen Byzanz und Westeuropa war aber bis zum 11. Jahrhundert trotz schwerwiegender dogmatischer und liturgischer

Streitigkeiten zunächst die Kircheneinheit erhalten geblieben. Der eigentliche Hintergrund des faktischen Auseinanderlebens wurde allerdings nicht durch theologische Fragen geprägt, sondern vielmehr durch die immer größer werdenden kulturellen und ethnischen Unterschiede. Diese hatten ihre Ursachen in der doch wesentlich anders verlaufenden Entwicklung der frühmittelalterlichen Gesellschaft in Ost- und Westeuropa.

Hierzu gehörten völlig verschiedenartige Auffassungen über das Verhältnis von Staat und Kirche. Das Papsttum war, aus schweren Anfängen heraus, eine politische und geistige Macht im Europa des 11. Jahrhunderts geworden – mit einem Reformprogramm, das den Primat der kirchlichen über die weltliche Gewalt auf die Fahnen geschrieben hatte. Die byzantinische Kirche, dem Staat untergeordnet, aber mit dem spezifischen Sendungsbewußtsein des Byzantiners ausgestattet, bestand in gleichem Maße, wenn auch von anderen Positionen aus, auf der Ausschließlichkeit ihrer Autorität.

Die Entwicklung zu zwei auch formal selbständigen Kirchen stand schon lange auf der Tagesordnung. Bereits mehrfach war es in den vorangegangenen Jahrhunderten zum Schisma gekommen, aber immer wieder hatte man eine Kompromißformel gefunden – weniger aus Einsicht, als vielmehr von dem Wunsch beseelt, doch noch die Herrschaft über die andere Seite durchsetzen zu können. In der Mitte des 11. Jahrhunderts flammten die Auseinandersetzungen zwischen den streitbaren Klerikern mit großer Heftigkeit wieder auf. Rom verkündete, daß der Heilige Geist nicht nur vom Vater, sondern auch vom Sohn ausgegangen sei; die Ostkirche lehnte die Formel »filioque« ab, desgleichen das römische Sabbatfasten und das Verbot der Priesterehe. Im Vordergrund, weil verständlich und damit massenwirksam, stand die Frage, ob man beim Abendmahl gesäuertes Brot, wie im Osten, oder ungesäuertes Brot verwenden solle.

Alle diese Streitpunkte waren nicht neu, aber jetzt führten

Auch im frühen Mittelalter war das byzantinische Heer vergleichsweise gut gerüstet. Die Reiterei führte neben Eisenhelm und Schuppenpanzer, Rundschild, Lanze, Schwert und Streitaxt. Die berittenen Bogenschützen waren meist in besonderen Einheiten zusammengefaßt.

Das Fußvolk führte als Schutzwaffen in der Regel Ovalschild, Helm und Lederpanzer. Außerdem war der byzantinische Soldat mit Pfeil und Bogen, Streitkeule, Schwert, Lanze und Wurfspeer gut gerüstet.

48

sie zur Trennung. 1034 fuhr der römische Kardinal Humbert von Silva Candida nach Byzanz und legte die päpstliche Bannbulle auf dem Altar der Hagia Sophia nieder, Byzanz revanchierte sich. Daß es sich hierbei trotz aller Dramatik nur noch um einen formalen Akt gehandelt hatte, bestätigten indirekt die westeuropäischen Zeitgenossen, die an östlichen Gottesdiensten teilnahmen und glaubten, sie wären in einer fremden Kirche. Große Unterschiede hatten sich im Ritual herausgebildet. Die Liturgie war in den Ostkirchen viel stärker und umfangreicher ausgebaut, die Kirchensprache hier griechisch, beziehungsweise in der Rus slawisch, im Westen dagegen durchgängig lateinisch. Die Kleriker unterschieden sich auch in Haartracht und Kleidung. Kurz: eine Summe von Kleinigkeiten machte auch dem Laien das Auseinanderleben der christlichen Glaubensgemeinschaft deutlich.

Dennoch gab es innerhalb des Reformpapsttums bedeutende Kräfte, die zu Beginn der Kreuzzüge hofften, das Ergebnis der Kirchenspaltung rückgängig machen zu können – natürlich unter dem Primat des Stuhles Petri. Für Konstantinopel schien diese Entwicklung zunächst nur ein Verlust an Prestige, unbedeutend in der praktischen Politik. Aber Byzanz war während des 11. Jahrhunderts insgesamt nicht mehr die Macht, als die es sich noch ein Jahrhundert zuvor präsentiert hatte.

Sichtbar zum Ausdruck kam das nicht so sehr im Westen, sondern vielmehr an der Ostgrenze. Das Kräfteverhältnis im Orient hatte sich gründlich verändert. Die Bewegung ging von einem türkischen Nomadenvolk aus, dem Stammesbund der Oguzen. Beheimatet im Tarimbecken und den Steppen bis zum Balchaschsee waren sie bereits im 10. Jahrhundert zum Islam übergetreten und hatten einen Staat gegründet, dessen Zentrum in Transoxanien lag. Rasch nahmen sie die islamische Kultur an.

Seit der Mitte des 11. Jahrhunderts drangen Teilgruppen unter dem Stammesführer Seldschuk nach dem Westen vor und überrannten in einem stürmischen Zug die Nachfolgestaaten des arabischen Kalifats in Mittelasien. 1055 eroberten sie Bagdad. Die Kalifen von Bagdad traten fortan nur noch als geistliches Oberhaupt in Erscheinung und führten in dieser Funktion ein Schattendasein. Die politische Macht war in die Hände der Seldschukensultane übergegangen.

Um 1070 eroberten diese unter Führung Alp Arslans Syrien. Auch Jerusalem fiel in ihre Hände. Aber nicht von diesen Ereignissen ging die Kreuzzugsbewegung zur Rettung des Heiligen Grabes aus. Anlaß wurde vielmehr die Bedrohung des Byzantinischen Reiches. 1071 drang ein seldschukisches Heer nach Anatolien vor und vernichtete das byzantinische Aufgebot in der Schlacht bei Mantzikert. Der Kaiser geriet in Gefangenschaft. Im östlichen Teil der heutigen Türkei gründeten die Seldschuken das Sultanat Rum.

An sich war die militärische Situation nach dieser Niederlage für Byzanz nicht besonders bedrohlich. Ein weiteres Vordringen der Seldschuken brauchte scheinbar nicht befürchtet zu werden. Und doch erging von hier der Ruf des byzantinischen Kaisers an Westeuropa um militärische Hilfe. Die Gründe ergaben sich aus Veränderungen der inneren Struktur des Reiches. Themenverfassung und Stratiotenaufgebot waren im Verfall begriffen. Die Schlacht von Mantzikert hatte der Kaiser mit einem zusammengewürfelten, in aller Eile zusammengezogenen Heer führen müssen, in dem der Söldner dominierte. Nun benötigte man dringend neue Kräfte, zumal zur gleichen Zeit die Normannen in Süditalien vordrangen und ihre Streifzüge auf den Balkan ausdehnten und zudem Bulgaren, Serben und Kroaten mit Konstantinopel im Krieg lagen.

Als der 1. Kreuzzug vorbereitet wurde, hatte sich die Situation im Orient allerdings bereits wieder beruhigt. Die Seldschuken waren nicht in der Lage gewesen, ein dauerhaftes Großreich aufzubauen. Bereits 1092 entstanden einzelne Sultanate; in Syrien und Palästina sind vor allem Aleppo und Damaskus hervorzuheben. Aber die Aufsplitterung ging in den folgenden Jahren noch weiter. Um jede größere Stadt entstand eine kleine Herrschaft. Der gefährlichere Gegenspieler der seldschukischen Herrschaften waren jedoch die Fatimiden von Ägypten, eine Kräftekonstellation, von der noch ein Jahrhundert lang auch die Kreuzfahrerstaaten profitierten. Für Byzanz leitete die Reaktion Europas auf den Hilferuf das Ende seines Vorherrschaftsanspruchs innerhalb der christlichen Welt ein.

Westeuropa

Ein wesentlich anderes Bild bot am Vorabend der Kreuzzüge das mittelalterliche West- und Mitteleuropa. Ökonomisch dominierte die Naturalwirtschaft. Die Warenproduktion spielte eine untergeordnete Rolle. Die Gründe hängen mit dem Entstehungsprozeß des Feudalismus zusammen. Nur wenige Städte hatten den Untergang der Antike überstanden, lediglich in Italien spielten sie wirtschaftlich eine Rolle. Insgesamt bildeten sie keine die Gesellschaft formenden Kristallisationspunkte, wie etwa im arabischen Kalifat oder in Byzanz. Damit war die frühmittelalterliche Gesellschaft in Europa auf das Land orientiert. Die sich erst später entwickelnde Stadt mit Privilegien und Bürgerfreiheit hob sich rechtlich und sozial vom Land ab und behielt diese spezielle Note über die Jahrhunderte hinweg.

Eine vergleichsweise niedrige Produktivität kennzeichnete die Landwirtschaft. Man hat errechnet, daß die Ernteerträge bei Getreide in der Regel das Drei- bis Vierfache der Aussaat nicht überstiegen. Die Bodenbearbeitung erfolgte mittels einfachster Geräte. Ein hölzerner Hakenpflug ritzte den Boden auf. Geerntet wurde mit der Sichel. Vorherrschend war die Dreifelderwirtschaft, das heißt im Wechsel wurden Sommer-

und Wintergetreide angebaut, anschließend blieb der Boden ein Jahr brachliegen. Zur Düngung standen Mist, Mergel und Asche zur Verfügung.

Der Bauer wirtschaftete nahezu autark und fertigte fast alle wichtigen Gegenstände des täglichen Lebens selbst. Das galt sowohl für die landwirtschaftlichen Geräte als auch für die Häuser – einfache Hütten aus Lehm, Holz und Stroh – sowie für die Kleidung. In den Hütten gab es nur wenig Mobiliar. Die Schlafstätten bestanden aus Stroh. Als Tisch dienten zumeist rohe Bretter, die über Holzböcke gelegt waren. Diese bescheidene materielle Basis bestimmte auch den Lebensstandard der Grundherren. Soziale Ordnung wurde anstelle der germanischen Leibeigenschaft zunehmend die Grundherrschaft. Sie umfaßte nicht nur Unfreie und Minderfreie, sondern nunmehr auch die meisten der bisher königsfreien Bauern. Damit verwischten sich zunehmend auch die sozialen Unterschiede innerhalb des Bauernstands. Die persönliche Unfreiheit verlor sich zugunsten von Reallasten.

In Form der »Landleihe« erhielt der Bauer seinen Hof aus grundherrlichem Besitz. Er zahlte dem Grundherrn in Form von Naturalabgaben und Frondiensten und erhielt im Gegenzug Rechtssicherheit und Schutz. Damit setzte sich die Lehensordnung, die das Verhältnis zwischen Landesherrn und Adel regelte, bis zur Basis der Gesellschaft durch.

Seit dem 10./11. Jahrhundert entstanden in nahezu allen Gebieten Europas Städte, künftige Zentren spezialisierter handwerklicher Produktion und des Warenaustauschs. Die handwerkliche Spezialisierung nahm damit größeren Umfang an. Fernhandelswege zu Lande und zu Wasser verbanden die Territorien Mittel- und Westeuropas. Diese fanden somit Anschluß an die orientalische und byzantinische Welt. Rhône und Rhein waren die Bindeglieder zwischen England, Flandern, Nord- und Südfrankreich, Oberitalien und Rom. Sowohl von Flandern als auch aus dem Rhônetal führten Landwege in das islamische Spanien nach Córdoba. Während des 11. Jahrhunderts gewannen die Handelsrouten nach dem Osten über Regensburg, Prag, Krakau bis Kiew und die Donauwasserstraße über Regensburg und Niš nach Konstantinopel zunehmend an Bedeutung. An diesen Haupthandelswegen blühten seit dem 11. Jahrhundert Fernhandelsstädte auf, entwickelten sich wirtschaftliche Zentren außerhalb der Lehensordnung.

Über diese Handelswege mit ihrem Anschluß an die oberitalienischen Seestädte Venedig, Genua und Pisa lernte man nördlich der Alpen den Orient und Byzanz kennen. Kostbare Stoffe, Gewürze, Schmuckgegenstände, Wein und andere Waren byzantinischer und orientalischer Herkunft brachten die Fernhändler nach Europa. Im 11. Jahrhundert handelte es sich dabei allerdings noch nicht um einen Warenstrom. Nur die Spitzen der Gesellschaft kamen als Konsumenten in Betracht, und selbst für sie hatten diese Waren Seltenheitswert.

Darüber hinaus gelangte aber auch die Kunde über die Wunder des Orients auf diesen Handelswegen nach Europa. Pilger benutzten sie, aber auch Boten, Gesandtschaften und nicht zuletzt Krieger. Im 11. Jahrhundert waren sie bereits so gebräuchlich, daß die Kreuzzugsheere sich ihrer mit Selbstverständlichkeit für den Zug nach dem Orient bedienten.

Die europäische Gesellschaft des frühen und hohen Mittelalters war weithin vom Mangel geprägt. Mißernten und Seuchen zerstörten vielfach das soziale Gefüge. Fast jährlich berichten zeitgenössische Überlieferungen von Hungersnöten und Epidemien in den verschiedensten Gebieten Europas. Scharenweise verließen dann die Bauern ihre Dörfer und zogen hungernd und bettelnd durch das Land. Große Klöster boten oft die letzte Zuflucht, wo man noch Almosen erhalten konnte.

Die Hungersnöte hatten oftmals unvorstellbare Auswirkungen. Der Chronist Raoul Glaber berichtet vom Jahre 1032/33 in Frankreich: »Reisende werden von Stärkeren verschleppt, ihre Glieder abgeschnitten, gekocht und verzehrt ... Viele zeigten Kindern eine Frucht oder ein Ei, lockten sie damit an abgelegene Orte, brachten sie um und verschlangen sie. Anderswo werden Tote ausgegraben, um den Hunger zu stillen.«

Trotz der – im Vergleich zum Orient – schmalen wirtschaftlichen Basis war die europäische Gesellschaftsordnung nicht schwach, sie stagnierte auch nicht. Lehenswesen und Grundherrschaft bedeuten vorrangig Entwicklung der Gesellschaft vom Land her. Für Europa war charakteristisch, daß die Dynamik der Entwicklung von relativ kleinen territorialen Einheiten ausging. Herrschaft war da, wo der Herrscher persönlich anwesend war, und der König war meist weit. Daraus resultierten nicht nur die Notwendigkeit für den König, seine Herrschaft in Form des Wanderkönigtums auf wiederholten Rundreisen durch das Reich immer wieder neu zu manifestieren, sondern eine relative Ohnmacht der Zentralgewalt an sich und die weitgehende Selbständigkeit lokaler Herrschaftsträger, wie sie ganz charakteristisch in Frankreich seit dem 9. Jahrhundert auftrat.

Seit dem 11. Jahrhundert kamen neue Faktoren zum Tragen. Starker Bevölkerungszuwachs und die Unmöglichkeit, die vorhandenen Bauernstellen unbegrenzt zu teilen, zwangen zum »Landesausbau«, worunter in erster Linie der Ausbau aller wirtschaftlichen, sozialen und politisch-staatlichen Beziehungen über die Grundherrschaft hinaus, aber noch in engem territorialem Bereich zu verstehen ist. Alle Schichten der Gesellschaft hatten daran Anteil. Der starke Bevölkerungszuwachs zwang die Bauern, Wälder und Ödland für die Landwirtschaft nutzbar zu machen, und das nicht nur in unmittelbarer Nähe bestehender Dörfer, sondern auch in weit entfernten Gebirgsgegenden und großen Wäldern. Bei der Primitivität der Arbeitsgeräte war das außerordentlich mühselig. Zumeist wurde das Gehölz abgebrannt und die Wurzeln in oft mühevoller Handarbeit aus dem Boden entfernt. Die Erträge waren anfangs sehr kärglich, und manches Stück Land, mühevoll der Natur abgerungen, wurde wieder aufgegeben. In der Regel gelang es erst nach jahrelanger Bearbeitung des Bodens, alle Baum- und Wurzelbestände einigermaßen zu beseitigen. Dennoch war der Anreiz relativ groß. »Rodung macht frei«, hieß es. Denn oft wurde außerhalb der Grundherrschaft gerodet, und die Bauern gehörten nicht zum Villikationsverband, dem Fronhofverband der Grundherrschaft. Sie zahlten anfangs keine oder nur geringe Abgaben. Doch auch innerhalb des Villikationsverbandes wurde die Rodung vom Grundherrn gefördert und durch soziale Besserstellung belohnt.

Mit den Rodungssiedlungen entstanden zum einen neue Gruppen der bäuerlichen Schicht außerhalb der Grundherrschaft, und es vollzog sich ein sozialer Aufstieg der Bauern schlechthin. Das Ausmaß der Binnenrodung war beträchtlich. Die mit dem 11. Jahrhundert einsetzende und bis etwa zum 13. Jahrhundert anhaltende Welle schuf im wesentlichen die gegenwärtigen Grenzen der Kulturlandschaft. Noch heute erinnern viele Ortsnamen an die Entstehung der Siedlungen während dieser Zeit. So im Deutschen die Endungen -tode, -rade, -ingerode, -roth, -reuth, -rieth. Andere Bauern zogen in die Städte und stärkten damit ebenfalls den außerhalb der Grundherrschaft liegenden Bereich.

Für die Grundherren ergaben sich aus der wirtschaftlichen Entwicklung neue Möglichkeiten zur Ausformung ihrer Herrschaft. Bereits seit dem 9. Jahrhundert bestimmten besonders in Frankreich heftige Adelsfehden die politische Situation. Denn Rodung bedeutete auch Herrschaftsausweitung, und so wurde der Kampf um die quantitative Erweiterung der eigenen Herrschaft tragendes Element der Lokalpolitik. In kriegerischen Auseinandersetzungen und durch verschiedene politische Maßnahmen versuchten die großen Feudalherren auf Kosten anderer ihre Besitzungen zu erweitern. Verwüstungen des Landes und Ausplünderung der Dörfer waren die Folgeer-

Räderpflug und Egge, Stirnjoch und Kummet gehören zu den entscheidenden technischen Neuerungen in der europäischen Landwirtschaft des Mittelalters. Sie erlaubten eine bessere Ausnutzung der tierischen Zugkraft und damit eine intensivere Bearbeitung des Bodens.

scheinungen. Besonders der kirchliche Grundbesitz, der militärisch weniger geschützt war, sowie die Grundherrschaften, deren Ländereien verstreut lagen, hatten Nachteile. Einen Ausweg aus den schlimmsten Formen der ständigen Adelsfehden bot die Konzentration der Macht in den Händen großer Lehensherren.

Sowohl die ständigen Fehden als auch die Wahrung der neuen hoheitlichen Funktionen, die sich aus dem Landesausbau ergaben, erforderten das Heranziehen neuer politischer und militärischer Eliten. Damit einher ging eine Spezialisierung des Adels auf den Kriegsdienst, bedingt durch die überragende militärische Bedeutung der schwergepanzerten Reiterei.

Im Bewußtsein der Zeitgenossen stellte sich die Gesellschaft dreigeteilt dar. Als Hauptgruppen erkannte man die Ritter, konkret als Schwertadel, die Kleriker und die Bauern. Natürlich war die Struktur vielfältiger. Die Lehenspyramide sorgte für Abstufungen der verschiedensten Art. Neben dem Hochadel, der unmittelbar von der Krone belehnt wurde und als Grafen, werdende Territorialherren, Herzöge, Bischöfe und Äbte großer Klöster die mächtigste Schicht darstellte, gab es zahlreiche kleine Vasallen mit nur begrenztem Grundbesitz.

Dem materiell-kulturellen Niveau auch des Adels waren enge Grenzen gesetzt. So ist bekannt, daß Heinrich IV., als er sich in den siebziger Jahren des 11. Jahrhunderts öfter als üblich mit seinem Gefolge im Harz aufhielt, mehrfach die Klagen der Verwalter des königlichen Tafelgutes entgegennehmen mußte, wonach Keller und Scheuer vor der nächsten Ernte nichts mehr zu bieten hätten.

In noch viel stärkerem Maß betraf das die kleinen Vasallen mit nur geringem Grundbesitz. Vor allem Erbteilungen bedrohten vielfach die Existenz, da der zersplitterte Besitz nicht mehr liefern konnte, was der Grundherr zum bloßen Überleben benötigte. Aus Frankreich ist überliefert, daß Ritter wieder zum Pflug greifen mußten. Die Grenze zwischen Bauern und dem niederen Dienstadel war auch von dieser Seite her fließend.

Es scheint daher von allgemeiner Bedeutung, daß sich in Frankreich bei den kleinen Grundherren im 10./11. Jahrhundert neue Formen der Sicherung des Grundbesitzes herausbildeten. Im Norden setzte sich das Erstgeburtsrecht durch, so daß die jüngeren Geschwister gezwungen waren, sich entweder innerhalb der Kirche oder aber im Kriegsdienst bei einem mächtigen Herren eine neue Existenz zu suchen.

Anders verfuhr man in Südfrankreich und Italien. Um die

ständigen Erbteilungen zu vermeiden, entwickelte sich die Confrèrie, die ritterliche Großfamilie, die in ihrer Gesamtheit am Grundbesitz partizipierte. Die Familienmitglieder hatten sich einer straffen Disziplin zu unterwerfen, die so weit gehen konnte, daß nur nach Familienbeschluß geheiratet werden durfte, um die Sippe nicht weiter anwachsen zu lassen. Trotzdem war man in vielen Fällen nur unter Entbehrungen in der Lage, wenigstens einen Familienangehörigen standesgemäß mit eigenen Mitteln als Ritter auszurüsten. Die jüngeren Familienmitglieder mußten sich auch hier um eine andere standesgemäße Existenz bemühen. Fürstendienst bot sich an, vielen blieb jedoch nur der Beruf des Klerikers. Als weitere spezielle Schicht begegnen uns seit dem 11. Jahrhundert die Ministerialen. Diese waren zu diesem Zeitpunkt gerade im Begriff, sich aus der bäuerlichen Unterschicht zu lösen, und zum Teil noch persönlich unfrei. Ihr Entstehen verdankten sie dem Ausbau der Staatsgewalt in den Territorien, wo die Fürsten dazu übergegangen waren, Männer ihres Vertrauens ohne Ansehen der Herkunft und des Standes zu hoheitlichen Aufgaben heranzuziehen, nicht zuletzt um das durch die Rodungen entstandene Machtvakuum zu füllen. Sie dienten etwa zum Eintreiben der Abgaben, bei der Rechtsprechung oder bei der Verwaltung der Burgen beziehungsweise im Gefolge eines Fürsten.

Adelsfehden und Kriegsdienst als schwerbewaffneter Panzerreiter bestimmten Lebensweise und Selbstverständnis des Adels und seines Gefolges. Relativ groß war deshalb der Anteil an den Einkünften, der für militärische Ausrüstung ausgegeben wurde. Zur vollständigen Bewaffnung eines Ritters gehörten Panzerkettenhemd, kegelförmiger Eisenhelm und großer Schild. Als Angriffswaffen dominierten das Schwert und die lange Lanze, die den Wurfspeer ersetzte. Der Ritter kämpfte zu Pferd, gebrauchte Steigbügel und Sattel und trug Sporen. So zeigen es in etwa die zeitgenössischen Abbildungen.

Aber genauso bekannt ist, daß eine komplette Ritterrüstung sehr teuer und für die kleinen Vasallen nahezu unerschwinglich war. Allein der Panzer soll dem Wert eines Bauernhofes von der Größe einer Hufe entsprochen haben. Ähnlich hohe Kosten müssen für die anderen Teile der Rüstung angenommen werden. Nur die größeren Grundherren konnten sich ohne Schwierigkeiten eine komplette Ausstattung leisten. Die kleinen Vasallen und Gefolgsleute hingegen erhielten oft von ihrem Kriegsherrn einen Teil der Rüstung gestellt oder waren nur unvollkommen bewaffnet.

Daher gab es bei den üblichen Adelsfehden meistens nur zahlenmäßig schwache Reiteraufgebote. Es sind genügend Beispiele überliefert, wonach Gefolgsleute adliger Herkunft als Fußknechte dienten. Noch im 12. Jahrhundert waren bei den Kämpfen in den Kreuzfahrerstaaten deutsche Ritter zu Pferd recht ungeübt.

Als mindestens ebenso bedeutungsvoll wie die militärische Ausrüstung erwies sich seit dem 11. Jahrhundert die Sicherung der ritterlichen Grundherrschaft durch die Anlage von Burgen. Diese hatten eine doppelte Funktion: Aufrechterhaltung der Herrschaft gegenüber den Bauern und Schutz gegen äußere Feinde. In ganz Europa wurde es üblich, daß die großen Feudalherren ein System von Befestigungen anlegten, wobei anfangs noch der Holz- und Erdbau dominierte, der Steinbau sich jedoch langsam durchzusetzen begann. Unter den Befestigungstypen, die sich herausbildeten, erwies sich der bei den Normannen übliche Donjon als besonders zukunftsträchtig. Es handelte sich dabei um einen massiven, aus Steinquadern gebauten rechteckigen Turm, der, zumeist an übersichtlicher Stelle angelegt, die Landschaft beherrschte. Er war nahezu uneinnehmbar und bot genügend Raum für Vorratskammern und Wohnstätten des Grundherren und seines Gefolges. Zunächst begegnete er uns bei den Normannen in Süditalien, in der Normandie und nach 1066 in England. In abgewandelter Form breitete er sich aber bald über ganz West- und Mitteleuropa aus.

Bereits vor den Kreuzzügen wurden diese Burgen Zentren des gesellschaftlichen Lebens. Hier hatte die Vogtei, die Rechtsprechung, ihren Sitz. Hier mußten Frondienste geleistet werden. Hier fanden sich aber auch die Wanderkaufleute und Wanderhandwerker ein. Gaukler und Spielleute fanden hier ein dankbares und zahlendes Publikum, und nicht wenige der bedeutendsten Burgen wurden im 11./12. Jahrhundert zum Ausgangspunkt einer Stadt.

Diese spezifische Situation gab dem europäischen Adel des 11. Jahrhunderts sein Gepräge. Daraus erwuchsen Bewußtseinsformen und gesellschaftliche Normen, die militärische Tugenden in den Mittelpunkt ihres Wertesystems stellten. Bewährung im ritterlichen Kampf bestätigte das Ansehen, bewies die Zugehörigkeit zur Ritterschaft. Hinzu kam eine christlich geprägte Ethik, die den Ritter nicht nur zur Tapferkeit, sondern auch zu Zucht und Maß und zum Schutz des Schwächeren verpflichtete. Vor allem für den Kleinadel und die sich im Übergang aus den bäuerlichen Schichten befindlichen Ministerialen bedeutete dieses Ideal des Rittertums ein stimulierendes Element, um sich mental von den verachteten bäuerlichen Wurzeln zu lösen und die Zugehörigkeit zur Elite zu betonen.

Voll ausgeformt wurden diese gesellschaftlichen Normen erst im 12./13. Jahrhundert, ihre Anfänge sind aber im 11. Jahrhundert zu suchen. Noch freilich war keine politische und keine geistige Kraft vorhanden, die diesem Streben nach ritterlicher Bewährung Richtung gab und aus dem Kleinkrieg zu großen militärischen Unternehmungen führte.

In diese Bresche sprang die katholische Kirche, speziell das Reformpapsttum. Auf geistigem Gebiet zeichnete sich in Europa bereits seit dem 10., stärker aber noch im 11. Jahrhundert eine neue Phase des Durchdringens aller Bereiche des gesellschaftlichen Lebens mit christlichen Vorstellungen und Ideen ab. Bereits zu Beginn des 10. Jahrhunderts war von der in Westburgund gelegenen Abtei Cluny eine Bewegung zur Reformierung der Klöster ausgegangen, die sich rasch über ganz Mittel- und Westeuropa ausbreitete und im ausgehenden 11. Jahrhundert etwa zweitausend Klöster erfaßt hatte. Ziel dieser Bestrebungen war die Reorganisation des Klosterlebens, um die Verlotterung und Sittenlosigkeit des regulierten Klerus zu überwinden. Das Klosterleben sollte unter den Laien für die Kirche werben und nicht abstoßen. Durch Ausbau der Liturgie und des Marienkultes sollte das Christentum tiefer im Volk verwurzelt werden. Die Zahl der Messen vergrößerte sich. Feierliche Prozessionen strahlten auf die engere und weitere Umgebung der Klöster aus.

Die andere Seite der Reform bildeten wirtschaftliche Maßnahmen. Das benediktinische Ideal des »Bete und arbeite« trat im monastischen Leben wieder in den Vordergrund. Mit großem Fleiß und straffer Organisation bemühten sich die Reformklöster um die Verbesserung der Landwirtschaft und wurden so bald zu Zentren entwickelter Agrikultur – in Zeiten der Verwüstung und Hungersnöte oft einzige Zuflucht für notleidende Bauern. Die cluniazensischen Reformklöster waren wirkungsvolle Träger einer Offensive zur Festigung der Religiosität in der gesamten mittelalterlichen Gesellschaft und kündigten den politischen und geistigen Vormarsch der Kirche an, wie er sich in der Entwicklung des Reformpapsttums manifestierte.

Die Reformklöster erlangten bald außerordentliche Popularität. Menschenleere Dörfer und brachliegende Felder wurden im Schutz des Krummstabs zu wirtschaftlicher Blüte geführt. Der hohe Adel gab den Klöstern den politischen Rückhalt. Er war daran interessiert, in dem von ihm beherrschten Territorium ökonomisch starke geistliche Grundherrschaften zu haben und sah im Aufschwung der Klosterwirtschaft eine Möglichkeit, die größte Zersplitterung zu überwinden. Über die Vogtei besaß der Adel politischen und rechtlichen Einfluß, da die Klöster einen starken weltlichen Schutz suchten. Auch die Bauern scharten sich um die Grundherrschaften der schwarzen Mönche, war ihr gesamtes Leben unter deren Schutz doch wesentlich sicherer.

Das Reformpapsttum entstand in der Mitte des 11. Jahrhunderts und entwickelte sich bis zum Beginn der Kreuzzüge, also innerhalb kürzester Zeit, zur ersten politischen und geistigen Macht in Westeuropa. Ausgangspunkt war die Forderung nach Emanzipation der Kirche aus weltlicher Gewalt. Kein Fürst sollte fortan das Recht haben – so wie es bislang üblich war –, auf die personelle Besetzung der Bistümer, Abteien und Pfarren Einfluß zu nehmen.

Das Papstwahlgesetz von 1059 setzte die Prämissen für die Spitze der kirchlichen Hierarchie: Die Kardinäle wählen den Papst. Als Nachfolger Petri galt dieser nach den Vorstellungen der Reformer als der oberste Vertreter Gottes auf Erden und als Haupt der Christenheit. Mit dieser Ideologie kämpfte das Papsttum in zwei Richtungen. Innerhalb der Kirche verlangte man eine straffe Unterordnung: Nur der Papst kann Bischöfe einsetzen und lossprechen, und nur der Bischof von Rom wird zu Recht universal genannt.

Damit war auch der Standpunkt gegenüber Byzanz und den Kirchen des Orients ganz eindeutig formuliert. Der Patriarch von Konstantinopel hatte sich dem Bischof von Rom unterzuordnen. Diese Haltung wurde auch nach der Kirchentrennung von 1054 nicht aufgegeben und beeinflußte die geistigen Beziehungen zu Byzanz während der Kreuzzugszeit nicht unwesentlich.

Die zweite Richtung der Neuorientierung betraf das Verhältnis von Kirche und Staat, das allgemein als Verhältnis von Haupt und Gliedern, von Leib und Seele definiert wurde: Als Vertreter Gottes auf Erden ist der Papst der einzige Mensch, dem alle Fürsten die Füße küssen müssen. Er kann sogar Kaiser absetzen. Auch hier bedeutet die Formulierung nicht allein die Regelung der Beziehungen zur weltlichen Gewalt in Europa, speziell zum Kaiser, obwohl der Machtkampf im Investiturstreit der zweiten Hälfte des 11. Jahrhunderts ausgetragen wurde. Die realen Ziele der Reformer schienen ziemlich begrenzt. Kampf gegen Simonie und Laieninvestitur bei der Vergabe geistlicher Ämter und Einhaltung des Zölibats durch den Klerus, das wurden die zentralen Losungen, unter denen die Päpste und ihre Anhänger im Investiturstreit agierten. Dennoch waren die geistigen Waffen sehr scharf, richteten sie sich doch gegen wichtige Machtpositionen des hohen weltlichen Adels und vor allem der deutschen Könige. Kein Feudalherr sollte mehr, so wie es bisher üblich war, dem neuen geistlichen Würdenträger die Zeichen seines Amtes, Ring und Stab, verleihen. Das wäre allein das Recht der Kirche. Die Laieninvestitur an sich sei bereits Simonie, ganz gleich, ob bei dem Ämterkauf Geld eine Rolle gespielt habe oder nicht. Beide, der so geweihte Kleriker und der Feudalherr, müßten als Ketzer, als Auswurf der Hölle angesehen werden.

So argumentierte einer der führenden Vertreter des Reformpapsttums, der Kardinal Humbert von Silva Candida. Dabei lag es keineswegs in der Absicht des Papsttums, eine puritanische Kirchenorganisation aufzubauen. Damit hätten die Ambitionen eines universellen, mächtigen Papsttums sicher sehr rasch ein Ende gefunden. Geschickt nutzte Rom den Aufschwung der Geldwirtschaft aus und erschloß alle möglichen Quellen zur Stärkung seiner finanziellen Basis, auch den Ämterkauf, allerdings jetzt in Regie des Reformpapsttums.

Hoch schlugen die Wellen der Auseinandersetzung. Die Reformer nutzten alle Bewegungen der Zeit für ihre Interessen aus und waren in der Wahl der Mittel nicht zimperlich. Sie stellten sich hinter die kommunalen Bewegungen gegen kaisertreue Bischöfe in Oberitalien, begünstigten in Frankreich die Wanderprediger, die dem Volk das Ideal einer armen Urkirche verkündeten, ermunterten die Fürstenopposition gegen Heinrich IV.

Die antipäpstliche Partei blieb nicht untätig. Sie begründete einerseits den kaiserlichen Anspruch, daß der Kaiser Oberhaupt der Kirche sei und seine Autorität allein von Gott erhalten habe, und kritisierte andererseits scharf die Reformen. Vor allem der Macht- und Geldhunger der Kirche wurden Zielscheibe beißenden Spotts. Zwei neue Heilige, Albinus und Rufinus (Gold und Silber) hätten in Rom Einzug gehalten. Ihren Gebeinen erschlösse sich jede Tür.

Neben dem Kampf gegen Simonie und Laieninvestitur hatte die Forderung der Reformpäpste nach Einhaltung des Zölibats weniger aktuelles Gewicht. Bereits seit der ausgehenden Spätantike tauchte die Forderung an die Priester, die Ehelosigkeit einzuhalten, immer wieder auf, konnte jedoch nie voll durchgesetzt werden. Im Gegenteil, aus dem 9. und 10. Jahrhundert ist eine Reihe von Nachrichten über Priesterehen überliefert, ohne daß die Umwelt daran Anstoß genommen zu haben schien. Manche Zeitgenossen hielten die Ehe sogar für günstiger, weil damit das Konkubinat zurückgedrängt werde.

Die Reformpäpste schrieben den Zölibat auf ihre Fahnen, um der Schwächung des kirchlichen Grundbesitzes entgegenzutreten – denn mancher Kleriker stattete seine Kinder mit Kirchenland oder Pfründen aus –, darüber hinaus aber auch, weil von dieser Seite her die Gemeinden gegen die laxen, nicht allein der Kirche ergebenen Priester mobilisiert werden konnten.

Der Investiturstreit wurde in ganz Europa ausgetragen. Trotz aller Wechselfälle des Kampfes ist unverkennbar, daß während dieser knappen Zeitspanne die Autorität des Papsttums und der Einfluß der religiösen Gedankenwelt auf die gesamte Gesellschaft beträchtlich anwuchs. Zahlreiche Lehensfürsten wurden als Anhänger der Reformer in der Folge

1 Die Ibn Tulun-Moschee in Kairo, erbaut zwischen 876 und 879, galt als das Symbol der Herrschaft der Tuluniden, die als Gouverneure von Ägypten um 868 de facto ihre Selbständigkeit erkämpften. Die Gesamtfläche beträgt 140 mal 160 Meter. Allein der Innenhof mißt 90 mal 90 Meter.

2 Die Moschee von Córdoba, erbaut zwischen 833 und 844, gehört zu den bedeutendsten islamischen Bauwerken auf der Iberischen Halbinsel. Die Außenmauer aus Naturstein und Ziegeln umfaßt ein Inneres, zu dem sowohl reichverzierte Höfe als auch Türme und Säle gehören. Der Kern der Moschee bildet eine Halle mit 1290 Marmorsäulen. Bedeutende Mengen des benötigten Materials – Marmor, Porphyr, Alabaster – wurden aus den Ruinen der Antike gebrochen und verarbeitet.

ع

في الخلفة ونخبرتين المتوكل لاسماع الحديث ولم يزل من خلوتى فى دين الله أوا حادا ويردون

فرادى وازواجاً حتى اذا اكتظ الجامع محفله واطلم الشامى الشخص وظله برز الخطيب لأهبته

منها د ياخلف عضته فارقى فى منبر الدعوة الى نثل بالزردة فسلم مشيراً بالبمين

ثم تعدى حتى خنم نظر التأذين ثم قام وقال ٥ الحمد لله المطلع

3 In den islamischen Medresen erhielten die Kinder der Oberschicht ihre Allgemeinbildung. Viele Gelehrte verdienten mit dem Unterricht ihren Lebensunterhalt. Die Unterrichtsräume lagen entweder in unmittelbarer Nähe der Moschee oder waren selbst Teil des Gotteshauses.

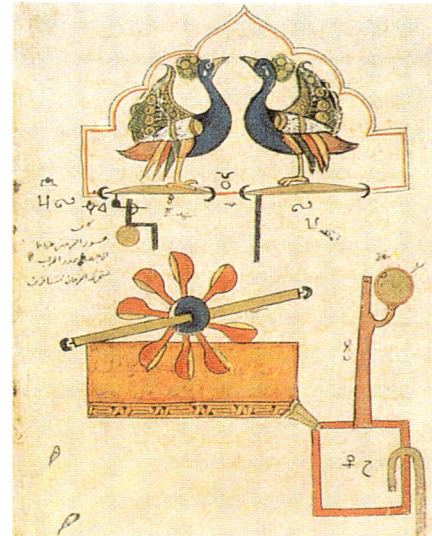

4 Mechanische Apparate wie diese Wasserhebe-
maschine erfreuten sich bei den Herrschern im
arabischen Kalifat und bei deren Würdenträgern
größter Beliebtheit.

5 Militärkapellen galten als wesentliches Attribut
fürstlicher Hofhaltung und traten bei feierlichen
Anlässen in Erscheinung. Der Unterhalt einer solchen Kapelle gehörte zum Repräsentationsauf-
wand nahezu jeden Herrschers im Kalifat.

6 *Der Felsendom zu Jerusalem ist das älteste erhaltene Bauwerk aus der Omaijadenzeit.*

7 *Die Stadtmauer von Konstantinopel wurde in der Zeit von 379 bis 395 erbaut.*

8   *Die Produktion von Luxusgütern stand im Kalifat auf außerordentlich hohem Niveau. Ihre Erzeugnisse kamen allerdings in erster Linie der Oberschicht zugute. Denn der arabische Adel legte nicht nur Wert auf prächtige Paläste, sondern auch auf kostbare und reiche Kleidung.*

10 In der Kriegsführung unterschieden sich die islamischen Heere von den europäischen in erster Linie durch den Einsatz größerer Einheiten von berittenen Bogenschützen. Mit ihren relativ schweren Pfeilen konnten diese nicht nur dem Troß, sondern auch den gepanzerten Ritterheeren aus sicherer Entfernung empfindliche Verluste zufügen.

9 *(linke Seite)* Im Kalifat gehörte die Beschäftigung mit der Wissenschaft zum Alltag. Gelehrte genossen hohes Ansehen und wurden nicht selten zu Objekten der bildenden Kunst, so wie hier der Schreiber, der Astronom und der Mathematiker.

11 Die Al-Azhar-Moschee in Kairo zählte zu den bedeutendsten in der islamischen Welt und kündete von der Macht der Fatimidendynastie. Sie diente auch als Schulmoschee, in der schiitische Missionare ausgebildet wurden.

politisch an Rom gebunden. Einige erkannten den Papst als ihren Lehensherrn an.

Bedeutungsvoller waren die militanten Methoden des Reformpapsttums. Wenn notwendig, gingen die Reformer mit militärischer Gewalt gegen ihre Gegner vor, mobilisierten Adelige zum Kampf für ihre Interessen. Diese Wendung kam den Vorstellungen des Rittertums entgegen. Das Papsttum verstand es, die militärischen Ideale des Adels mit seinen politischen Zielsetzungen teilweise zu verschmelzen.

Einige für die Kreuzzugsbewegung wichtige ökonomische und ideologische Besonderheiten wies Italien auf. Im Süden war der byzantinische Einfluß noch stark, und in Oberitalien gaben die relativ starken Handelsstädte der Feudalgesellschaft ein spezielles Gepräge. Süditalien und Sizilien waren seit der expansiven Restaurationspolitik Justinians byzantinisch geblieben. Erst das Vordringen der Araber und die Eroberungszüge der Normannen beendeten diese Herrschaft. Die Zugehörigkeit zu Byzanz hatte für Süditalien weitreichende kulturelle Folgen gehabt. Den Kriegern waren Handwerker, Kaufleute und Bauern gefolgt. Die Städte, allen voran Amalfi, Bari, Salerno, Neapel, wurden gräzisiert.

Intensive Handelsbeziehungen zum Mutterland verstärkten die Ausbreitung der byzantinischen Kultur in Unteritalien. Die Handwerker produzierten Waren nach oströmischer Art. Byzantinische Militärkolonisten saßen auf dem Lande. Auch wurde hier weitgehend griechisch gesprochen, dominierte die byzantinische Kultur. Auch die Kirchenorganisation war Konstantinopel unterstellt, und byzantinische Mönche gründeten eine Reihe von Klöstern.

Bis zum beginnenden 11. Jahrhundert strahlte die materielle und geistige Kultur Süditaliens nicht unbeträchtlich nach dem Norden aus. Klostergründungen griechischer Mönche finden wir in vielen Teilen Italiens auch außerhalb des byzantinischen Einflußbereiches. In Rom lebte eine gesonderte Kolonie griechischer Kleriker, Kaufleute und Handwerker. Byzantiner wirkten beim Bau einer Reihe von Klöstern und Kirchen auch nördlich der Alpen mit, und ihre Kultur- und Kunstauffassung ging in die Bauten und Plastiken ein.

Diese nach Osten orientierte Kultur Süditaliens verlor zwar mit der normannischen Eroberung und der eigenständigen Entwicklung Westeuropas seit dem 11. Jahrhundert an Ausstrahlungskraft, bildete jedoch auch in der folgenden Zeit einen festen Bestandteil der Wirtschaft und Kultur des Normannenreiches bis zum 13. Jahrhundert.

In Oberitalien hatte Venedig eine ähnliche Mittlerstellung inne. Seit der Zeit Justinians war die Stadt politisch, wenn auch nur sehr locker, mit Byzanz verbunden geblieben. Sie handelte zwar de facto nahezu selbständig, anerkannte jedoch offiziell die byzantinische Oberhoheit. Die Vorteile waren offensichtlich. Venedig erwuchsen daraus nur geringe Pflichten und Lasten, wie etwa Unterstützung des byzantinischen Heeres – zumeist aber zugleich im unmittelbaren eigenen Interesse. Auf der anderen Seite stand dem venezianischen Kaufmann ebenso wie dem der süditalienischen Städte der byzantinische Markt nahezu uneingeschränkt offen.

Im ausgehenden 11.Jahrhundert erhielt die Stadt das verbriefte Recht, im gesamten Oströmischen Reich mit Ausnahme der Gebiete des Schwarzen Meeres Handel treiben zu dürfen. Zoll und Steuerfreiheit wurden gewährt, die Genehmigung zur Einrichtung von Stapelplätzen gegeben. Der venezianische Kaufmann war regelmäßiger Gast in Konstantinopel und anderen Städten des Reiches. Zwischen der Lagunenstadt und Byzanz existierten regelmäßige Schiffsverbindungen, die, um den Gefahren des Meeres zu entgehen, zumeist längs der Küste führten. Gegen bestimmte Arten von Wolltuchen, Waffen und Bauholz, Waren, an denen in Byzanz immer Bedarf vorhanden war, importierten die Venezianer eine breite Palette byzantinischer und orientalischer Güter. Kostbare Baumwoll-

Am Vorabend der Kreuzzüge waren Lebensstandard und zivilisatorisches Niveau des europäischen Adels im Vergleich zum Orient relativ niedrig. Das Wohnmobiliar bestand auch in Adelshäusern in der Regel aus einfachen Holztischen und Schemeln. Der Gebrauch von Messer und Gabel als Eßbesteck setzte sich erst Jahrhunderte später allgemein durch.

und Seidentuche, Pelze, Prachtgewänder, Spezereien, Gewürze, Duftstoffe und anderes fanden den Weg über Konstantinopel und Venedig nach ganz Europa, während die süditalienischen Städte vor allem den südmittelitalienischen Markt belieferten.

Natürlich unterhielt Venedig auch Handelsbeziehungen zur islamisch-arabischen Welt, zu Ägypten, Syrien und seit dem 11. Jahrhundert auch zu Sizilien. Eine kulturgeschichtlich nicht uninteressante Nebenerscheinung der Verbindung zu Ägypten war der Raub des heiligen Markus um 828 aus Alexandria, von da an der Schutzheilige der Lagunenstadt. Wie für keine andere oberitalienische Stadt war für Venedig jedoch Byzanz der wichtigste Handelspartner.

Was Venedig in den Schoß gefallen war, mußten sich die

anderen bedeutenden Seestädte Oberitaliens, Genua und Pisa, erst erkämpfen. Aber auch ihre Kaufleute tauchten in Byzanz auf und trieben mit Erfolg Handel. Darüber hinaus waren sie in verschiedenen Teilen der islamisch-arabischen Welt zu finden, auf Sizilien, in Nordafrika und Ägypten. Die Handelsprodukte glichen den venezianischen.

Der relativ intensive und kontinuierliche Handel der italienischen Städte hatte den Aufbau mächtiger Handels- und Kriegsflotten zur Folge. Schutz der Kaufleute gegen Seeräuber galt als vorrangige Aufgabe. Im 11. Jahrhundert waren die italienischen Städte so stark geworden, daß sie mit ihren Flotten selbständig Kriege zu führen vermochten. Jetzt stand die rasche gewaltsame Erschließung neuer Märkte im Mittelmeerraum auf der Tagesordnung – und damit ein Interesse an militärischen Operationen der europäischen Fürsten in diesem Gebiet.

EUROPA AUF DEM WEG
ZUM KREUZZUG

Der Beginn der Kreuzzüge 1096 erschien den Zeitgenossen als etwas Neues, nicht Vorhergesehenes, und auch für den Historiker ist der gewaltige Widerhall, den der Kreuzzugsaufruf Papst Urbans II. fand, beeindruckend. Dennoch verdankte die Kreuzzugsbewegung ihr Entstehen nicht einer plötzlich um sich greifenden Stimmung, sondern hatte sich in den entscheidenden Elementen langsam entwickelt, so daß der eigentliche Aufruf nur noch die Funktion des zündenden Funkens besaß. So wie die wirtschaftliche Lage des Adels die Voraussetzungen für Expansionsinteressen schuf und der Aufstieg des Reformpapsttums die allgemeinen geistigen Bedingungen für die Verbindung von Adel und Papsttum, so kündigten sich auch die besonderen Gründe wirtschaftlicher und geistiger Art, die zu den Kreuzzügen führten, langfristig an.

Vor allem drei Faktoren waren es, die eine Auseinandersetzung mit dem Orient und mit Byzanz immer wahrscheinlicher werden ließen: das militärische Ausgreifen in den Mittelmeerraum, das Vordringen des oberitalienischen Kaufmanns in das östliche Mittelmeer und die Ausprägung militanter Elemente im christlichen Denken. Im einzelnen sind diese Tendenzen sehr vielschichtig und miteinander verwoben, aber sie münden insgesamt direkt in den 1. Kreuzzug ein.

Im Rahmen der vielfältig gelagerten Adelsfehden zeichnete sich besonders seit dem beginnenden 11. Jahrhundert eine relativ kontinuierliche Linie von Auseinandersetzungen mit den islamischen Staaten im Mittelmeerraum ab, die sich zunehmend verdichtete und schließlich auch den Kampf gegen Byzanz einschloß. Ein Zentrum dieser militärischen Aktionen war die Iberische Halbinsel. Christliche Königreiche in Nordspanien, hervorgegangen aus dem Karolingerreich, befanden sich bereits seit dem 9. Jahrhundert in ständigen Kämpfen mit dem arabischen Kalifat und konnten besonders seit der Mitte des 11. Jahrhunderts, als das Kalifat von Córdoba selbst in kleine Staaten auseinanderfiel, beträchtlich nach Süden vordringen. Ständig genährt wurde diese Reconquista, die Rückeroberung der Iberischen Halbinsel, durch den Zustrom französischer, normannischer und flandrischer Ritter, die hier entweder im Dienst oder auf eigene Faust nach feudaler Herrschaft strebten. Vor allem während des 11. Jahrhunderts war diese militärische Unterstützung ausschlaggebend für die Erfolge. 1085 wurde von Kastilien aus Toledo erobert, 1093 drangen französische und spanische Ritter bis Lissabon vor. Auch wenn einige Jahre später diese Gebiete wieder aufgegeben werden mußten, kündigten die Vorstöße doch die kommende Expansion an.

Italien bildete während des gesamten 11. Jahrhunderts einen Schwerpunkt der Auseinandersetzungen mit dem Islam und mit Byzanz. Das westliche Mittelmeer – unmittelbares Interessengebiet der arabisch-islamischen Kleinstaaten Nordafrikas und Spaniens – wurde von Seeräubern unsicher gemacht, die ihre Züge bis an die Küsten Italiens ausdehnten. Mehrfach bedrohten sie direkt Interessengebiete von Pisa und Genua. Während des gesamten 11. Jahrhunderts führten die Flotten der oberitalienischen Städte, allen voran Pisa, Genua und Venedig, einen heftigen Kleinkrieg gegen die arabisch-islamischen Seeräuber, unterstützt von Lokalfürsten der Apenninenhalbinsel.

Bemerkenswerterweise blieb es nicht bei Abwehrkämpfen. Vielmehr erweiterten sich der Aktionsradius der Kriegsflotten und das Interessengebiet des oberitalienischen Kaufmanns im Verlauf der Kämpfe ständig. Bereits zu Beginn des 11. Jahrhunderts (1016) wurden die Sarazenen aus Sardinien vertrieben. Wenig später gelangte auch Korsika unter den Einfluß Genuas und Pisas. Am Vorabend des Kreuzzuges besaßen die oberitalienischen Flotten die nahezu uneingeschränkte Seeherrschaft im westliche Mittelmeer. Pisa setzte sich 1034 in Bono (Nordafrika) fest. 1063 beteiligte es sich im Bündnis mit den Normannen an der Eroberung Palermos.

Der große Sprung nach der östlichen Mittelmeerküste, in die großen Häfen der orientalischen Welt, stand im ausgehenden 11. Jahrhundert auf der Tagesordnung. Die materiellen Voraussetzungen dafür waren in nahezu allen bedeutenden italienischen Hafenstädten gegeben. Dort gab es eine wirtschaftlich starke Kaufmannschaft, die ihren Handel ausdehnen wollte. Die Flotten waren ausgebaut. Jede Stadt besaß neben Handelsschiffen ausreichend Kriegsgaleeren. Die Wirtschaftsblüte wurde von einem gleichzeitigen politischen Erstarken der städtischen Gemeinwesen begleitet. Venedig, Genua und Pisa beherbergten selbstbewußte Bürger, die über ihre gewählten Ratsorgane eigenständige Politik betrieben und den feudalen Gewalten in zunehmendem Maße als selbständige Partner mit eigenen Interessen gegenübertraten. Bereits seit dem 11. Jahrhundert entwickelten sich die bedeutendsten oberitalienischen Seestädte zu Stadtrepubliken.

In der zweiten Hälfte des 11. Jahrhunderts hatte der venezianische Kaufmann beträchtliche Sorgen. Der Handel mit dem Byzantinischen Reich war durch die wiederholte Vertreibung venezianischer Kaufleute aus Konstantinopel gestört. Die Normannen gefährdeten die Vorherrschaft der Lagunenstadt in der Adria. Dennoch war Venedig während dieser Zeit außerordentlich aktiv und bestrebt, seine Positionen auch in Unteritalien und gegenüber den Sarazenen auszubauen.

Das Bild der europäischen Gesellschaft des Mittelalters

vom Islam und der orientalischen Welt war vor den Kreuzzügen ungenau und sehr vielschichtig. Wenig wußte man über Mohammed und seine Religion. Die Informationen, die Pilger und Kaufleute aus dem Orient vermittelten, beschränkten sich auf Einzelheiten, wobei sowohl Wundergeschichten als auch Greuelmärchen vorherrschten, ohne daß diese Berichte indes in der Lage gewesen wären, ein Gesamtbild, gleich welcher Art, zu erbringen. An den Brennpunkten der Auseinandersetzung in Spanien und Italien wurden die militärischen Konfrontationen kaum als Glaubenskriege empfunden, auch wenn man sich des religiösen Gegensatzes bewußt war. Die Idee vom Krieg als Mission war den Rittern bis zum Vorabend der Kreuzzüge fremd. Auch die nordspanischen Könige und Grafen unterhielten in Friedenszeiten gute Beziehungen zum Hofe des Kalifats von Córdoba. In Kriegszeiten waren nach der Aufspaltung des Kalifats Bündnisse zwischen Muslimen und Christen gegen Glaubensgenossen keine Seltenheit.

Als typisch gilt die Haltung des spanischen Adligen Rodrigo Diaz aus Vivar, bekannt unter dem Namen »El Cid« (gest. 1099), der nacheinander unter christlichen und mohammedanischen Fürsten diente und kämpfte. Seinen Beinamen »Cid« (Herr) hatte er von seiner muslimischen Gefolgschaft erhalten, zuletzt aber gegen die aus Nordafrika vorstoßenden Almoraviden im Kampf gestanden. Eroberungen gingen nicht mit Glaubensverfolgungen konform; die Toleranz dominierte nach wie vor, allerdings auch dadurch geprägt, daß die Mehrheit der Bauern auch während der Herrschaft des Kalifats in Spanien Christen geblieben waren.

Die Politik der Glaubenstoleranz und der kulturellen Kontakte setzte sich in Spanien auch während der folgenden Jahrhunderte trotz gegenteiliger Bestrebungen immer wieder durch. Von ähnlichen Tendenzen wurde die Situation auf der italienischen Halbinsel bestimmt. So erbittert die Seestädte in Kriegszeiten kämpften – die grundsätzlich partnerschaftliche Haltung zu den arabisch-islamischen Kaufleuten wurde davon nicht berührt. Der Geschäftssinn war bereits so weit entwickelt, daß schon im 10. und 11. Jahrhundert unter Umständen auch die arabischen Staaten mit kriegsnotwendigem Material beliefert wurden, das sie gegen die christlichen Herrschaften einsetzten. Bekannt sind die Lieferungen Venedigs, das Schiffsbauholz – ein im arabischen Bereich rarer und begehrter Handelsartikel – trotz wiederholter byzantinischer Proteste auch während kriegerischer Auseinandersetzungen in die verschiedensten arabischen Häfen verkaufte. Glaubensgegensätze spielten bei handelspolitischen Erwägungen der oberitalienischen Kaufleute keine Rolle.

Ein außerordentlich interessantes Bild bot im ausgehenden 11. Jahrhundert das Normannenreich in Süditalien. Scheinbar zufällig hatten 1016 Normannen, die sich auf der Rückreise von der Pilgerfahrt nach Jerusalem befanden, von Unruhen in den süditalienischen Städten erfahren, in die Kämpfe eingegriffen und mit Verstärkungen aus der Heimat in Unteritalien ihre Herrschaft errichtet. Der Eroberungsprozeß war insgesamt langwierig gewesen. Streitigkeiten unter den Normannen selbst um Grundbesitz und die besten Burgen hatten die Inbesitznahme von Süditalien und Sizilien kompliziert. Griechen, Römer, Sarazenen, Juden und Normannen, Anhänger des griechisch-orthodoxen, des römisch-katholischen, des jüdischen und des islamischen Glaubens waren in einem Reich vereint.

Diese Feudalgesellschaft stand hinsichtlich der materiellen und geistigen Kultur auf einem hohen Niveau. Der islamische Einfluß auf Sizilien und der byzantinische in Süditalien hatten dazu beigetragen, daß das gesamte öffentliche und private Leben mit dem des westeuropäischen Mittelalters wenig Gemeinsamkeiten besaß. Von Anfang an waren die Normannen nicht gewillt, sich einen Glaubenskrieg aufdrängen zu lassen oder eine der Kulturen zu unterdrücken. Sie nahmen die soziale und geistige Struktur hin und bauten darauf ihre Herrschaft auf.

Die Religionen waren gleichberechtigt. Auf dem islamisierten Sizilien standen zwar Christen an der Spitze der Verwaltung – der Gouverneur von Palermo führte aber den arabischen Titel »Emir« –, ansonsten lag die zivile Verwaltung in den Händen der Muslime. Ähnlich sah es im Handel und im Handwerk aus. Struktur und Kultur wurden nach den bisherigen Traditionen weitergeführt. Im Heer spielten sarazenische Einheiten eine bedeutende Rolle. Sie hatten ihre eigenen Offiziere und stiegen bereits im 11. Jahrhundert zu Elitetruppen auf. Damit begann im Normannenreich schon vor den Kreuzzügen eine kulturelle Blüte auf der Basis verschiedenartiger Kulturen, die auch in den folgenden Jahrhunderten anhielt.

Das vielleicht treffendste Beispiel des Zusammenwirkens der verschiedenen Kulturen zeigt die Entwicklung des medizinischen Zentrums von Salerno. Die Traditionen dieser Stadt als Heilstätte reichen bis in die Antike zurück. Auch in den folgenden Jahrhunderten, als Süditalien zu Byzanz gehörte, profitierte Salerno von der Pflege der Medizin im Oströmischen Reich. Seine eigentliche Blüte begann im 11. Jahrhundert. Konstantinus Africanus aus Karthago, ein Mediziner und des Griechischen, Arabischen und Lateinischen kundig, siedelte um 1075 nach Süditalien über und begab sich in den Dienst der Normannen. Zunächst arbeitete er in Salerno, zog sich danach in das Kloster Monte Cassino zurück und übersetzte hier medizinische Schriften aus dem Arabischen, der klassischen Antike und Byzanz ins Lateinische. Darunter waren Werke von Galen und Hippokrates, die auf diese Weise in Westeuropa bekannt wurden. Arabische Schriften gab er zum Teil als seine eigenen aus.

Diese Übersetzungen hatten noch im späten Mittelalter in ganz Westeuropa hervorragende Bedeutung für die Ausbildung von Medizinern. Für Salerno begründeten sie den Ruf als beste Ausbildungs- und Heilstätte. Hier ließen sich unter anderen Wilhelm der Eroberer, Robert von der Normandie und Hartmann von Aue ärztlich behandeln. Ähnliche Beispiele des kulturellen Aufschwungs könnte man auch aus anderen Bereichen und Gebieten des Normannenreiches nennen.

Die Expansionen nach dem Mittelmeerraum zeigten zu Beginn also noch keine bedeutungsvollen Anzeichen eines Glaubenskrieges. Erst die Mitwirkung der katholischen Kirche, vor allem des Papsttums, an den Eroberungen bewirkte, daß sich langsam die Idee des »Heiligen Krieges« auch im christlichen Denken herausbildete und dann zur Kreuzzugsidee führte. Die Billigung von Kriegen ist an sich mit Wort und Sinn des Neuen Testaments unvereinbar. Die alte Kirche hatte an dieser Auffassung auch grundsätzlich festgehalten, obwohl sie damit keinen Krieg hatte verhindern können. Aus diesem Konflikt mit der Praxis entwickelte sich die Auffassung vom gerechten und ungerechten Krieg, die vor allem von dem heiligen Augustinus formuliert wurde. Danach waren Kriege zur Verteidigung und zur Wiedererlangung geraubten Gutes zulässig.

Für die Kirche des frühmittelalterlichen westlichen Europa war diese Unterscheidung praktikabel und ausreichend gewesen, da die christlichen europäischen Fürsten überwiegend Abwehrkämpfe geführt hatten. Ein neues Moment bei der Definition des Verhältnisses der Kirche zum Krieg steuerte das 10. Jahrhundert mit der »Gottesfriedensbewegung« bei. Die ständigen Adelsfehden in der Periode des Machtverfalls der Zentralgewalten, unter denen die Bauern, aber auch geistliche Grundbesitzer besonders zu leiden hatten, führten zur Idee des Gottesfriedens. Einzelne kirchliche Institutionen konnten damit, zumindest lokal begrenzt, eine Beschränkung der Adelsfehden durchsetzen. Diese mit dem Adel getroffenen Vereinbarungen brachten es mit sich, daß sich die Kirche direkt gegenüber Friedensbrechern engagieren mußte, und zwar nicht nur mit kirchlichen Mitteln, etwa der Exkommunikation, sondern auch unmittelbar. Strafexpeditionen gegen Friedensbrecher wurden mit kirchlicher Billigung durchgeführt.

Auch wenn dabei die Idee des »Bellum justum« zum Tragen kam, drangen damit wesentlich neue Vorstellungen in die Ritterschaft ein. Diese sah sich jetzt nicht mehr allein einer allgemeinen Auffassung des Klerus gegenüber, daß der Kampf gerecht sei, sondern konfrontiert mit dem militärischen Dienst für eine kirchliche Idee.

Bedeutend weiter ging das Reformpapsttum des 11. Jahrhunderts. In dem Bestreben, die Kirche zu zentralisieren und als geistige und politische Autorität in der Feudalgesellschaft aufzuwerten, wurde auch das Verhältnis zum Krieg präzisiert. Papst Leo IX. führte 1053 persönlich einen Feldzug gegen die Normannen in Unteritalien mit dem Ziel, die Machtpositionen des Papsttums auf der Apenninenhalbinsel weiter zu stärken. Den Teilnehmern an dem Zug wurde Straflosigkeit ihrer Verbrechen und Erlaß der Bußstrafen in Aussicht gestellt. Im nachhinein anerkannte man gar den Tod in der entscheidenden Schlacht als christliches Martyrium. Diese Würdigung erregte unter den Zeitgenossen beträchtliches Aufsehen. Die Akzente wurden neu gesetzt.

Auch in Spanien bemühte sich das Papsttum, den gegen die Mauren kämpfenden christlichen Fürsten neue Ideen vom Wesen dieser Auseinandersetzung zu vermitteln. Papst Alexander II. versprach um 1064 den in Spanien kämpfenden Rittern Erlaß der Bußstrafen und proklamierte den Krieg gegen die »Heiden« als einen gerechten Krieg. Nach Lage der Dinge hatte ihn niemand darum gebeten.

Der Versuch, sich hier einzuschalten, war aber nicht zufällig. Zur gleichen Zeit wurde von den spanischen Bischöfen ein Gottesfrieden verkündet, um das Hinterland zu schützen. Alexander verbot Judenverfolgungen in Spanien, um die Kräfte nicht zu zersplittern. Cluny tat ein übriges, um die Reformkräfte in Spanien ins Spiel zu bringen. Neben der Neuordnung der Klöster besetzten in der zweiten Hälfte des 11. Jahrhunderts Cluniazenser die wichtigsten Bischofsstühle. Gezielt und geschickt propagierte Cluny in ganz Europa die Wallfahrt nach Santiago de Compostela. Hier war im 9. Jahrhundert ein Marmorsarg gefunden worden, der angeblich die Gebeine des Apostels Jakob enthalten haben soll. Diese Legende benutzten die Cluniazenser, um die Pilgerfahrt nach Compostela in einem Maße auszubauen, daß es nach Rom der berühmteste Wallfahrtsort in ganz Europa wurde. Damit verbanden sich Pilgerfahrt und Orientierung auf Teilnahme an der Reconquista. Beginnend im 11. Jahrhundert, hielt diese Entwicklung in den folgenden an.

Alle diese Aktivitäten, die nicht allein unter der spanischen, sondern auch unter der französischen Ritterschaft wirkten, veränderten die Auffassung vom Krieg. Es erscheint daher nur folgerichtig, daß Hildebrand, der spätere Papst Gregor VII., mit dem französischen Grafen Ebolus von Roncy vereinbarte, das eroberte Land in Spanien dem heiligen Petrus zu Lehen zu geben. Der Krieg gegen die Heiden erschien jetzt verdienstlich, weil er zum Nutzen Roms geführt wurde, ansonsten wollte Hildebrand dem Grafen den Spanienzug lieber verbieten.

Den Höhepunkt in diesem Trend des Reformpapsttums bildete 1074 der Plan des streitbaren Gregor VII., mit einem Heer europäischer Ritter Byzanz in seinem Kampf gegen die Seldschuken zu unterstützen. Dabei spielte allerdings der Gedanke eine Rolle, mit dem Feldzug zugleich die Kirchenspaltung von 1054 wieder zu überwinden und auch Byzanz zu veranlassen, das Papsttum als obersten Herrn der Christenheit auf Erden anzuerkennen. Nur der Investiturstreit verhinderte die Durchführung der Pläne Gregors.

Diese Umformung der Auffassung vom Krieg durch die Kirche, namentlich durch das Papsttum, bedeutete, daß der geistige Führungsanspruch des Papstes gegenüber dem Adel neue Grundlagen erhielt, die christliche Religion in der Lage war, den expansiven Tendenzen die notwendige Rechtfertigung zu geben. Somit wurden alle Voraussetzungen geschaffen, die die auf Eroberung Drängenden über den gegebenen gesellschaftlichen Rahmen hinaus zu größeren Aktionen zusammenfaßten.

Gleichzeitig wäre es jedoch falsch, die Formung des Verhältnisses der Kirche zum Krieg im 11. Jahrhundert als zufällig von einzelnen Personen abhängig oder als Verirrung des Klerus zu werten. Die Wurzeln lagen tiefer. Das christliche Denken konnte für den Adel nur dann volle Geltung erlangen, wenn es auf die militärischen Ideale der Ritterschaft einging. Parallel zur Herausbildung der Vorstellung vom Heiligen Krieg beziehungsweise des Krieges im Interesse der Kirche vollzog sich auch in anderen Bereichen die Formung neuer Elemente des christlichen Denkens, die es der höfischen Gesellschaft erleichterten, sich in den Dienst der Kirche zu stellen, und die unter dem Begriff »Militarisierung des Christentums« einzuordnen sind. Die Palette der Erscheinungen ist breit. Dazu gehört die Zuordnung von Heiligen als Schutzpatrone für den Krieger. In Byzanz schon seit langem üblich, begann dieser Prozeß in Westeuropa, von Ausnahmen abgesehen, im 11. Jahrhundert, erlebte seinen Höhepunkt allerdings erst im 12. Jahrhundert, war also unmittelbar verbunden mit der Etablierung des Ritters als Bannerträger im Glaubenskrieg.

Die heiligen Märtyrer Mauritius, Sebastian und Georg wurden nun zu Beschützern des kämpfenden Ritters. Neue Vorstellungen über den Begriff der Ritterfrömmigkeit breiteten sich aus. Die Grundsatzfrage, ob die Frömmigkeit der auf Kriege spezialisierten Adelsschicht außerhalb dieser Tätigkeit zu liegen habe, wurde nicht mehr ausschließlich bejaht. Schutz des Kirchengutes, Rache für Übergriffe auf kirchlichen Besitz, Schutz der Pilger und anderes – diese Elemente begannen die

Frömmigkeit des Ritters auszuzeichnen. Schwertweihe in der Kirche und Fahnenweihe verliehen in zunehmendem Maße dieser Tendenz symbolischen Ausdruck.

In der mittelalterlichen Vorstellungswelt formte sich auch der Begriff der »Militia christi« um. Ursprünglich hatte man darunter die Christen verstanden, die mit friedlichen Mitteln die Belange der Kirche in der Gesellschaft durchzusetzen hatten. Angewandt wurde der Begriff vor allem auf den Klerus. Jetzt verband sich damit die Auffassung vom bewaffneten Streiter für die Kirche im Zuge der Gottesfriedensbewegung, aber auch der Vasallität gegenüber dem Papsttum.

Im ausgehenden 11. Jahrhundert mehrten sich die zeitgenössischen Zeugnisse, die dem Kampf gegen die Heiden ein christlich-militantes Profil zu geben suchten. Im französischen Rolandslied, in der endgültigen Fassung etwa um 1100 niedergeschrieben, wird der Kampf Rolands gegen die Mauren zur Zeit Karls des Großen als gerechter Kampf charakterisiert. Die Muslime wurden besiegt, weil sie im Unrecht waren. Karl der Große steht in der Dichtung unter der direkten Einwirkung Gottes, der ihm in der Auseinandersetzung durch seinen Erzengel unmittelbare Hilfe gibt. Die Kreuzzugszeit hat auch diese Vorstellungswelt ausgebaut.

Ein weiteres Moment, das auf die Kreuzzugsbewegung Einfluß nahm, war die Wallfahrt. Die Kreuzzugteilnehmer werden in den zeitgenössischen Quellen vielfach als Pilger bezeichnet, beziehungsweise fühlten sich als solche. Die Pilgerreise galt nach der christlichen Lehre bereits seit langem als ein verdienstvolles Werk und bedeutete eine wesentliche Form des Abbüßens irdischer Bußstrafen für begangene Sünden. Neben den Wallfahrtsorten Europas, vor allem Rom und Santiago de Compostela, waren es Jerusalem und Bethlehem, die die Christen anzogen. Die Reisen nach den heiligen Stätten im Orient galten als besonders wirkungsvoll. Beschwerlich waren die Pilgerzüge allemal, wenn sie, wie das zumeist der Fall war, den Landweg benutzten, obwohl durch das Byzantinische Reich gesicherte Straßen führten.

Solange sich die Pilger gesittet benahmen, waren sie der Gastfreundlichkeit der Byzantiner sicher. Nach dem Verlust Kleinasiens im 11. Jahrhundert erhöhten sich hier zwar die Gefahren, aber weniger aus religiösen Gründen, sondern mehr durch das Aufkommen von Räuberbanden. Die Muslime ließen bis auf wenige Ausnahmen die Pilger ungehindert passieren.

Seit dem 11. Jahrhundert wuchs der Pilgerstrom nach dem Orient an. Wir wissen von einer Reihe Adeliger, daß sie mehrfach die Reise unternahmen. Um 1064 soll Bischof Gunther von Bamberg mit einer Schar von siebentausend Menschen nach Jerusalem gezogen sein. Die Zahlenangabe ist wohl überhöht, deutet aber dennoch die zunehmende Popularität des Wallfahrtsgedankens an.

Diese Zunahme der Wallfahrten mußte den Wunsch hervorrufen, die heiligen Stätten der Christenheit selbst zu besitzen und nicht mehr auf die Gastfreundlichkeit der Heiden angewiesen zu sein. Mit der unbewaffneten Wallfahrt war das nicht zu erreichen, wohl aber durch die Verknüpfung des Heiligen Krieges mit dem Jerusalemzug. Die Vereinigung beider Ideen blieb dem Reformpapsttum vorbehalten.

Sie wurde erst nach 1089 sichtbar. Urban II. hatte die Wiedererrichtung des spanischen Erzbistums Tarragona beschlossen und forderte von den Christen Kataloniens, daß sie alle Kräfte dafür einsetzten. Er versprach ihnen dafür Erlaß der Bußstrafen in der gleichen Form, wie das eine Pilgerfahrt nach Jerusalem bewirkt hätte, ja, er forderte sogar auf, die Wallfahrt nach dem Orient zugunsten Tarragonas zu unterlassen. Da es sich de facto um einen Kampf gegen das Vordringen der Mauren handelte, wurden damit Heiliger Krieg und Pilgerfahrt gleichgesetzt. Nach dem Beginn des 1. Kreuzzuges verbot der Papst den Katalanen die Teilnahme, da es ihre Aufgabe sei, in Spanien zu kämpfen.

Übrigens deuten die ganze Anlage des Kreuzzugsaufrufes 1095 und die Tätigkeit Urbans II. in Südfrankreich darauf hin, daß das Papsttum für den Zug nach dem Orient ähnliche Vorstellungen hatte wie für die Sicherung Tarragonas.

Vielfältige Einflüsse wirkten mit bei der Entstehung der Kreuzzugsidee. Deren Grundlagen waren breiter angelegt, als die eigentliche Kreuzzugsbewegung später erkennen läßt, bedeuteten sie doch die Verschmelzung christlicher Glaubensinhalte mit den Standesidealen der mittelalterlichen Ritterschaft. Dem Reformpapsttum war es vorbehalten, die Zielsetzung vorzugeben. Es konnte diese Funktion erfüllen, weil keine andere geistige oder politische Kraft im Europa des 11. Jahrhunderts in der Lage war, die auf Expansionen drängenden Kräfte zu organisieren und zu führen.

Im November 1095 fand in Clermont (Südfrankreich) ein Kirchenkonzil statt, das sich mit Fragen der Kirche in Frankreich befaßte. Seine eigentliche Bedeutung für die Geschichte des Mittelalters erhielt es aber nicht durch die hierzu gefaßten Beschlüsse, sondern durch die Ereignisse des letzten Tages. Am 27. November 1095 hielt Papst Urban II. seine als Kreuzzugsaufruf in die Geschichte eingegangene Predigt. Es war keine Veranstaltung der Konzilsmitglieder hinter verschlossenen Türen, sondern eine Versammlung, die von vornherein auf Massenwirksamkeit angelegt war. Auf einem großen freien Platz vor den Toren der Stadt, so vorbereitet, daß die Zahl der Zuhörer unübersehbar schien, gab der Papst das Startzeichen für die Kreuzzüge.

Die Predigt Urbans in französischer Sprache ist nicht im Wortlaut überliefert. Durch einige zeitgenössische Chronisten kennen wir den Inhalt. Fulcher von Chartres, ein Augenzeuge, gibt folgenden Text: »Vielgeliebte Brüder! Getrieben von den Forderungen dieser Zeit bin ich, Urban, der ich nach der Gnade Gottes die päpstliche Krone trage, oberster Priester der ganzen Welt, hierher zu euch, den Dienern Gottes, gekommen, gewissermaßen als Sendbote, um euch den göttlichen Willen zu enthüllen ... Es ist unabweislich, unseren Brüdern im Orient eiligst die so oft versprochene und so dringend notwendige Hilfe zu bringen. Die Türken und Araber haben sie angegriffen und sind in das Gebiet von Romanien vorgestoßen bis in jenen Teil des Mittelmeeres, den man den Arm Sankt Georgs nennt; und indem sie immer tiefer eindrangen in das Land dieser Christen, haben sie diese siebenmal in der Schlacht besiegt, haben eine große Anzahl von ihnen getötet und gefangengenommen, haben die Kirchen zerstört und das Land verwüstet. Wenn ihr ihnen jetzt keinen Widerstand entgegensetzt, so werden die treuen Diener Gottes im Orient ihrem Ansturm nicht länger gewachsen sein. Deshalb bitte und ermahne ich euch, und nicht ich, sondern der Herr bittet und ermahnt euch als Herolde Christi, die Armen wie die Reichen, daß ihr euch beeilt, dieses gemeine Gezücht aus den von euern Brüdern bewohnten Gebieten zu verjagen und den Anbetern Christi rasche Hilfe zu bringen. Ich spreche zu den Anwesenden und werde es auch den Anwesenden kundtun, aber es ist Christus, der befiehlt ... Wenn diejenigen, die dort hinunterziehen, ihr Leben verlieren, auf der Fahrt, zu Lande oder zu Wasser oder in der Schlacht gegen die Heiden, so werden ihnen in jener Stunde ihre Sünden vergeben werden, das gewähre ich nach der Macht Gottes, die mir verliehen wurde ... Mögen diejenigen, die vorher gewöhnt waren, in privater Fehde verbrecherisch gegen Gläubige zu kämpfen, sich mit den Ungläubigen schlagen und zu einem siegreichen Ende den Krieg führen, der schon längst hätte begonnen sein sollen; mögen diejenigen, die bis jetzt Räuber waren, Soldaten werden ... mögen diejenigen, die sonst Söldlinge waren um schnöden Lohn, jetzt die ewige Belohnung gewinnen; mögen diejenigen, die ihre Kräfte erschöpft haben zum Schaden ihres Körpers wie ihrer Seele, jetzt sich anstrengen für eine doppelte Belohnung ... Auf der einen Seite werden die Elenden sein, auf der anderen die wahrhaft Reichen, hier die Freunde Gottes, dort seine Feinde. Verpflichtet euch ohne zu zögern; mögen die Krieger ihre Angelegenheit ordnen und aufbringen, was nötig ist, um ihre Ausgaben bestreiten zu können; wenn der Winter endet und der Frühling kommt, sollen sie fröhlich sich auf den Weg machen unter der Führung des Herrn.«

Unmittelbar reagierte Urban mit diesem Aufruf auf die Bitten des byzantinischen Kaisers nach der Schlacht von Mantzikert 1071, ihn in seinem Kampf militärisch zu unterstützen. Tatsächlich enthält die Predigt aber alle Elemente, die sich im 11. Jahrhundert in der Begründung des Heiligen Krieges, des Kampfes gegen die Heiden unter kirchlicher Führung angesammelt hatten und gab damit den zersplitterten, sowohl an einer Expansion als auch an Bewährung ihrer ritterlichen Standestugenden interessierten feudalen Kräften die Zielrichtung.

Bereits die Wahl des Ortes ist interessant. Der südfranzösische Ritter wurde von dem Aufruf nicht unvorbereitet getroffen. Es war Tradition, daß er sich im Kampf gegen die Muslime in Spanien engagierte.

Es ist nicht sicher, ob in Clermont der Endpunkt des Kreuzzuges, Jerusalem, bereits genannt wurde, aber wenige Wochen später muß er bereits, wie aus der Vorbereitung selbst hervorgeht, fest im Bewußtsein des Klerus und der Kreuzfahrer verankert gewesen sein; denn die Propagandawelle orientierte sich sofort auf die Heilige Stadt. Kleinasien wurde nur als Durchgangsstadium angesehen.

Gegen einen möglichen Fehlschlag des Kreuzzugsaufrufes hatten die Organisatoren bestmöglich vorgesorgt. Urban, der seit dem Sommer 1095 in Frankreich weilte, hatte selbst mit Bischöfen konferiert, Kontakte mit hohen Adeligen aufgenommen und sich der Zusage einer Reihe im Kampf mit den Muslimen in Spanien erfahrener Herren vorher versichert.

Nach den Darstellungen der Augenzeugen rief die Predigt Urbans in Clermont große Begeisterung hervor. Im Anschluß daran trat als erster Bischof Adhemar von Le Puy vor und bat den Papst, ihm den Segen zu erteilen und die Kreuznahme zu gestatten. Sein Vorgehen hatte symbolischen Charakter. Es demonstrierte, daß die Führung in den Händen der Kirche liegen sollte. Viele Zuhörer drängten sich, so wird berichtet, nach vorn und legten das Gelübde ab. Mit dem Ruf »Deus le volt! – Gott will es!« begrüßte man jede Zusage.

Von Clermont ausgehend wurde die Losung in Frankreich zum Schlachtruf während der Vorbereitungszeit des Kreuzzuges. Als sichtbares Zeichen hefteten sich die künftigen Kreuzritter rote Stoffkreuze auf ihre Kleidung – Symbol dafür, daß sie im Dienst Christi standen und den Schutz der Kirche genossen. Von Clermont, so berichten die Quellen, breitete sich die Kreuzzugsstimmung rasch aus. Frankreich war das eigentliche Zentrum, aber auch in Spanien, Schottland, Dänemark, Flandern und Italien folgte man dem Aufruf.

Deutlich erkennbar sind drei Linien der Vorbereitung. Den eigentlichen Kern bildeten die geschickten diplomatischen Verhandlungen Urbans mit den hohen Feudalherren. Gezielt wandte er sich dabei an Einzelpersonen, die er veranlaßte, mit ihren Vasallen das Kreuz zu nehmen. An den Grafen von Flandern schrieb Urban im Februar: »Wir denken, daß Eure Brüderschaft schon durch viele Berichte erfahren hat, wie barbarisches Wüten die Kirchen Gottes im Orient durch unglückselige Verwüstung zerstört hat, mehr noch, daß die Heilige Stadt Christi unerträgliche Knechtschaft erdulden muß. Deshalb sind Wir nach Frankreich gefahren und haben die Fürsten und Untertanen dieses Landes zur Befreiung der Kirchen des Orients angetrieben ... Wenn Gott einigen von Euch eingibt, dieses Gelübde abzulegen, so mögen sie wissen, daß sie sich mit ihrer Truppe dieser Abreise anschließen können.«

Durch solche Aktionen, begleitet von mündlichen Verhandlungen, wurde der Grundstock für das militärische Aufgebot der Ritter gelegt. Nahezu alle wichtigen Führer des 1. Kreuzzuges scheinen individuell angesprochen worden zu sein. Diese Politik entsprach der Absicht Urbans, ein schlagkräftiges Ritterheer unter Leitung der Kirche nach dem Orient zu senden. Zur Unterstützung des Feldzuges wurden auch die Genuesen gebeten, mit einer Flotte das östliche Mittelmeer zu sichern.

Planung und Umsicht der Organisation lassen den Kreuzzug als ein gezieltes, politisch fest umrissenes Unternehmen erscheinen. Wahrscheinlich aber hatte Urban zu Beginn nicht mit einer Massenbewegung gerechnet. Dann aber wurde zur Unterstützung der Kreuzzugsvorbereitung von den Kanzeln eine solche entfacht. In allen Kirchen rückte die Predigt für den Kreuzzug in den Vordergrund. Urban selbst beteiligte sich sehr intensiv daran. Bis zum August des folgenden Jahres blieb er in Frankreich. Neben politisch-organisatorischen Verhandlungen predigte er immer wieder den Kreuzzug, so in Tours auf den Wiesen vor der Stadt, in Limoges in der Kathedrale, in verschiedenen Diözesen der Provence, in Toulouse und anderen Städten. Der französische Klerus tat ein gleiches. Dadurch gelang es innerhalb kurzer Zeit, den Kreuzzugsgedanken populär und die Vorbereitung der Ritter auf den Zug zu einer öffentlichen Angelegenheit zu machen.

Das Prestige und die Autorität der Kirche in Frankreich wuchsen in den wenigen Monaten vom Konzil zu Clermont bis zum Beginn des 1. Kreuzzuges erheblich – eine Erscheinung, die völlig mit den Zielen des Reformpapsttums übereinstimmte, vor allem wenn man sich daran erinnert, daß zur gleichen Zeit im Deutschen Reich der Investiturstreit das Geschehen bestimmte.

In der Wahl der Argumente war man nicht zimperlich. Wenn Urban schon in einem Brief an den Grafen die Greuel der Barbaren so nachdrücklich erfand, mit den Predigen und den Gerüchten, die rasch umliefen, kam ein haarsträubendes Bild über die Situation im Orient zustande. Details über angebliche

Mißhandlungen wurden erfunden und verbanden sich mit Entstellungen über den Islam als Religion und den Muslimen als Menschen. Daneben fehlte es nicht an plastischen Schilderungen der vermeintlichen Reichtümer des Orients, die man sich auf der Reise aneignen könnte. Vermischt wurde alles mit einem aufblühenden Wunderglauben. In jeder Erscheinung sah man Zeichen Gottes, der damit zur Kreuznahme mahnte und seine Unterstützung versprach. Mit einem Wort, es wurde eine Stimmung entfacht, die einer Ekstase glich.

Erst nach und nach folgten Anweisungen, die organisatorische Fragen im einzelnen klärten, aber ohne größere Systematik. Frauen und Greise sowie jungverheiratete Ehemänner sollten nicht das Kreuz nehmen. Die Bischöfe wies der Papst an, sich um die Familien der Kreuzritter und deren Besitz zu kümmern. Eine eigentliche Ordnung blieb erst einer späteren Zeit vorbehalten.

Ehe jedoch der 1. Kreuzzug der europäischen Ritterschaft über das Stadium der Vorbereitung hinaus gekommen war, bewegte ein anderes Ereignis die Gemüter: der Bauernkreuzzug. Von dem eigentlichen Unternehmen ist er so weit entfernt, daß er nicht einmal zu den eigentlichen Kreuzzügen gezählt wird. Zur Charakterisierung der Volksstimmung ist er jedoch sehr aufschlußreich, wirft er doch ein beziehungsreiches Bild auch auf die soziale und wirtschaftliche Situation jener Zeit.

DER ZUG DER BAUERN

Die geistige Vorbereitung des Bauernkreuzzuges lag nicht in den Händen des Klerus, und auch das Papsttum hatte nicht daran gedacht, das Volk direkt zu mobilisieren, selbst wenn ihm eine generelle Kreuzzugsatmosphäre nicht unlieb gewesen sein dürfte. Die Agitationswelle ging vielmehr von einer besonderen Gruppe von Predigern aus. Traditionell und zum Teil auch personell knüpften sie an eine sozial-religiöse Bewegung an, die im ausgehenden 11. Jahrhundert in verschiedenen Gegenden Frankreichs Verbreitung erlangt hatte, die »Wanderpredigerbewegung«. Priester und Mönche hatten sich in Wälder und Einöden zurückgezogen und lebten hier in größter Armut, der Vorstellung folgend, daß sie damit den Idealen Christi am besten gerecht würden. In ihren Predigten verband sich das Lob dieser Lebensweise mit heftigen Angriffen gegen die reiche Kirche, die sich von den Normen der Urkirche in jeder Richtung entfernt hatte. Ihre Anhänger waren Bauern, Köhler, Heimatlose, die in den Wäldern Zuflucht gesucht hatten und sich durch Rodearbeiten eine neue Existenz schufen.

Begeistert lauschte das Volk diesen Verkündungen. Es verehrte die Wanderprediger, sah es in ihrer Lebensführung und den Predigten doch vor allem ein Christentum verwirklicht, das der eigenen Armut sehr nahe stand – im Gegensatz zum materiellen Wohlstand des reichen Klerus. Diese Bewegung stand in der großen Reihe volkstümlicher Oppositionen gegen die feudale Kirche, und sie unterstützte die Politik des Reformpapsttums gegen den verweltlichten reichen Priesterstand.

Aus diesem Kreis der Wanderprediger ging auch der Hauptagitator des Bauernkreuzzuges, Peter von Amiens hervor, der den bemerkenswerten Beinamen »der Einsiedler« trug. Wahrscheinlich aus einem Rittergeschlecht der Picardie stammend, war er bereits vor der Kreuzzugsbewegung als Wanderprediger bekannt und beliebt. Seine Persönlichkeit wirkte beeindruckend. Er war klein, von schwarzbrauner Hautfarbe und vor Schmutz starrend. Sein Gesicht soll dem des Esels ähnlich gewesen sein, auf dem er ritt. Peter ging barfuß, aß weder Brot noch Fleisch, schien sich vielmehr auf Fisch und Wein beschränkt zu haben. Es ist dies genau das Milieu der in Armut lebenden Wanderprediger.

Gewaltig muß die Suggestionskraft Peters gewesen sein. Die Chronisten schildern ihn als leidenschaftlichen Eiferer von außerordentlicher Beredsamkeit. Ein Klosterabt charakterisiert sein Wirken wie folgt: »Von dem, was ihm geschenkt wurde, spendete er mit Freigebigkeit großzügig den Armen. Dirnen schickte er nicht ohne Mitgift einem künftigen Gatten zu. In den Fehden und Streitigkeiten stellte er mit merkwürdiger Autorität überall Frieden her.« Alles das sprach die Bauern an und begründete die Popularität Peters. Man verehrte ihn als Friedensapostel und Heiligen, drängte sich danach, ihn oder seinen Esel mit der Hand berühren zu dürfen oder Haare des Reittieres als Reliquien zu bewahren.

Wir wissen nicht sehr viel über den Inhalt seiner Kreuzzugspredigten, die er sofort nach dem Konzil von Clermont zunächst in Mittelfrankreich, danach in der Champagne und in Lothringen hielt. Sicher dürfte sein, daß er einen »Himmelsbrief« vorlegte, wonach es den Christen mit göttlicher Unterstützung ohne Schwierigkeiten gelingen würde, Jerusalem von den Heiden zu befreien. Nach anderen Versionen der Chronisten predigte er den gleichen Gedanken und gab als Gottesbeweis eine Vision an, die er bei seiner Wallfahrt nach Jerusalem am Grabe Christi gehabt hätte.

Das Berufen auf göttliche Offenbarung zur Begründung von Ideen und Forderungen ist in der mittelalterlichen Geschichte keine Seltenheit. Sowohl zur Untermauerung sozialer als auch politischer Auffassungen und Wünsche begegnet uns diese Form der Legitimation sehr oft. Die Bauern, die Peter von Amiens und den anderen Kreuzpredigern folgten, wurden von der Kreuzzugsidee angesprochen, weil sich in jenen Jahren ihre wirtschaftliche Situation außerordentlich verschärft hatte.

Die ohnehin schmale materielle Basis wurde 1095 in den Zentren der bäuerlichen Kreuzzugsbewegung infolge von Überschwemmungen, Mißernten und Epidemien weiter geschmälert. Weite Teile der bäuerlichen Schicht litten bitterste Not. Als Folge derartiger Hungerjahre traten in zunehmendem Maße vagabundierende, weil existenz- und heimatlos gewordene, bäuerliche Gruppen auf, die unter den gegebenen Umständen den Weg in die Stadt oder bei der Binnenrodung ihr Glück suchten, oft auch als Bettler durch die Lande zogen. Daher hatten die Kreuzprediger relativ leichtes Spiel. Sehr klar erkannte diese tieferen Ursachen ein Chronist, wenn er schrieb: »Die Westfranken konnten leicht überredet werden, ihre Scholle zu verlassen, denn Gallien wurde einige Jahre hindurch bald durch Zwietracht des Volkes, bald durch Hunger, bald durch großes Sterben heimgesucht.«

Die Züge, die den Predigern folgten, glichen daher auch weniger organisierten Kriegsabteilungen, sondern mehr einer legitimierten Flucht aus der Misere. Eilig wurden die ohnehin ärmlichen materiellen Werte, die man nicht mitnehmen konnte, verkauft. Ganze Familien zogen mit Hausrat und Ackergerät los. »Arme Leute beschlugen die Hufe ihrer Ochsen nach Art der Pferde mit Eisen, spannten sie vor zweirädrige Karren, luden darauf winzige Vorräte und ihre kleinen Kinder und zogen sie hinter sich her; und sobald die kleinen Kinder ein

Schloß oder eine Stadt erblickten, fragten sie, ob das Jerusalem wäre«, berichtet uns ein Annalist. Im eigentlichen Sinn militärisch ausgerüstet und waffenkundig war nur ein kleiner Teil.

Vielfältig war die Vorstellungswelt der im Aufbruch befindlichen Bauern. Sie erwarteten das Wiedererscheinen Jesu Christi, von dem sie sich erhofften, daß er das tatsächliche irdische Elend des einfachen Volkes beendete. Damit wurde Jerusalem nicht nur als Pilgerort ein erstrebenswertes Ziel, sondern erhielt quasi überirdische Weihen. Bei einer Reihe von Zeitgenossen verbanden sich irdisches und himmlisches Jerusalem zu einer Einheit und damit auch zu der Erwartung, der Zug zu dieser heiligen Stätte eröffne den Beginn der Endzeit, die Wiederkunft eines paradiesischen Zustandes auf Erden. Viele Anhänger Peters glaubten auch, die Reise nach Jerusalem werde sie in das Gelobte Land führen, wo nach der Bibel Milch und Honig fließen, sobald nur die Legionen des Antichrist überwunden wären. Alle außergewöhnlichen Naturerscheinungen, wie Heuschreckenplagen, das Beobachten von Sternschnuppen usw. wurden nicht nur von den Teilnehmern, sondern allgemein als Zeichen Gottes gedeutet, den Kreuzzug zu unternehmen. Die Chronisten der Zeit vermelden zahlreiche derartige Interpretationen, zuweilen nicht ohne beißenden Spott.

Der Bauernkreuzzug entstand spontan. Peter, der Hauptinitiator, zog von Dorf zu Dorf, von Stadt zu Stadt, und seine Anhänger folgten ihm. Andere Prediger taten ein Gleiches. Insgesamt rechnet man – nach den allerdings unzuverlässigen Angaben der Chronisten – mit etwa fünfzig-bis siebzigtausend Menschen, die sich an dem Bauernkreuzzug beteiligten. Es waren mehrere Haufen, die sich aus Mittel- und Ostfrankreich, den Niederlanden und dem Rheinland in Richtung Jerusalem in Bewegung setzten. Neben Bauern und Handwerkern nennen die Quellen Bettler, Diebe und Gauner als Teilnehmer.

Hinzu kam als militärische Führung eine kleine Gruppe von Rittern.

Zu den Anführern der Züge gehörten neben Peter von Amiens Walter ohne Habe (Senzavohir), ein französischer Ritter, ein gewisser Gottschalk aus dem Rheinland, ein gewisser Volkmar und schließlich der Ritter Emicho von Leiningen, auf dessen verbrecherische Rolle noch eingegangen wird. Während Walter ohne Habe und Peter von Amiens vor allem Franzosen anführten, vereinten die anderen vorwiegend Volk aus dem Rheinland, konnten dabei allerdings auf der agitatorischen Wirkung Peters aufbauen, der auch in den rheinischen Städten seine Kreuzzugspredigten gehalten hatte.

Mit dem Aufbruch der einzelnen Abteilungen verbanden sich die ersten großen Judenpogrome im mittelalterlichen Europa. In den aufblühenden europäischen Fernhandelsstädten hatten sich relativ große jüdische Gemeinden gebildet. Da sie von der handwerklichen Produktion ausgeschlossen waren, widmeten sich die Juden dem Orienthandel und befaßten sich außerdem mit Geldgeschäften, wobei sie das Verbot für Christen, Zinsen aus Geldverleih zu nehmen, ausnutzen konnten. Außerdem hatten sie sich durch ihre Kenntnisse und Fertigkeiten auf dem Gebiet der Medizin, die alles das, was in Europa bekannt war, beträchtlich übertrafen, in den jungen Städten einen Namen gemacht. Bürgerrechte besaßen die Juden nicht, wohl aber Ansehen und Wohlstand. Sie wohnten in abgesonderten Teilen der Städte und waren als Gemeinwesen auch auf geistig-religiösem Gebiet sehr rege. Fest mit ihrer Religion verbunden, hatte jede Gemeinde eine eigene Synagoge. Die einzelnen Gemeinden hielten untereinander enge Beziehungen. So war Metz im 11. Jahrhundert das geistige Zentrum aller Judengemeinden in den rheinischen und lothringischen Städten.

Beim Durchzug der einzelnen Abteilungen der Bauernzüge wurden fast alle Judengemeinden, vor allem der rheinischen

Städte, auf das schwerste heimgesucht. Finanzielle Erpressungen, Plünderungen und schließlich Massenmorde waren die verabscheuungswürdigen Ergebnisse. Betroffen wurden in einer oder mehreren Formen des Terrors die jüdischen Gemeinden in Metz, Speyer, Worms, Mainz, Köln, Neuß, Xanten und Trier, außerdem sind eine Reihe von Verfolgungen auch für kleinere Orte nachweisbar. Im weiteren Verlauf hatten auch Bamberg und Prag zu leiden. Unklar sind die Überlieferungen für die französischen Städte. Mit Sicherheit wurden die Juden in Rouen finanziell erpreßt. Ansonsten schweigen die Quellen.

Die allgemeinen Gründe für die Judenverfolgungen ergaben sich bereits. Neuere Forschungen haben nachgewiesen, daß auch die Kirchenreformer dazu beitrugen, eine antijüdische Stimmung zu erzeugen. Denn die Juden standen unter dem besonderen Schutz des Königs beziehungsweise der königlichen Stadtherren, das heißt sie hatten dem König oder seinem Beauftragten eine relativ hohe Steuer zu zahlen. Die Kirchenreformer bestritten dieses Recht, um den König zu treffen. Damit wurden die Judengemeinden Objekt im Investiturstreit, und die Reformer scheuten sich nicht, den Volkszorn auf die »Mörder an Christus« zu lenken und den Haß zu schüren.

Immer wieder hören wir von Predigern, die sehr geschickt gegen die Juden Stimmung machten, so in Rouen mit dem Tenor: »Wir haben einen langen Weg gegen die Feinde Gottes vor uns, aber vor uns stehen seine schlimmsten Widersacher, die Juden. Ist es da nicht voreilig, sie zu übersehen?« Ähnliches gilt für andere Städte.

Unter diesem Aspekt scheint es auch nicht zufällig, daß sich Papst Urban II., obwohl er sich zur gleichen Zeit noch in Frankreich befand, von den Exzessen also sehr bald erfahren haben muß, nicht gegen diesen Terror aussprach. Damit wurden die entscheidenden Weichen gestellt. Diese neuen Ergebnisse sind insofern von ausschlaggebender Bedeutung, als sie die Auffassung in Frage stellen, das auf dem Kreuzzug befind-

liche Volk sei von Anfang an aus religiösen Erwägungen anti-
jüdisch gewesen.

Im Verlauf der Terror- und Plünderungsaktionen wirkten allerdings dann auch noch andere Faktoren verschärfend. In der
ersten Phase beschränkten sich die Kreuzfahrer auf die Erpressung. So etwa in Rouen und Trier, wo die Scharen Peters von
Amiens von den Juden Geld zur Ausrüstung für den Zug nach
dem Orient verlangten. Die Bauern waren tatsächlich nicht in
der Lage, sich während der Reise legal zu verpflegen und auszurüsten, so daß sie bereitwillig den Einflüsterungen Gehör
schenkten. In Ungarn und auf dem Balkan wurden später die
materiellen Forderungen an die christliche Bevölkerung gestellt, wobei man diesen ebenfalls durch Plünderungen Nachdruck verlieh.

Sehr rasch wurde diese Form der Bereicherung zur Gewohnheit. So zeigte Peter den jüdischen Gemeinden des Rhein-
lands ein »Empfehlungsschreiben« französischer Juden vor.
Darin wurden sie aufgefordert, den durchziehenden Kreuzfahrern materielle Mittel zur Verfügung zu stellen. Peter hatte
sich also schnell auf die Möglichkeiten der Erpressung einge-
stellt.

Die entscheidende Phase des Pogroms begann mit der Organisation der »deutschen Züge«, und besonders die Gruppen
um Emicho von Leiningen zeichneten sich durch bestialische
Grausamkeit aus. Sehr plastisch sind uns die Ereignisse aus
Mainz überliefert. Emicho belagerte die Stadt und forderte
von den Juden eine Ablösungssumme gegen das Versprechen,
ihr Leben zu schonen. Nachdem das erreicht wurde, organisierte er dennoch den Überfall. Der Erzbischof, übrigens ein
Verwandter des Emicho, überließ die Juden, die sich in seinen
Palast geflüchtet hatten, ihrem Schicksal. Der Kampf war aus-
sichtslos. Zunächst wurden alle Ältesten erschlagen. Gleichzeitig begannen die Juden jetzt, sich selbst in ritueller Form zu
töten. Zunächst die Kinder, Frauen töteten ihre Söhne, Män-

ner ihre Frauen, ein Nachbar den anderen. Nur wenige fielen in die Hände der Feinde. Sie wurden vor die Alternative Taufe oder Tod gestellt. Die Mainzer Juden lehnten die Taufe ab und wurden ermordet.

Im weiteren Verlauf des Pogroms gewann die Forderung nach der Taufe der Juden an Bedeutung. So kamen die Mitglieder sowohl der Trierer als auch der Bamberger Gemeinde mit dem Leben davon, weil sie sich taufen ließen; finanziell wurden sie allerdings schwer geschädigt.

Das aus religiösem Fanatismus entstandene Bestreben, die Juden zwangsweise zu bekehren, resultierte aus der Idee des Kampfes gegen die Feinde Christi, gegen den Antichrist. Allerdings erscheint dies 1096 nur als Vorwand für die Habgier speziell der Führungskräfte um Emicho von Leiningen, von dem bekannt ist, daß für ihn die gezielte persönliche Bereicherung im Vordergrund stand. Eine Reihe von Pogromen inszenierte er bewußt unter diesem Vorwand. Die angeheizte Stimmung war für ihn nur ein Mittel zum Zweck.

Die Haltung des überwiegenden Teils der Juden, lieber den Märtyrertod als den Übertritt zum Christentum zu wählen, resultiert aus einem anderen geistigen Zusammenhang. In den europäischen Gemeinden hatte sich im 11. Jahrhundert die Auffassung verbreitet, daß die Ankunft des Messias unmittelbar bevorstehe, der die über Europa verstreuten Juden nach Palästina zurückführen werde. Die Judenverfolgungen galten als Vorzeichen dieses Ereignisses und ließen die Gemeinden fest in ihrem Glauben verharren.

Übrigens wurde kurz nach den Pogromen die Zwangsbekehrung zum Christentum wieder rückgängig gemacht. Ein Teil der Überlebenden wanderte aus, nach Polen, Rußland und Byzanz. In einigen Städten erholten sich die Judengemeinden wieder, jedoch nur für kurze Zeit. Die Vorbereitung des 2. Kreuzzuges war im Rheinland wieder von Judenexzessen begleitet, wenn auch in geringerem Ausmaß als vor dem 1.

Kreuzzug, Verfolgungen hatten 1146/47 die Juden in Speyer, Mainz, Worms, Köln, Aschaffenburg, Würzburg und anderen Städten zu erleiden. Die Propaganda war gezielt. Dabei tauchte die Forderung auf, das jüdische Vermögen zur Bestreitung der ritterlichen Kreuzzugskosten einzuziehen. Der Adel versuchte sich zu sanieren. Andere wollten einfach, daß die Juden als Feinde des christlichen Glaubens getötet werden sollten. Der Hauptprediger des 2. Kreuzzuges, Bernhard von Clairvaux, wandte sich jedoch mit scharfen Worten gegen die Judenverfolgungen.

Rheinaufwärts, den Neckar entlang und dann dem Lauf der Donau folgend zogen die Bauernhaufen in verschiedenen Gruppen nach dem Balkan in Richtung Konstantinopel. Nur die beiden ersten Gruppen, französische Bauern unter Führung des Walter ohne Habe und Peters von Amiens, erreichten unter großen Mühen diese Zwischenstation. Auf dem Weg dorthin war die gewaltsame Plünderung zur Regel geworden. Was im Rheinland die Juden geben mußten, nahm man sich jetzt von der christlichen Bevölkerung. Besonders die Einwohner in den ungarischen Dörfern hatten zu leiden. Getreidespeicher wurden gestürmt, Vieh vom Feld weggetrieben, die Bevölkerung oftmals mißhandelt. In Byzanz hatte sich bereits die Kunde von dem Kreuzzugsunternehmen in Europa verbreitet, und der Kaiser ließ vorsorglich Lebensmittel bereitstellen. Dennoch war die byzantinische Bevölkerung beim Anblick der Scharen entsetzt. Unter Bedeckung wurden die Gruppen nach Konstantinopel geleitet. Auch hier begannen die Scharen Peters und Walters zu plündern, öffentliche Gebäude wurden ausgeraubt, Bleiplatten von den Dächern gerissen und verkauft.

Kurzerhand ließ der byzantinische Kaiser die Kreuzfahrer im August 1096 nach Kleinasien übersetzen. Der Zug kam nicht weit. Waffenungeübt, militärtaktisch ohne Erfahrung, waren sie nur ein Spielball der Seldschuken. Zunächst wurde eine Gruppe eingeschlossen und belagert. Ohne Wasservorräte litten die Kreuzfahrer so starken Durst, daß sie die Adern der mitgeführten Esel und Pferde öffneten, um das Blut zu trinken. Am 21. Oktober geriet die Hauptgruppe bei Civetot in einen Hinterhalt der Seldschuken und wurde völlig aufgerieben. Die Ritter des 1. Kreuzzuges sahen noch die großen Berge von Gebeinen, die Überreste der beiden ersten Züge.

Peter von Amiens kehrte mit wenigen Anhängern nach Konstantinopel zurück und wartete auf die Ritterheere. Auf dem 1. Kreuzzug spielte er noch eine nicht unwichtige Rolle.

Die Züge der deutschen Bauern kamen erst gar nicht bis Byzanz. Einige Gruppen unter Führung der Ritter beschränkten sich auf die Judenverfolgung. Die Züge unter Volkmar und Emicho gelangten immerhin bis nach Ungarn. Bereits in den Grenzgebieten begannen Plünderungen. Daraufhin stellte der ungarische König Kolman den marodierenden Scharen sein Heer entgegen. Nach einigen Scharmützeln wurden die Kreuzzugsteilnehmer geschlagen. Der überwiegende Teil fand den Tod. Andere Angehörige des Bauernkreuzzuges hatten bereits vorher den Weg in die Heimat zurück angetreten oder unterwegs eine neue Heimat gefunden.

Damit endete der Bauernkreuzzug, bevor er sein Ziel auch nur gesehen hatte. Zum Scheitern war er von vornherein verurteilt. Dem Wesen nach gehörte er ohnehin nicht zur Kreuzzugsbewegung, sondern eher in den breiten Strom sozialreligiöser Bewegungen, das heißt solcher Bewegungen, die ihren aus sozialen Nöten resultierenden Wünschen und Forderungen mit Hilfe vorhandener religiöser Ideen Ausdruck verliehen. Wie die Ereignisse zeigen, übrigens nicht nur bei dem Bauernkreuzzug, ist dabei charakteristisch, daß sie leicht in Bahnen gelenkt werden konnten, die mit der ursprünglichen Absicht nichts mehr gemein hatten. Es wäre daher auch falsch, in den Scharen des Bauernkreuzzuges von vornherein moralisch verworfene Menschen sehen zu wollen. Für einige der führenden

Ritter traf das nachweislich zu, keineswegs aber für die Masse der Bauern. Die Plünderungen sind nur zu verstehen, wenn man beachtet, daß die Bauern mit völlig unzureichenden Mitteln die Reise angetreten hatten. Die Alternative war bereits zu Beginn des Zuges der Hungertod. Daran änderten auch die Meldungen über bereitgestellte Lebensmittel nichts.

Innerhalb der hochmittelalterlichen Feudalgesellschaft begegnet uns die bäuerliche Komponente in den folgenden Jahrhunderten vor allem unter dem Aspekt der Siedlung, so etwa als Teil der Ostexpansion. Auch das resultiert aus der gleichen Wurzel, einer »legitimierten Flucht« vor dem wachsenden Bevölkerungsdruck, hatte aber wesentlich andere Ergebnisse. Innerhalb der Kreuzzugsbewegung allerdings blieb der Anteil der bäuerlichen Siedlung verschwindend gering, wenn man nicht die Reconquista mit einbezieht, wo vor allem aus Südfrankreich beträchtliche Gruppen von Bauern über die Pyrenäen nach Spanien zogen.

DAS RITTERHEER
AUF DEM 1. KREUZZUG

Allgemein gilt der 1. Kreuzzug als das typischste Unternehmen der gesamten Bewegung, weil alle sozialen, wirtschaftlichen und geistigen Faktoren in ihrer ursprünglichen Form in Erscheinung traten. Gewissenhaft und langfristig bereiteten sich die adeligen Herren auf den Zug vor. Von der allgemeinen Hektik und Unruhe, die das Land ergriffen hatte, spürte man dabei wenig. Es waren vornehmlich Ritter aus der Normandie, Flandern, Lothringen, Südfrankreich und dem normannischen Süditalien, die den Weg nach dem Orient antreten wollten. Damit dominierte der Adel jener Territorien, die bereits in den Jahrzehnten zuvor ihren Eroberungsgeist unter Beweis gestellt hatten und entsprechende Erfahrungen besaßen. Die organisierende Hand lag jeweils bei lehensfürstlichen Herrscherhäusern, die auch die Führung der Heere übernahmen.

Nicht spontan, sondern eher in Form von Lehensaufgeboten erfolgte der Aufmarsch der vier Teilheere. Sie zogen getrennt nach Konstantinopel, dem ersten Etappenziel. Gottfried von Bouillon brach im August 1096 mit seinem lothringischen Gefolge auf, wählte den Weg über Ungarn-Belgrad-Niš-Sofia-Philippopel-Adrianopel-Konstantinopel, wo er Ende des Jahres eintraf. Die süditalienischen Normannen unter Führung Bohemunds von Tarent überquerten mit Schiffen die Adria und trafen Ende April 1097 in der byzantinischen Hauptstadt ein. Graf Raimund von Toulouse zog mit den südfranzösischen Rittern, nachdem er den Balkan erreicht hatte, südwärts und folgte dann dem Weg Bohemunds. Er erreichte Byzanz etwa zu gleicher Zeit. Robert Kurzstiefel wählte mit seinem nordfranzösischen Gefolge und den flandrischen Rittern den beschwerlichen Weg über die Alpen. Von Süditalien aus überquerten sie in kleinen Gruppen die Adria und stießen am Bosporus auf das Hauptheer.

Im April 1097 begann der Kriegszug. Die Kreuzritter trafen auf eine für sie günstige politische Kräftekonstellation. Denn 1092 war das riesige Seldschukenreich durch Erbteilung in eine Reihe von Kleinstaaten zerfallen, und auch das Heranrükken der Kreuzritter bewirkte keinen Zusammenschluß der Kräfte. In Kleinasien, das die Kreuzfahrer relativ rasch durchquerten, wurde das Heer Kilidsch Arslans, des Sultans von Iconium, bei Doryläum geschlagen. Oktober 1097 erreichten die Kreuzfahrer Antiochia. Die Stadt unterstand an sich dem Seldschukenherrscher von Aleppo, aber die Zersplitterung war in Syrien und Palästina so weit gediehen, daß tatsächlich um jede größere Stadt ein selbständiger Kleinstaat existierte. Trotzdem mußten die Kreuzfahrer in einer langen Belagerung schwere Verluste hinnehmen, ehe die Stadt im Juni 1098 gestürmt werden konnte.

Allerdings wurden die Eroberer sogleich selbst belagert, und heftige Zwistigkeiten unter den Führern des Kreuzfahrerheeres um die Herrschaft über Antiochia verzögerten den Weitermarsch nach Jerusalem bis zum Frühjahr 1099. Im Juli 1099 wurde die Heilige Stadt erobert, das gesteckte Ziel war erreicht.

Wie sah dieses Kreuzfahrerheer aus? Das Aufgebot der insgesamt vier Ritterheere muß für die damaligen Verhältnisse gewaltig gewesen sein. Wir kennen die genauen Zahlen nicht. Mittelalterliche Chronisten sind, sobald sie mit Zahlen operieren, generell recht unzuverlässig und neigen zu starken Übertreibungen. Sie berichten von hunderttausend bis sechshunderttausend Teilnehmern am 1. Kreuzzug. Eine byzantinische Quelle behauptet, daß allein im Heer Gottfrieds von Bouillon zehntausend Ritter und siebzigtausend Mann Fußvolk gestanden hätten.

Diese Angaben haben jedoch nur symbolischen Charakter. Durch komplizierte Vergleiche sind folgende Annäherungswerte berechnet worden: Am 1. Kreuzzug nahmen etwa viertausend bis viertausendfünfhundert Ritter teil; Gottfried von Bouillon und Robert Kurzstiefel sowie Raimund von Toulouse führten jeweils etwa eintausend, Bohemund, sein Neffe Tankred und Graf Robert von Flandern jeweils etwa fünfhundert Ritter ins Feld. Hinzu kam etwa das Siebenfache an Fußvolk und Troß, also ungefähr dreißigtausend Teilnehmer.

Den Kern des Heeres bildeten die Ritter. Sie waren schwer bewaffnet. Die Veränderungen und Verbesserungen in der Kampfausrüstung, wie sie sich im 11. Jahrhundert vollzogen und zusammenhängend erstmals in der Darstellung der Eroberung Englands durch die Normannen 1066 auf dem Teppich von Bayeux bekanntgeworden sind, wurden bereits im 1. Kreuzzug voll wirksam. Den Kopf des Ritters schützte ein Helm, der konisch geformt, aus dem Ganzen getrieben und damit widerstandsfähiger war als der bis zum 11. Jahrhundert gebräuchliche Spangenhelm. Zum besonderen Schutz der Nase verlief vom Stirnrand senkrecht abwärts ein Eisenstreifen, Nasal genannt. Dieser »normannische Helm« wurde nur kurze Zeit verwendet und bereits im 12. Jahrhundert durch einen glockenförmigen und bald durch den Topfhelm abgelöst, der, weil er auf dem Scheitel des Kopfes aufsaß, bequemer zu tragen war. Der Topfhelm ermöglichte außerdem durch Verlängerung der Seitenwände einen besseren Schutz des Gesichts und des Nackens.

Gepanzert waren die Ritter mit einer Ringpanzerkapuze, die den Kopf einschloß und in ihren Seitenteilen bis über die Knie reichte. Auch hier hatten sich im 11. Jahrhundert Veränderun-

Belagerungstürme zum Zwingen von Festungen gehörten zu den komplicertesten, aber auch wirkungsvollsten Vorrichtungen beim Kampf um Burgen und befestigte Städte.

gen vollzogen. Abgelöst wurde der bis dahin dominierende Leder- oder Leinenpanzer, auf dem schuppenartig Lamellen aus Eisen, Kupfer oder Horn befestigt waren. Eisenplatten zum besonderen Schutz etwa der Knie oder der Arme kamen erst im 13. Jahrhundert auf, desgleichen Plattenpanzer überhaupt. Seit dem 12. Jahrhundert bürgerte es sich ein, über dem Panzer ein Überkleid zu tragen.

Die Bewaffnung bestand zur Verteidigung aus einem langen, dreieckigen Schild, zumeist aus zähem Holz hergestellt und mit Leder überzogen; die Angriffswaffen waren Schwert und Lanze. Bunt zusammengewürfelt präsentierte sich der nichtritterliche Teil des Heeres. Kleine Kontingente von Bogenschützen und Lanzenträgern bildeten gesonderte militärische Einheiten, die vor allem bei Abwehrkämpfen sehr wirksam eingesetzt werden konnten. Nicht zufällig wuchs ihr Anteil im kämpfenden Heer in den folgenden Jahrhunderten. Die Mehrheit des Fußvolkes bestand jedoch aus unmittelbaren Hilfskräften der Ritter und aus Pilgern verschiedenster sozialer Herkunft, die sich den Heeren angeschlossen hatten. Ihre militärische Ausrüstung war mangelhaft. Zuweilen besaßen sie nur einfache Schlagwaffen und wurden erst während des langen Marsches nach Jerusalem zu erfahrenen Kriegern, die sich aus der Beute des besiegten Gegners nach und nach die eigene Rüstung zusammenstellten.

Insgesamt sind die zu Fuß kämpfenden Kreuzzugsteilnehmer sehr schwer zu fassen. Es ist bekannt, daß sie militärisch unentbehrlich waren. Ihnen oblag vor allem der Schutz des Lagers. Mehrfach ist überliefert, daß sie es erfolgreich gegen angreifende Reiterheere verteidigten, so bei Doryläum und vor Antiochia. Wichtige Hilfsdienste leisteten sie bei der Belagerung großer Festungen, sowohl beim Bau der Belagerungstechnik als auch unmittelbar vor den Mauern. Sie waren es auch, die die Stimmung im Heer prägten, allein wegen ihrer zahlenmäßigen Stärke.

Ihr sozialer Status liegt jedoch im dunkeln. Viele wurden von den Adelsherren versorgt, zu deren engerem Gefolge sie gehörten. Andere waren relativ unabhängig. Dazu gehörten die »Tafurs« aus Flandern, so benannt wegen des langen Schildes, den sie trugen und der den ganzen Körper deckte. Sie waren mit dem Bauernkreuzzug nach Byzanz gezogen und hatten sich danach dem Ritterheer angeschlossen. Die Tafurs gingen barfuß und hatten Armut gelobt. Die selbstgegebenen Regeln hielten sie mit aller Strenge ein. Im Heer führten sie ein Außenseiterdasein und wurden von manchen Rittern scheel angesehen. Bei Transportarbeiten und dem Gebrauch der Belagerungstechnik zeichneten sie sich jedoch hervorragend aus.

Schließlich gehörte zu den Kreuzzugsteilnehmern eine relativ große Gruppe von Frauen und Klerikern. Viele adelige Herren hatten ihre Familien mitgenommen, obwohl Urban II. noch in der Vorbereitungszeit davor gewarnt hatte, Greise, Kinder und Frauen mit nach dem Orient ziehen zu lassen. Auch Priester begegnen uns in jedem der vier Teilheere. Sie traten bei der seelsorgerischen Betreuung der Kreuzzugsteilnehmer hervor, leisteten medizinische Hilfe und zogen oft mit erhobenen religiösen Symbolen in die Schlacht.

Ergänzt wurden die europäischen Ritterheere durch byzantinische Gruppen, sowohl Spezialisten in der Belagerungstechnik als auch kleinere Gruppen von Soldaten. Außerdem stießen in Kleinasien zeitweilig bewaffnete Einheiten der christlichen Bevölkerung, besonders Armenier, zu den Kreuzfahrerheeren.

Das Byzantinische Reich, dem eigentlich militärische Hilfe gebracht werden sollte, konnte sich für dieses Heer nicht begeistern. Eine erste Gesamtbeurteilung berichtet uns: »Der Kaiser hörte das Gerücht von der Annäherung zahlloser fränkischer Heere. Er fürchtete ihre Ankunft, denn er kannte ihre unwiderstehliche Begeisterung, ihren unstetigen und wankelmütigen Charakter ebenso wie alles, was dem keltischen Temperament mit allen seinen Folgen eigen ist. Er wußte, daß sie Reichtum immer mit offenem Mund bestaunen und daß sie bei der ersten besten Gelegenheit ohne Gewissensbisse ihre Verträge brechen ... Dennoch weit entfernt, entmutigt zu sein, traf er alle Anordnungen, um zum Kampf bereit zu sein, wenn die Gelegenheit es erfordern sollte. Die Wirklichkeit war viel ernster und schrecklicher als die Gerüchte, die umliefen, denn es war das ganze Abendland, alles was es an barbarischen Nationen gibt, die das Land zwischen dem Ufer des Adriatischen Meeres und den Säulen des Herkules bewohnen, es war das alles, was in Masse auswanderte, in ganzen Familien daherzog und auf Asien zumarschierte, indem es Europa von einem Ende zum anderen durchquerte ... Die keltischen Soldaten waren begleitet von einer Menge von Waffenlosen, die Palmzweige trugen und auf der Schulter Kreuze: Frauen und Kinder, die ihr Land verließen.«

Eine sicher wenig schmeichelhafte Charakteristik – und sie war natürlich auch nicht unvoreingenommen, denn Byzanz hatte vor allem mit den süditalienischen Normannen unangenehme Erfahrungen gemacht, zugleich aber auch nüchtern und frei von jedem religiösen Überschwang. Der Kreuzzugsidee stand die byzantinische Gesellschaft völlig fremd gegenüber. Enttäuschung schwingt in der chronikalischen Überlieferung mit. Man hatte Europa um Söldner gebeten und ein begrenztes Aufgebot erwartet. Statt dessen erlebte die Stadt am Bosporus einen Massenaufmarsch. Von einer Unterordnung unter die Befehlsgewalt des byzantinischen Kaisers war keine Rede.

Die eigentlichen Motive der Kreuzritter für die Teilnahme an der »bewaffneten Wallfahrt« waren nur oberflächlich mit der Kreuzzugsidee verbunden. Bereits ein Blick auf einige Führer des 1. Kreuzzuges ist geeignet, die Hintergründe der Kreuznahme ans Licht zu bringen. Bohemund von Tarent, der Führer der süditalienisch-normannischen Kreuzritter, hatte bereits 1082 im Kampf gegen Byzanz um Mazedonien versucht, sich eine eigene Herrschaft zu erobern. Das Unternehmen war fehlgeschlagen. Jetzt hoffte er auf den Orient.

Gottfried von Bouillon, Herzog von Niederlothringen und Führer des ostfranzösischen Heeres, gilt als Ideal eines Kreuzritters. Seine materielle Position als Herzog – das Amt war ihm verliehen worden – war aber so schwach, daß er sich ausrechnete, mit der Teilnahme am Kreuzzug zu neuer Macht zu gelangen. Nicht ohne Grund verkaufte beziehungsweise verpfändete er seine Stammgüter, ehe er sich auf die Reise begab. Frömmigkeit und wirtschaftliche Erwartungen verschmolzen bei ihm zu einer bemerkenswerten Einheit.

Sein Bruder Balduin besaß keinen Anteil an den Familiengütern. Er sollte Kleriker werden, obwohl er dazu keine Lust hatte. In der Heimat hatte er wenig Aussicht auf eine eigene Herrschaft, und so nahm er auch gleich seine Familie mit. Robert Kurzstiefel, Führer der Normannen aus Nordfrankreich, hatte als ältester Sohn Wilhelms des Eroberers das Herzogtum Normandie geerbt, befand sich aber in einem langwierigen, erfolglosen und verlustreichen Krieg mit seinem Bruder. Er verpfändete sein Herzogtum durch Vermittlung der Kirche an diesen und begab sich auf den Kreuzzug.

Graf Raimund von Toulouse, der die Südfranzosen befehligte, hatte bereits beträchtliche Erfahrungen im Kampf mit den Mauren in Spanien gesammelt und war deswegen ursprünglich vom Papst als Anführer des gesamten Heeres vorgesehen. Von ihm ist bekannt, daß er sich nur mit großer Verbitterung fügte, als die anderen Fürsten im Orient die attraktiveren Herrschaften erhielten.

Natürlich war die Palette der Motive für die Kreuznahme breiter, als es sich in den Einzelbeispielen andeutet. Erlaß der Bußstrafen zu erwirken, die heiligen Stätten der Christenheit kennenzulernen oder sich ganz einfach dem allgemeinen Trend zu fügen, all das gehörte genauso zu den individuellen Gründen für die Beteiligung. Manche zogen nur widerwillig mit.

So wissen wir, daß Graf Eustachius III. von Boulogne, ein Bruder Gottfrieds von Bouillon, kein begeisterter Kreuzfahrer war. Stephan von Blois, ebenfalls dem Hochadel zugehörig, wurde von seiner Frau, die in allen wichtigen Angelegenheiten das entscheidende Wort sprach, so lange gedrängt, bis er endlich das Kreuz nahm. Dann aber schrieb er ihr bereits vor der Einnahme Antiochias: »Ihr könnt es für sicher annehmen, meine Geliebte, daß ich an Gold und anderen Reichtümern gegenwärtig zweimal soviel besitze, als was Eure Liebe mir mitgab.«

Die angedeuteten Motivationen der Kreuznahme bei den einzelnen Adeligen verloren sich nicht etwa während des Marsches zugunsten der religiösen Idee. Charakteristisch war vielmehr, daß die Gier nach Beute und feudaler Herrschaft immer stärker wuchs und die Kreuzzugsidee sich unterordnete. Nichts wäre unhistorischer, als den Kreuzritter ausschließlich oder auch nur vorwiegend mit den Attributen eines frommen Gottesstreiters zu versehen.

Je näher die Kreuzritter dem Ziel kamen, desto unruhiger wurden die Fürsten, desto schärfer die Spannungen zwischen den Teilheeren. Noch vor der Belagerung Antiochias, also ehe man Syrien erreichte, zogen einzelne Gruppen gesondert weiter, um Eroberungen auf eigene Faust zu machen. Die Gelegenheit war günstig. Im östlichen Kleinasien gab es eine Reihe kleiner armenischer Fürstentümer mit christlicher Bevölkerung, die unter seldschukischer Oberherrschaft standen. Als Rivalen traten sich in diesem Gebiet Balduin von Boulogne und Tankred gegenüber.

Bezeichnend für die Stimmung und die Ziele der Ritter war die Form, in der sich die Konflikte zuspitzten. Balduin hatte die Stadt Tarsos besetzt und dreihundert normannischen Rittern den Einzug in die Stadt verwehrt, so daß diese nachts von den Seldschuken überfallen wurden. Kurze Zeit später verweigerten Tankreds Ritter Balduin den Einzug nach Mamistra und überfielen dessen Heerlager als Rache für Tarsos.

Diese Episoden waren mehr als unliebsame Randerscheinungen, auch wenn die Hauptheere außerordentlich empört waren. Sie sind vielmehr nur drastischer Ausdruck einer Gesamttendenz. Balduin wollte ein Fürstentum im Orient erwerben und setzte diese Absicht konsequent, wenn auch mit etwas merkwürdigen Mitteln durch. So ließ er sich vom armenischen Fürsten von Edessa, der ursprünglich Söldner im Kampf gegen die Seldschuken haben wollte, adoptieren und wurde damit Mitregent. Kurze Zeit später war Balduin Alleinherrscher. Damit hatte der Kreuzzug für ihn ein Ende gefunden. Am Marsch nach Jerusalem beteiligte er sich nicht mehr.

Mit dieser Auffassung stand er mit seinem Gefolge jedoch nicht allein. Die politischen Ereignisse waren Ausdruck einer geistigen Haltung, die im gesamten Heer zunehmend an Bedeutung gewann. Sofort zog es eine Reihe von Kreuzrittern vor, von der Belagerung Antiochias abzuziehen und sich Balduin zuzuwenden. Während das Hauptheer sich auf dem Marsch nach Jerusalem befand, setzten sie sich in Edessa fest und heirateten armenische Erbinnen. Sicher, später wurde die Grafschaft ein wichtiger Kreuzfahrerstaat, aber 1097 war in dieser Richtung noch nichts entschieden. Abenteurertum und Streben nach adeligem Grundbesitz motivierten das Handeln.

Eine Episode? Nein! Zwei der bedeutendsten Führer der Kreuzritter, Bohemund von Tarent und Raimund von Toulouse, der als besonders frommer Kreuzfahrer galt, stritten sich um die Herrschaft über Antiochia, noch ehe die Stadt gefallen war. Argwöhnisch überwachte jeder die Schritte des anderen. Es wurde plötzlich bedeutungslos, daß das Heer monatelang warten mußte, ehe der Marsch nach Jerusalem fortgesetzt werden konnte, nur weil man sich nicht einigte. Als Bohemund sich endlich durchsetzte, zog Raimund an der Spitze des Restheeres verbittert nach der Heiligen Stadt. Nach der Eroberung ging der Handel zwischen den Fürsten über die

Herrschaft in Jerusalem in ähnlicher Form weiter. Raimund ging hierbei übrigens wieder leer aus.

Diese Rivalitäten der Führer wirkten sich auf das Heer aus. Zwistigkeiten und Händel standen in der letzten Phase des Eroberungszuges auf der Tagesordnung und beeinflußten die Gesamtatmosphäre, wie Beispiele in anderem Zusammenhang noch deutlich machen sollen. Mit der Kreuzzugspredigt hatte all das wenig zu tun. Das Kreuzzugsunternehmen unterschied sich auch in den Motivationen der Teilnehmer wenig von anderen expansiven Eroberungen.

Natürlich formte sich eine spezielle Kreuzzugsidee heraus, die auf dem Zug vor allem durch das Wirken einzelner Kleriker und auch ehemaliger Pilger immer wieder den Teilnehmern nahegebracht wurde. Die dabei vordergründigen Elemente sind insofern sehr aufschlußreich, da sie die Synthese zwischen adeligen Gepflogenheiten und christlicher Durchdringung konkret werden lassen. Aus zahlreichen Überlieferungen geht hervor, daß sich die Kreuzfahrer als ausführendes Organ göttlicher Macht fühlten. Gott war für die Teilnehmer des Zuges ein »ritterlicher« Gott, Christus galt ihnen als oberster Lehensherr. Das Anheften des Kreuzes an die Kleidung der Kreuzfahrer stellte das sichtbare äußere Zeichen dar. Es symbolisierte, daß sich der Ritter unmittelbar in den Dienst Gottes gestellt hatte. Der mit dem Kreuzzugsgelübde versprochene »ewige Lohn« verband sich für ihn mit der Praxis des Lehenseides, der vom Vasallen den Dienst und vom Herrn Schutz und Lohn verlangte.

Im Bewußtsein einer Reihe von Kreuzfahrern schlug diese allgemeine Vorstellung in die Auffassung um, es handele sich dabei um ein ganz konkretes Lehensverhältnis. So verbreitete sich bei einer kleinen Gruppe von Rittern, die isoliert kämpfte, das Gerücht, das Hauptheer sei vor Antiochia vernichtet worden. Daraufhin wurde verkündet: »Wahrlich, wenn die Botschaft, die wir empfangen haben, wahr ist, so werden wir und alle anderen Christen Dich (gemeint ist Gott) verlassen und nicht länger Deiner gedenken und keiner von uns wird mehr wagen, Deinen Namen anzurufen.« Dabei blieb es dann auch so lange, bis sich herausstellte, daß die Nachricht falsch war.

In dieser Episode drückt sich plastisch die Vorstellung aus, daß Gott als allmächtiger Lehensherr die Pflicht hatte, den Sieg zu garantieren. Von den Kirchenfürsten des Zuges geschickt propagiert, breitete sich auch immer stärker die Vorstellung aus, daß Gott, die Engel und die Heiligen unmittelbar in die Gefechte eingriffen und damit die Kreuzritter direkt unterstützten. Besonders bei wichtigen Schlachten spielte diese Propaganda eine Rolle. So sah der geistliche Führer des Kreuzfahrerheeres, Adhemar von Puy, beim Kampf gegen das Entsatzheer Kerboghas vor Antiochia unzählige Ritter in weißen Rüstungen auf weißen Pferden und mit weißen Fahnen unter Führung des heiligen Georg den Kreuzfahrern zu Hilfe kommen. Seine Vision stimulierte den Siegeswillen der Ritter entscheidend.

Vor Jerusalem wurde die Kampfkraft des Heeres gesteigert, weil jemand gesehen hatte, wie ein Ritter vom Ölberg aus den Kreuzrittern zuwinkte. Bereits zuvor hatte ein Priester verkündet, der verstorbene Bischof Adhemar sei ihm erschienen und habe den Kreuzfahrern befohlen, alle Ränke und selbstsüchtigen Pläne fallenzulassen, dann würden sie Jerusalem binnen neun Tagen erobern.

Das spektakulärste Ereignis in diesem Zusammenhang war zweifellos das Auffinden der Heiligen Lanze, mit der Christus am Kreuz in die Seite gestochen worden sein soll. Es war nach der Erstürmung Antiochias, als sich die Kreuzfahrer plötzlich durch das heraneilende Heer Kerboghas selbst eingeschlossen sahen und völlig demoralisiert der Belagerung standhalten mußten. In dieser Situation soll einem südfranzösischen Kreuzfahrer, Peter Bartholomaeus, mehrfach der heilige Andreas erschienen sein, um ihm mitzuteilen, daß in einer Kathedrale diese Lanze liege. Nach einigem Suchen fand man tatsächlich eine verrostete Eisenstange. Dieses Ergebnis feuerte die Kampfkraft der Kreuzfahrer erheblich an. Man sah darin ein Symbol des Heils und des Sieges. Die Belagerung wurde zerschlagen.

Diese Wirkung konnte erreicht werden, obwohl sich bereits unter den Kreuzfahrern Zweifel über die Echtheit der Lanze ausbreiteten. Immerhin war einigen bekannt, daß seit langem in Konstantinopel eine derartige Lanze als Reliquie verehrt wurde. Den Visionär selbst erwartete ein böses Ende. Da die Zweifel an der Echtheit immer größer wurden, mußte sich Peter zur Bestätigung seiner göttlichen Vision einer Feuerprobe unterziehen, die er nur schwerverletzt überstand. An den Folgen starb er kurze Zeit später. Vor allem die normannischen Kreuzfahrer hatten auf die Feuerprobe gedrängt, da sie der Aufwertung des Prestiges der Südfranzosen im Gesamtheer begegnen wollten.

Der Glaube an die göttliche Unterstützung zeigte sich in vielen anderen Formen. Vor den großen Schlachten fanden feierliche Gottesdienste statt. Dem Sturm auf Jerusalem ging eine beeindruckende Prozession voraus. Das ganze Heer zog barfuß, aber bewaffnet zum Ölberg und zum Berg Zion und hörte leidenschaftliche Predigten. Während des Kampfes beteten die Priester zu Gott und baten ihn um den Sieg der Christen und die Niederlage der Muslime. Vor Antiochia trug man in der vordersten Linie die Heilige Lanze. Verschiedentlich wurde der Angriff mit dem Schlachtruf »Gott will es« vorgetragen. Nach dem 1. Kreuzzug wich er anderen Schlachtrufen, wie »Helf uns Gott und das Heilige Grab«. In Notzeiten veranstalteten die Priester Bußgottesdienste, um Gott zu versöhnen, da man der Auffassung war, die Sünden der Kreuzfahrer seien dafür verantwortlich, daß Gott sich von dem Heer abgewandt hätte.

Es war insgesamt eine Vielfalt religiöser Denkformen und Handlungsweisen, zugeschnitten auf die Kreuzzugsidee, die sich in den Jahren 1096 bis 1099 bei den Ritterheeren herausbildete. Aber sie ordnete sich ein in den Gesamtprozeß der weiteren Anpassung der christlichen Lehre an das Ritterideal.

Aus den bisherigen Darlegungen ging bereits hervor, daß die Kreuzfahrer auch nach ihrer Vereinigung in Byzanz das bleiben wollten, was sie seit dem Auszug waren – vier selbständige Heere. Den Plan, ein einheitliches Oberkommando zu bilden, hatte Urban bereits vor dem Abmarsch aufgeben müssen. Es existierte zwar ein gemeinsamer Rat, dem die führenden weltlichen und geistlichen Herren angehörten und der die entscheidenden Beschlüsse faßte, aber die Rivalitäten konnten damit, wie die Beispiele bewiesen, nicht aufgehoben werden.

Unabhängig von diesen tiefgehenden Konflikten zeigte sich auch bei militärischen Operationen oft, daß die Disziplin nur unzureichend ausgebildet war. In der Kriegführung waren die Heere eine Summe kleiner Einheiten, die zunächst selbständig operierten und sich oft nur sehr lose in einen Gesamtplan einfügten. Von ihren militärischen Erfahrungen in Europa her dominierte der begrenzte Krieg in einem relativ kleinen Rahmen. Straffe Unterordnung in großen Verbänden war für die meisten ungewohnt. Verstöße gegen festgelegte Taktiken, Sonderaktionen und ähnliches waren die Folge. Zumeist gelang es allerdings, diese Schwächen durch außerordentliche Tapferkeit und Standhaftigkeit auszugleichen, begünstigt dadurch, daß die islamische Welt selbst in sich befehdende Kleinstaaten aufgesplittert war.

Der Zug durch Kleinasien und Syrien hatte Strapazen und verlustreiche Kämpfe gebracht. Denn jede Stadt war befestigt. Die Kreuzfahrer besaßen kaum Erfahrungen in der Belagerungstechnik (zur militärischen Taktik und Kampfesweise vergleiche das folgende Kapitel). Das Klima des Landes war ungewohnt. Zusätzliche Schwierigkeiten brachte das weithin unwegsame Gelände, vor allem die Unkenntnis über die Brunnen und Wasserquellen mit sich. Mehrfach gerieten die Heere daher in ernsthafte Versorgungsschwierigkeiten. Auf dem Weg durch das Sultanat Rum konnte man zeitweilig weder Wasser noch Lebensmittel auftreiben. Zahlreiche Pferde verendeten, so daß viele Ritter zu Fuß weiterziehen mußten. Die Kreuzfahrer ernährten sich von Dornensträuchern und vom Fleisch der Pferde, Esel und Kamele. Viele starben an Fieberkrankheiten. Auf dem Weg durch den Anti-Taurus stürzten Pferde und Lasttiere in die Schluchten. Um den beschwerlichen Weg besser passieren zu können, verkauften einige Kreuzritter ihre Schilde, Panzerhemden und Helme für eine Handvoll Münzen. Andere warfen ihre Waffen ins Gebüsch. Erst nachdem man das christliche Königreich Kleinarmenien erreicht hatte, besserte sich die Situation. Die Kreuzfahrer wurden gastfreundlich empfangen und konnten ihre Ausrüstung komplettieren.

Zur Katastrophe wuchs sich die Hungersnot bei der Belagerung von Antiochia aus. Niemand im Heer hatte mit einer monatelangen Belagerung gerechnet. Daher waren für die Wintermonate keine Lebensmittelvorräte angelegt worden. Die Einsicht kam zu spät. Während des Winters 1097/98 durchzogen die Belagerer in großen Gruppen nicht nur die umliegenden Dörfer auf der Suche nach Nahrung, sondern sandten Lebensmittelexpeditionen bis nach Armenien aus. Jeder siebente Kreuzzugsteilnehmer soll vor Antiochia umgekommen sein. Pest und andere Krankheiten wüteten. Das kampffähige Ritterheer schrumpfte, da viele Tiere verendeten, auf siebenhundert zusammen.

Die Folge war eine Massendesertion, Zypern und Byzanz die Ziele der Flucht. Nicht nur Angehörige des Fußvolkes, die unter der Not besonders zu leiden hatten, auch führende Adelsherren wandten Antiochia den Rücken. Stephan von Blois, dessen Flucht in Europa Aufsehen erregte, kam bis Byzanz.

Andere, darunter Peter von Amiens, wurden eingeholt und zurückgebracht. In ähnliche Schwierigkeiten geriet das Kreuzfahrerheer noch einmal bei der Belagerung von Jerusalem, als vor allem der Wassermangel akut wurde, da die Brunnen von den Muslimen unbrauchbar gemacht worden waren.

Hinsichtlich der Gier nach Beute unterschieden sich die Kreuzfahrer nicht von anderen Kriegern. Nach einem Sieg wurden die Schätze aufgeteilt, die eigene materielle Basis aufgefrischt. Den toten Feinden nahm man die Wertgegenstände ab. Vor Antiochia wurden sogar die bereits Bestatteten wegen des Gold- und Silberschmucks wieder ausgegraben.

Die Vorstellung, daß eine eroberte Stadt geplündert werden müsse, scheint von Anfang an im Kreuzfahrerheer verbreitet gewesen zu sein. So verübelten die Kreuzritter dem byzantinischen Kaiser die heimlich betriebene Kapitulation Nicäas vor allem deswegen, weil deshalb die Plünderung der Stadt unterbleiben mußte. Antiochia sowie fast alle anderen Städte, die erobert wurden, sahen raubende Kreuzritter.

Das Verhältnis zum Feind war im Kreuzfahrerheer allerdings nicht eindeutig von religiösem Fanatismus geprägt. Schon bei der ersten großen Schlacht 1097 gewann man die überraschende Erkenntnis, daß es sich bei den Seldschuken um tapfere und ritterlich kämpfende Krieger handelte, denen Achtung gebührte. Auch in der Folgezeit wurde immer wieder gegnerischen Truppen, die sich ergaben, freier Abzug gewährt. Noch am Ende des Kreuzzuges, bei der Erstürmung Jerusalems, ließ Raimund von Toulouse eine Gruppe mohammedanischer Krieger, die sich in die Davidsburg zurückgezogen hatten, gegen ein hohes Lösegeld ungehindert abziehen.

Andererseits sind die Beispiele nicht vereinzelt, die von einer besonderen Grausamkeit zeugen, wobei allerdings nicht deutlich wird, ob religiöser Fanatismus oder einfach die Erbitterung des Kampfes auslösendes Moment waren. Die erwähnten Plünderungen wurden ständig von Mordterror begleitet. Abgeschlagene Köpfe von Muslimen schleuderten die Kreuzfahrer sowohl beim Kampf um Nicäa als auch bei der Belagerung Antiochias mit Katapulten in die Stadt. Bohemund von Tarent zahlte für das Haupt eines muslimischen Führers, das ihm von armenischen Hilfstruppen beim Sturm auf Antiochia überreicht wurde, eine ansehnliche Belohnung. Desgleichen ließ er Gefangene töten und braten, um das Gerücht in Umlauf zu setzen, daß künftig alle Spione und Feinde von den Kreuzrittern verspeist würden.

Den Höhepunkt der Grausamkeit brachte jedoch erst das Ende des 1. Kreuzzuges in Gestalt des fürchterlichen Blutbads nach der Eroberung Jerusalems. Hinsichtlich des Ausmaßes gibt es dafür in der mittelalterlichen Geschichte kaum Parallelen. Am 15. Juli 1099 wurde Jerusalem nach hartnäckiger Belagerung erobert. Dem erfolgreichen Sturm folgte ein Massenmorden an der einheimischen mohammedanischen und jüdischen Bevölkerung. Wie Besessene rasten die Kreuzritter durch die Straßen. Weder Frauen noch Kinder noch Greise fanden vor ihren Waffen Gnade. Die Strapazen von drei harten Kriegsjahren, religiöser Fanatismus und Beutegier schlugen in ein sinnloses Töten um.

Die Augenzeugenberichte sind voller grausamer Detailschilderungen. Die Hauptsynagoge, Zufluchtsstätte der Juden, wurde in Brand gesteckt. Die Flüchtlinge fanden den Tod. Ähnlich erging es den Muslimen, die sich in den Moscheen verborgen hielten. Die Leichen der Opfer lagen zu Bergen in den Straßen und auf den Plätzen.

Ein christlicher Chronist überliefert: »Der Patriarch zog eine Straße entlang und mordete auf seinem Weg alle Ungläubigen. So kam er zur Kirche des Heiligen Grabes, die Hände blutverklebt am Griff seines Schwertes. Dort wusch er sich die Hände mit den Worten des Psalmes ›Der Gerechte freut sich in dem Herrn, wenn er solche Rache sieht, die er ausführt. Er wird seine Hände baden im Blut der Gottlosen.‹ Dann feierte er die heilige Messe und sagte, er habe niemals ein Gott wohlgefälligeres Opfer gebracht.«

Andere Quellen berichten ähnlich. Wir wissen nicht, wie viele Menschen dem Massaker zum Opfer fielen. Die chronikalischen Angaben schwanken zwischen zehn- und einhunderttausend. Bekannt ist jedoch aus den folgenden Jahren, daß in der Stadt Jerusalem nur noch wenige jüdische und mohammedanische Bewohner lebten.

Die arabisch-islamische Welt war entsetzt, Europa bestürzt. Die Kreuzritter aber feierten unmittelbar im Anschluß an den Blutrausch eine Dankesprozession anläßlich des Sieges.

Das Kreuzzugsheer, das von Europa zur Eroberung des Orients ausgezogen war, hatte zu Beginn eine zahlenmäßig gewaltige, gut gerüstete Streitmacht dargestellt. An der Belagerung von Jerusalem sollen jedoch nur noch eintausendzweihundert bis eintausenddreihundert Ritter teilgenommen haben, bei einer Gesamtstärke des Heeres von zwölftausend Mann – allerdings einschließlich der inzwischen eingetroffenen genuesischen Hilfstruppen für die Belagerungstechnik.

Gleichgültig, ob diese Zahlen stimmen oder nicht, drücken sie doch anschaulich die gewaltigen Verluste aus, die man in den drei Jahren hatte hinnehmen müssen. Viele hatten sich auch unterwegs festgesetzt, mancher war vorzeitig nach Hause zurückgekehrt.

Zieht man die Bilanz, so bestätigt die Charakterisierung der Heere all das, was über die wirtschaftlichen, sozialen und geistigen Ursachen der Kreuzzugsbewegung gesagt wurde. Daß die Kreuzfahrer Jerusalem überhaupt erreichen konnten, hing im einzelnen von vielen glücklichen Zufällen ab. Im weiteren Sinn ist der Erfolg nicht so sehr der militärischen Überlegenheit zuzuschreiben, wie man etwa auf den ersten Blick meinen möchte, sondern mehr der Tatsache, daß die islamische Welt in Syrien und Palästina politisch in zahlreiche kleine Herr-

schaften zersplittert war und damit keinen umfassend organisierten Widerstand leisten konnte.

Überdies unterschätzte der Orient wohl die Kreuzfahrer.
Laufende kriegerische Auseinandersetzungen wurden nicht
abgebrochen, Feindschaften nicht beigelegt. Das ermöglichte
den militärischen Sieg der europäischen Heere. Die eigentliche Aufgabe, die gewonnene Herrschaft zu sichern und damit
die wirkliche Auseinandersetzung mit der islamisch-arabischen Gesellschaft sowie ihrer materiellen und geistigen Kultur zu führen, stand jedoch noch bevor.

DIE KREUZFAHRERSTAATEN

Unmittelbar nach dem blutigen Gemetzel von Jerusalem gingen die Anführer des Kreuzzuges an die Wahl des Herrschers der Stadt. Die Entscheidung fiel zugunsten Gottfrieds von Bouillon, allerdings nicht einstimmig, denn auch Raimund von Toulouse hätte die Macht in der »Heiligen Stadt« nur allzugern übernommen. »Advocatus sancti Sepulchri« (Beschützer des Heiligen Grabes) nannte sich Gottfried offiziell. Er trug damit der Unsicherheit Rechnung, ob man an der heiligsten Stätte der Christenheit den Titel eines Königs führen dürfe. Realpolitisch blieb die Frage offen, ob ein weltlicher oder ein geistlicher Würdenträger Oberhaupt Jerusalems werden sollte. Erst der Nachfolger Gottfrieds, sein Bruder Balduin, ließ sich 1100 zum »König von Jerusalem« krönen.

Vier Kreuzfahrerstaaten wurden insgesamt gegründet: das Königreich Jerusalem (1099), die Grafschaft Tripolis unter Führung Raimunds von Toulouse (1103), das Fürstentum Antiochia unter Bohemund von Tarent und die Grafschaft Edessa unter Balduin von Boulogne. Mit dieser Staatenbildung waren jedoch noch keine durchorganisierten Reiche entstanden, sondern mehr Herrschaften über eroberte Städte und Burgen sowie Herrschaftsansprüche auf das umliegende Land. In den folgenden Jahren gingen die Eroberer daran, von ihren Stützpunkten aus die dem Feind noch trotzenden Städte und Herrschaften zu zwingen und damit geschlossene territoriale Komplexe zu formen.

Die Ausdehnung der Kreuzfahrerstaaten ist im eigentlichen Sinne nie deutlich konzipiert worden. Das vorgegebene Ziel, Jerusalem in christlichen Händen zu behalten und den Landweg für die Pilger zu sichern, blieb zwar immer relevant, indessen werden Größe und Funktion der Kreuzfahrerstaaten von Anfang an nicht davon, sondern von den Gesetzen der Eroberung bestimmt.

Mit den neuen Staatsgründungen als wichtigstem Ergebnis des 1. Kreuzzuges rückte die Auseinandersetzung mit der orientalischen Welt für die europäischen Eroberer in einem Maße in den Vordergrund, wie es 1096 noch nicht abzusehen gewesen war. Das Problem stellte sich doppelt. Einmal bedeutete die Gründung von Herrschaften die unmittelbare Konfrontation der Kreuzfahrer mit der gegebenen materiellen und geistigen Kultur, mit der Sozialstruktur und den Sitten und Gebräuchen in den eroberten Territorien. Zum anderen waren die Kreuzfahrerstaaten von Anfang an politisch, militärisch und diplomatisch Staaten des Orients. Ihre Existenz hing vom politischen und militärischen Kräfteverhältnis in der islamischen Welt des Nahen Ostens ab. Die folgenden Kreuzzüge, die der europäische Adel bis 1270 zur Unterstützung der Kreuzfahrerstaaten organisierte, vermochten zwar in diesem politisch-militärischen Kräftespiel Hilfe zu geben, bewirkten aber in keinem Fall grundlegende Veränderungen.

In diesem Prozeß innerer und äußerer Auseinandersetzungen formierten sich die europäischen Ritter im Orient zur herrschenden Oberschicht, erhielten die Kreuzfahrerstaaten ihr spezifisches soziales und politisches Gepräge. Etwa dreihundert Ritter und zweitausend Mann Fußvolk blieben nach 1099 im Königreich Jerusalem. In der Folgezeit wurden sie ständig ergänzt durch Neuankömmlinge aus Europa. Obwohl keine genauen Zahlenangaben überliefert sind, wird angenommen, daß im Königreich Jerusalem nie mehr als tausend europäische Adelige lebten. Rechnet man die Geistlichkeit und die erwachsenen Familienangehörigen hinzu, so könnte sich die Gesamtzahl auf ungefähr dreitausend Personen belaufen, die maximal zur weltlichen oder geistlichen Elite in den Kreuzfahrerstaaten gehörten. Etwa die gleichen Zahlen sind für die Grafschaften Edessa und Tripolis und das Fürstentum Antiochia zusammen errechnet worden.

Die Struktur dieser Oberschicht der Kreuzfahrerstaaten war zur Zeit der Eroberung nicht fertig, im Gegenteil, nach 1099 begann die Formierung erst. Bestimmend für die Genese wurde der Krieg. Vor allem die prominenten Führer des Kreuzzuges eigneten sich die eroberten Territorien kraft eigener militärischer Stärke an und wichen höchstens dem noch mächtigeren Konkurrenten aus den eigenen Reihen.

Ein typisches Beispiel dafür begegnet uns in der Person des Grafen Raimund von Toulouse, des Führers der südfranzösischen Ritter. Raimund galt allgemein als eine der zentralen Figuren des 1. Kreuzzuges; Frömmigkeit und überlegtes Handeln verhalfen ihm zu bedeutender Autorität. In Antiochia mußten seine Gefolgsleute, die einen Teil der Stadt besetzt hatten, 1098 den Truppen Bohemunds weichen. Nach der Eroberung Jerusalems nutzte dem Grafen alles Taktieren nichts; Gottfried wurde von den Führern der einzelnen Heere zum Beschützer des Heiligen Grabes gewählt. Die Absicht Raimunds, in Südpalästina eine Herrschaft zu gründen, wurde von seinem Widersacher Bohemund ebenfalls verhindert. Als er sich im Zusammenhang mit der Territorialisierung der Kreuzfahrerstaaten, das heißt mit dem Sturm auf die noch in arabischen Händen befindlichen Burgen und Städte auf Tripolis konzentrierte, konnte er zwar für sich noch den Titel »Graf von Tripolis« erwerben, starb aber 1105 während der Belagerung. Lediglich für seine Gefolgschaft hatte er damit noch ein Territorium sichern können.

Die Führer des Kreuzzugs waren auf die Positionen der geflüchteten mohammedanischen Herrscher gerückt. Diese Domänen und Herrschaften wurden an die Ritter zur Nutzung vergeben, wobei vor allem in der ersten Zeit das Geldlehen, beziehungsweise Steuerrechte und ähnliche mit Geldleistungen verbundene Privilegien überwogen, kurz, alle die feudalen Formen der Herrschaft, die zuvor die arabischen und syrischen Adeligen innegehabt hatten. Sie unterschieden sich von den europäischen Verhältnissen durch einen hohen Anteil an Geldrente.

In der Anfangsphase waren diese Lehen nicht sehr stabil; sie wechselten oft ihren Besitzer. Das erklärt sich daher, daß die im Land verbliebenen Ritter unterhalb des Hochadels nicht feudal strukturiert waren, daß die Lehenspyramide nicht mitgebracht wurde. Diese Ritter aus dem niederen Adel mußten sich ihre Positionen erst erkämpfen. Bisher waren sie lediglich als Krieger hervorgetreten.

Die neue Herrschaft bedeutete für sie einen unermeßlichen Gewinn. Bereits um 1120 illustriert uns ein Chronist sehr anschaulich die materiellen Vorteile: »Wer ein Fremdling war, ist nun zum Einheimischen geworden und der Zugezogene zum Einwohner. Tagtäglich folgen uns unsere Angehörigen und Verwandten, die, ohne es gewollt zu haben, allen Besitz zurücklassen. Denn wer dort mittellos war, den hat Gott hier reich gemacht, wer wenig Geld hatte, besitzt hier zahllose Byzantiner (Goldmünzen), und wer kein Dorf besaß, dem gehört hier eine ganze Stadt durch die Gabe Gottes. Warum sollte ins Abendland zurückkehren, wer hier einen solchen Orient vorfand.«

Dieser Saturiertheit aus strahlende Bericht nimmt offensichtlich unmittelbar Bezug auf die Wandlungen innerhalb der Ritterschaft. Tatsächlich lassen sich viele der bedeutendsten und mächtigsten Fürstengeschlechter der Kreuzfahrerstaaten in ihrem Heimatland kaum nachweisen, so wenig galt dort ihr Besitz. So war der Begründer des Hauses Ibelin, eines der mächtigsten Geschlechter im Königreich Jerusalem, der Bruder eines Vogtes in Chartres, eine relativ unbedeutende Funktion im 11. Jahrhundert. Von anderen gleichermaßen mächtigen Geschlechtern der Kreuzfahrerstaaten ist vom Begründer nur der Vorname bekannt, ein untrügliches Zeichen dafür, daß dessen Position in Europa außerordentlich bescheiden war.

Seit etwa der Mitte des 12. Jahrhunderts hatte die innere Struktur der Erobererschicht in den Kreuzfahrerstaaten hierarchischen Charakter angenommen. Eine kleine Gruppe mächtiger Geschlechter kristallisierte sich heraus. Etwa zehn Familien waren es, die vor allem als Inhaber der vier Baronien im Königreich Jerusalem, aber auch als Besitzer mehrerer großer Lehen oder aber als Herrscher über Städte die entscheidende wirtschaftliche und politische Macht in ihren Händen hielten. Im politischen Geschehen wurde die Zentralgewalt oft Spielball ihrer Interessen.

Diese Gruppe konnte sich auf eine beträchtliche Zahl von Vasallen stützen, deren Genese recht differenziert war. Sie setzten sich aus dem Fußvolk der Kreuzzüge, Einwanderern späterer Zeit, aber auch aus Rittern zusammen, die nicht die gleichen günstigen Startbedingungen vorgefunden hatten. Ihre Funktion war der Kriegsdienst. Sie besaßen nur kleine Lehen und traten vor allem als Hauptleute der Burgenbesatzungen in Erscheinung.

Die neue Oberschicht war zu keiner Zeit fähig, sich selbst zu regenerieren. Viele Familien existierten nur über zwei oder drei Generationen in direkter Linie. Vor allem die ständigen Kriege zehrten an der Substanz. Kreuzzüge und der Pilgerstrom brachten die notwendige Ergänzung an Menschen nach dem Orient. Darüber hinaus dienten die Verwandtschaftsbeziehungen zu Europa dazu, bei drohendem Aussterben einer Familie den eroberten Besitz auf eine Nebenlinie zu übertragen.

All das konnte nicht verhindern, daß die soziale Struktur der Kreuzritter einer selbst für das Mittelalter überdurchschnittlichen Fluktuation unterworfen war. Zum tragenden

Element der staatlichen und militärischen Gewalt wurde daher bald eine neue Institution – die Ritterorden. Sie gaben dem Adel in den Kreuzfahrerstaaten einen besonderen Akzent.

1120 schloß sich eine kleine Gruppe französischer Ritter unter Führung Hugos von Payns zusammen, um den Schutz der Pilger gegen Überfälle in der unmittelbaren Nähe Jerusalems zu gewährleisten. Nach ihrem Haus, einem Teil des königlichen Palastes auf dem Boden des alten Tempels Salomos, erhielten sie ihren Namen »Militia templi«, Tempelorden. Sie lebten nach einer Ordensregel, die Keuschheit, Armut und Gehorsam verlangte und die speziellen Aufgaben des Schutzes der Pilger festlegte. Ihr äußeres Kennzeichen war das rote Kreuz, das Symbol für den Streiter der Kirche, das die Ritter auf einem weißen Mantel, die übrigen Ordensangehörigen auf einem schwarzen trugen.

Der Hospitaliter- oder Johanniterorden ging aus einer Institution hervor, die bereits vor den Kreuzzügen existierte. Bürger von Amalfi hatten in Jerusalem ein Hospiz zur Versorgung kranker Pilger eingerichtet. Zu Beginn des 12. Jahrhunderts entwickelte sich aus dieser Einrichtung der Kaufleute eine Organisation von Rittern ebenfalls vorwiegend französischer Herkunft, die neben der Versorgung der Pilger den Schutz der öffentlichen Ordnung auf ihre Fahnen schrieb, monastische Gelübde von ihren Mitgliedern forderte und dazu den Kampf gegen die Heiden gelobte. Als äußeres Kennzeichen trugen sie ein weißes achtspitziges Kreuz auf dem Mantel über der Rüstung. Eine spätere Gründung stellt der Deutsche Ritterorden dar. Er ging 1198 aus einem Hospital in Akkon hervor, das sich der Aufgabe verschrieben hatte, speziell deutsche Pilger zu versorgen. Seine Angehörigen waren vorwiegend deutsche Ritter. Die Ordensregeln wurden nach dem Vorbild der Templer und Johanniter zusammengestellt. Seine Geschichte im Orient währte nicht lange. Um 1241 hatten die Templer erreicht, daß sich der deutsche Ritterorden aus den Kreuzfahrerstaaten zurückzog. Er wurde jetzt die Hauptstütze der deutschen Ostkolonisation.

Aus bescheidenen Anfängen entwickelten sich die Ritterorden zu den mächtigsten militärischen Organisationen im Orient. Für das Papsttum und die militanten Kreuzzugsprediger in Europa verkörperten sie das Ideal des mit der Kirche verbundenen Rittertums. Nicht zufällig wurde Bernhard von Clairvaux, der mit Leidenschaft den 2. Kreuzzug propagierte, zum begeisternden Lobredner der Templer. Wenn es der Kirche auch im einzelnen Schwierigkeiten bereitete, klösterliche Ordensregeln und kämpfendes Rittertum zu vereinen und die Ausarbeitung der Regeln lange Zeit in Anspruch nahm – die Übereinstimmung von kirchlichen und adeligen Interessen war so groß, daß alle Gegensätze überwunden werden konnten.

Die Ritterorden wurden zu einem Staat im Staate. Drei Gruppen, die Ritter, die dienenden Brüder zur Versorgung der Ritter und die Kapläne, waren scharf voneinander getrennt. An der Spitze standen die Ordensmeister, die ein straffes militärisches Regiment führten.

Bald gelang es den Orden, sich der geistlichen und staatlichen Unterordnung innerhalb der Kreuzfahrerstaaten zu entziehen und eigene Politik zu betreiben. Rechtliche Grundlagen dazu gaben die zahlreichen Privilegien, die sie insbesondere vom Papsttum bekamen. Wirtschaftliche Macht gab den Rückhalt. Die Orden erhielten riesige Schenkungen an städtischem und ländlichem Grundbesitz. Sie verwalteten umfangreiche Vermögen und besaßen die größten Burgen des Landes. Sehr bald spannen sie ihre Fäden nach Europa, ließen sich auch hier mit Ländereien ausstatten und errichteten insbesondere in Frankreich und Italien ihre Stützpunkte.

Die Ordensbesitzungen in den Kreuzfahrerstaaten hatten sich zunächst aus Schenkungen der Krone und des hohen Adels ergeben. Schon bald aber schien vielen Ordensoberen

Bau einer Burg

jedes Mittel recht, um Macht und Reichtum des jeweiligen Ordens zu stärken. Zahllos sind die zeitgenössischen Klagen und Kritiken. Damit nicht genug, rivalisierten die Orden auch untereinander um die fettesten Pfründen und einflußreichsten Positionen und trugen ihre Händel mitunter sogar in aller Öffentlichkeit aus.

Dessenungeachtet konnten sie sich ständig ausbreiten, da sie mit ihrer Werbung in Europa für den Beitritt zu den Orden eine der Hauptquellen für den Nachschub an Rittern nach den Kreuzfahrerstaaten wurden, vor allem dann, wenn die Kreuzzüge ausblieben oder erfolglos verliefen. Im Orient nahmen sie die Sicherung ganzer Grenzgebiete in eigene Regie, so etwa der Hospitaliterorden die Südgrenze des Königreiches Jerusalem gegen Ägypten, in der Grafschaft Tripolis die Gebiete um die Festung Krak des Chevaliers und Grenzräume des Fürstentums Antiochia.

Wir sind nur sehr ungenau über die militärische Macht der Orden unterrichtet. Johanniter und Templer zählten jeweils etwa vierhundert Ritter zu ihrer Streitmacht, dazu ein Mehrfaches an Fußvolk, Bogenschützen, Söldnern, Turkopolen und verschiedenen Hilfskräften. Eine Schätzung aus dem ausgehenden 12. Jahrhundert kommt für den Tempelorden auf etwa viertausend Bewaffnete. Der Johanniterorden dürfte militärisch nicht schwächer gewesen sein.

In der Gestaltung ihres Lebens hoben sich die Ritterorden bald vom übrigen Adel ab. Einsatzbereitschaft und Unversöhnlichkeit im Kampf gegen die Muslime wurden in ihren Reihen schon durch die Ordensregeln ständig erneuert und entwickelt. Annäherungen an das Leben des Orients, wie es bei den weltlichen Herren die Regel war, begegneten sie durch zusätzliche Ordensbestimmungen gegen Luxus und Verweltlichung. Sie bildeten die Gruppe in der europäischen Ritterschaft, die von den Sarazenen am meisten gehaßt wurde, die Gnade weder gewährten noch erwarteten.

Die staatliche Organisation in den Kreuzfahrerreichen entwickelte sich mit der sozialen Struktur der Kreuzritter. Der starken Macht der Könige und Fürsten der Eroberungszeit folgten allmählich Rechtsvorstellungen, die den Rittern immer bedeutendere Positionen einräumten. Zu Beginn des 13. Jahrhunderts wurden sie in den »Assisen«, den Rechtsbüchern von Jerusalem, zusammengefaßt. Diese spiegeln in den Hauptbestandteilen eine Staatsform wider, in der der erstarkte hohe Adel den Ausschlag gab und der König im besten Fall als Gleicher unter Gleichen galt.

Die Krone war verpflichtet, alle wichtigen Angelegenheiten vor eine Adelsversammlung zu bringen, in der die Vasallen des Königs über die entscheidende Stimme verfügten. Daraus entwickelte sich der hohe Lehenshof, der über alle Vergehen der Kronvasallen zu Gericht saß. Die Vasallen des hohen Adels besaßen auf der unteren Ebene Gerichte in gleicher Form. Die Treue des Vasallen gegenüber dem Lehensherren war nur Pflicht, wenn der Herr die beträchtlichen Rechte des Vasallen respektierte. Empörungen, Vernachlässigung der Heeresfolgepflichten und ähnliches kamen häufig vor. Sehr oft wurde die Krone militärisch und politisch zur Passivität verurteilt, da die Gerichte in der Regel auf seiten des Vasallen standen, ganz gleich welcher militärische Schaden sich aus dessen Verhalten ergeben hatte.

Das Übertragen lehensrechtlicher Vorstellungen, die unter den spezifischen europäischen Bedingungen entstanden waren, auf den Orient, erwies sich als untauglich. Konkret bedeutete es, daß sich die Rechtsbeziehungen vor allem auf die herrschende Schicht konzentrierten. Die einheimische Bevölkerung besaß zumeist eigene Gerichte. Die wirtschaftliche Gesetzgebung der Kreuzritter paßte sich den ökonomischen Gegebenheiten an und veränderte wenig. Die Verfassung war also im eigentlichen Sinn keine Verfassung der gesamten Gesellschaft, sondern der Eroberer.

Politisch-militärisch stellt sich die Geschichte der Kreuzfahrerstaaten und damit auch die Geschichte der Eroberer als eine ständige Auseinandersetzung mit den benachbarten orientalischen Reichen dar. Die außenpolitische Situation war zu Beginn des 12. Jahrhunderts für die Kreuzritter des Orients nicht ungünstig. Die beiden Großreiche des Vorderen Orients, das Fatimidenreich von Ägypten und das Seldschukenreich, hatten bedeutend an militärischer Schlagkraft verloren. Die Seldschukenherrschaft in Kleinasien und Syrien war in einzelne faktisch selbständige Kleinreiche zerfallen, die nur noch

12 *Der vor allem bei den Normannen übliche Wohn- und Wehrturm (Donjon) breitete sich schnell in allen von diesen eroberten Gebieten und deren Nachbarregionen aus. Hier abgebildet ist die Burg Tonquédoc bei Lannion in der Bretagne.*

13 Dieser Prachtkelch aus dem Bestand des kaiserlichen Hofes in Konstantinopel zeugt von der Kunstfertigkeit der Byzantinischen Handwerker. Von Kreuzrittern während des 4. Kreuzzuges geraubt, kam das Kunstwerk in den Schatz der Markuskirche in Venedig.

14 Der Grundriß von Konstantinopel aus dem Jahr 1420 vermittelt eine Vorstellung von der imposanten Größe der byzantinischen Hauptstadt. Von der mittelalterlichen Substanz ist wegen der wiederholten Plünderungen nur wenig erhalten geblieben.

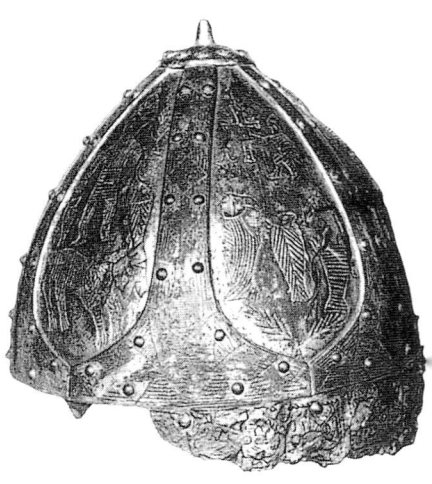

15 -17 *Vom frühen Mittelalter bis in die Jahre vor den Kreuzzügen war der Spangenhelm (oben) der bevorzugte Kopfschutz. Später wurde er durch die geflochtene Panzerkapuze und den aus einem Stück getriebenen Normannenhelm verdrängt. Der abgebildete Helm aus vergoldeter Bronze datiert aus dem 6./7. Jahrhundert und ist ostgotischen Ursprungs (ehem. Zeughaus, Berlin). Aus dem 13. Jahrhundert stammt der Topfhelm (links oben). Dem Vorteil des besseren Gesichtsschutzes stand bei diesem Helmtyp der Nachteil der schlechten Sicht durch die schmalen Sehschlitze gegenüber (ehem. Zeughaus, Berlin). Das aus Drahtgeflecht bestehende Panzerhemd (links) bildete während des gesamten hohen Mittelalters die übliche militärische Schutzbekleidung. Das Panzerhemd gewährte mehr Bewegungsfreiheit als der Plattenpanzer, bot aber gegen wuchtig geführte Schwerthiebe sowie gegen schwere Pfeile zuwenig Schutz, so daß es bald an besonders gefährdeten Stellen durch Eisenplatten verstärkt wurde. Dennoch wurden Panzerhemden bis ins späte Mittelalter gefertigt. Besonders in den Städten bildeten sich mit den Drahtziehern und Drahtflechtern ein eigenes Gewerbe heraus, das den Bedarf besonders der Bürgerwehren deckte.*

18 *(rechte Seite) Der um 1090 in Süditalien gebaute Donjon wurde um 1230 im Auftrag Friedrich II. modernisiert. Auch andere seit dem 11. Jahrhundert errichtete Wehrtürme erweiterte man später zu Burgen.*

19 *Ritter im Gefecht. Handschriftenillustration aus der Zeit vor den Kreuzzügen.*

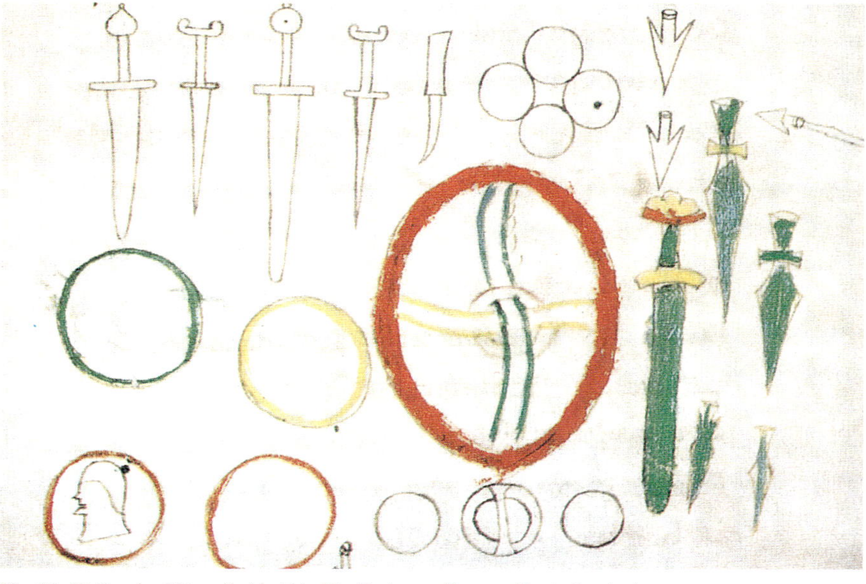

20 *Die Waffen des Ritters (beide Abb. Ms. Hrabanus Maurus, Monte Cassino).*

21 *Die Markuskirche in Venedig (San Marco), dem Schutzheiligen der Lagunenstadt geweiht, war und ist die bedeutendste Kirche Venedigs. 823 wurde mit dem Bau begonnen, in den folgenden Jahrhunderten kamen verschiedene Erweiterungen hinzu. Im ursprünglichen architektonischen Konzept, vor allem in der Innenausstattung, dominiert der byzantische Einfluß. Auch die Schatzkammer des Gotteshauses bringt eine Reihe von Kostbarkeiten byzantinischen Ursprungs, die auf verschiedenen Wegen – Kauf, Schenkung, Raub, Plünderung – nach Venedig kamen.*

22 *San Marco in Venedig: zu den Details, die den byzantinischen Einfluß erkennen lassen, gehören auch diese Reliefs.*

formal Bagdads Oberhoheit unterstanden und in ständigen Fehden miteinander lagen. Mit Damaskus, Aleppo und Mosul begrenzten sie die Kreuzfahrerstaaten im Osten. Zunehmend bunter wurde das politische Bild im Norden und Nordosten, wo es den armenischen Fürstentümern gelang, die Herrschaft der Seldschuken zu lockern und als eigene politische Kraft in Erscheinung zu treten. Das Fatimidenreich von Ägypten im Süden bildete zwar nach wie vor einen geschlossenen Staat und erhob auch Ansprüche auf Palästina, richtete aber das Hauptaugenmerk seiner Außenpolitik vor allem auf das Seldschukensultanat in Bagdad.

Von dieser Konstellation profitierten die Kreuzritter. Sie paßten sich rasch den Gegebenheiten an. In einer Vielzahl von lokalen Auseinandersetzungen, insbesondere mit den Herrn von Mosul, Aleppo und Damaskus, die in ihrem Erfolg allerdings wechselhaft waren, gelang es den Kreuzrittern, ihre politische Position auszubauen und die Herrschaft zu festigen. Dabei wechselten militärische Konfrontationen und zeitweilige Bündnisse einander ab: So zogen 1115 Kreuzritter, Aleppo und Damaskus gemeinsam gegen das Heer des Seldschukensultans von Bagdad, 1139 gab es eine Allianz mit Damaskus gegen Aleppo und Mosul.

Die Kreuzritter traten bei diesen kriegerischen Aktionen keineswegs durchgängig als geschlossene Einheit auf. Rivalitäten zwischen den Kreuzfahrerstaaten, Sonderinteressen und schließlich offene Revolten, wie die des Grafen von Jaffa, der 1132 letztlich auch auf ägyptische Hilfe gegen den König von Jerusalem hoffte, gehören ebenso zum äußeren politischen Bild der Kreuzfahrerstaaten.

Die höfischen Lebens- und Herrschaftsgewohnheiten des Ritters, aus Europa geläufig, setzten sich unter den vorhandenen Bedingungen im Vorderen Orient fort. Sie bestimmten die Mentalität der Kreuzritter, nicht etwa ein abstraktes religiöses Ideal. Der Keim zur Veränderung der politisch-militärischen

Kräftekonstellation, die dann auch zur Vernichtung der Kreuzfahrerstaaten führte, wurde allerdings bereits in den ersten Jahrzehnten des 12. Jahrhunderts gelegt. 1127/28 übernahm Imad ad-Din Zenghi die Herrschaft von Mosul und Aleppo. Damit entstand den Kreuzrittern ein starker Gegenspieler, der zunächst Edessa eroberte (1144). Die Stadt fiel, und der erste Kreuzfahrerstaat war damit bereits 1146 endgültig Vergangenheit.

In den folgenden Jahrzehnten wurde Zenghis Sohn, Nur ad-Din, ursprünglich nur Herrscher über Aleppo, durch die Unterwerfung zahlreicher islamischer Fürsten und vor allem durch die Einnahme von Damaskus zum entscheidenden Gegenspieler. Zwischen den Kreuzrittern und Nur ad-Din begann der Wettlauf um das politisch geschwächte Ägypten. Nur ad-Dins Heer gewann. Der siegreiche Heerführer war Saladin, Sohn eines Kurden. Er beseitigte 1171 die Fatimidendynastie in Ägypten und begründete die Herrschaft der Aijubiden im Land am Nil.

Saladin eroberte zunächst Damaskus, Aleppo und Mosul und begann danach den konzentrischen Angriff auf die Kreuzfahrerstaaten. 1187 wurde das Ritterheer bei Hattin vernichtend geschlagen. Bedeutende Festungen und Städte fielen in Saladins Hand, darunter Akkon, Askalon und vor allem Jerusalem. Durch den 3. Kreuzzug konnte zwar einiges wieder zurückerobert werden, aber Jerusalem blieb den Seldschuken. Hauptstadt des Königreichs Jerusalem wurde nunmehr Akkon. Seit dieser Zeit bestanden die Kreuzfahrerstaaten eigentlich nur noch aus »Restbesitzungen«, so groß waren die Gebietsverluste, die sie hatten hinnehmen müssen.

Die Schlacht bei Hattin und die daraus resultierenden Folgen bildeten den entscheidenden Einschnitt in der Geschichte der Kreuzfahrerstaaten. Nur der Tod Saladins (1193) gewährte den Kreuzrittern im Orient noch eine längere Frist. Durch Lavieren und eine Politik der Waffenstillstände versuchte man dem ständigen Druck des Gegners zu entgehen. 1227 gelang es Kaiser Friedrich II., durch Vertrag Jerusalem bis 1244 in die Hände der Kreuzfahrerstaaten zu bringen.

Die Kreuzzüge des 13. Jahrhunderts orientierten sich auf Ägypten. Man wollte dort die Aijubiden direkt treffen und die Kreuzfahrerstaaten entlasten. Bleibende Erfolge kamen nicht zustande.

Das Vordringen der Mongolen Mitte des 13. Jahrhunderts bis an die Grenzen Syriens brachte den Kreuzfahrerstaaten insofern eine indirekte Entlastung, da die islamisch-arabische Welt einen neuen Gegner bekam. 1260 stoppte der ägyptische Feldherr und spätere Sultan Baibars den mongolischen Vormarsch in Palästina. Danach begann er den Angriff auf die Restbesitzungen der Kreuzritter. 1268 fielen Jaffa und Antiochia, 1289 Tripolis und 1291 als letzte Bastion Akkon. Als Rückzugsgebiet blieb lediglich die Insel Zypern übrig.

Das militärische Geschehen bestimmte die spezifische Mentalität der europäischen Ritter im Orient. Ausbau, Sicherung und schließlich seit der zweiten Hälfte des 12. Jahrhunderts Verteidigung der eroberten Positionen – das betrachtete man als Hauptaufgabe, dem ordnete sich die gesamte Lebensführung unter. Daraus resultiert, daß alle Formen der ritterlichen Militärtechnik und der Kriegführung in den Kreuzfahrerstaaten und nicht in Europa selbst ihren Höhepunkt erlebten. Nicht zufällig erscheint die Kreuzritterburg in ihrer monumentalen Größe und technischen Raffinesse nahezu als Symbol für die Geschichte dieser Staaten, ja der Geschichte der Kreuzzüge schlechthin. Die Befestigungen, errichtet während der nahezu zweihundertjährigen Geschichte dieser Eroberungen, zählen zu den markantesten Anlagen der mittelalterlichen Welt. Hohe Dynamik in der Entwicklung immer neuer Formen und Verfeinerungen läßt das spezifische Interesse der Kreuzritter an modernen Burgen deutlich werden.

In der wissenschaftlichen Literatur wurden in den letzten Jahrzehnten heftige Kontroversen über die Traditionslinien ausgetragen, die zu den Kreuzfahrerburgen führten. Der Orient kannte bereits seit der Antike starke Befestigungsanlagen, und die Erfahrungen der Baumeister und Strategen blieben dort über alle Veränderungen der Geschichte bis zum Vorabend der Kreuzzüge lebendig. Vor allem der byzantinische und armenische Einfluß ist von einer Reihe von Historikern und Kunsthistorikern stark betont worden.

Byzantinische Befestigungsanlagen zur Sicherung Kleinasiens und der orientalischen Gebiete des Oströmischen Reiches existierten seit Jahrhunderten und fungierten als Stützpunkte für byzantinische Truppeneinheiten. Kastellartige, großräumige Anlagen dominierten in Kleinasien, aber auch hochgezogene Verteidigungsmauern um Städte waren die Regel. Antiochia zum Beispiel wurde im ausgehenden 11. Jahrhundert durch eine Befestigungsmauer geschützt, die zirka vierhundert Wachtürme zählte. Die Gesamtanlage war so gestaltet, daß große landwirtschaftliche Flächen, Gärten und Plantagen sowie in ausreichendem Maße Brunnen und Quellen innerhalb des Walles lagen, wodurch sich die Stadt bei Belagerung längere Zeit halten konnte.

Auch die Araber kannten sich im Bau von massiven Befestigungsanlagen aus, aber die umfassendsten Kenntnisse und Erfahrungen im Burgenbau dürften am Vorabend des 1. Kreuzzuges die Armenier in Kleinasien besessen haben. Sie waren sowohl im arabischen als auch im byzantinischen Orient als Baumeister zu finden.

Demgegenüber ist neuerdings mit Nachdruck hervorgehoben worden, daß auch die europäische Ritterschaft nicht nur Interesse am, sondern auch Erfahrungen im Burgenbau mit nach dem Orient gebracht hat. Der Übergang zu Steinburgen in großer Zahl datiert für die Gebiete nördlich der Alpen etwa seit dem 11. Jahrhundert. Die Normannen entwickelten einen schwer befestigten massiven Turm aus Stein, den Donjon, der sowohl in Nordfrankreich, in England nach der Eroberung 1066 und in Sizilien/Süditalien gebaut wurde. Sie nutzten ihn als Rückzugs- und Erholungszentrum für den Ritter und sein Gefolge nach der Schlacht; er galt als schwer einnehmbar, da die moderne Belagerungstechnik in Europa zu dieser Zeit noch unbekannt war. Bei der Gestaltung der Kreuzfahrerburgen im Orient spielte diese Form eine nicht unbedeutende Rolle, da sich sowohl die nordfranzösischen als auch die süditalienischen Normannen aktiv am Ausbau der Kreuzfahrerstaaten beteiligten.

Wenn in der Tradition der Kreuzritterburgen die Synthese dominiert, so trifft das in gleichem Maße für die militärtechnischen Details zu. Es gibt kaum ein Element, das nicht bereits bekannt war. Das gilt für die Mauern und Türme genauso wie für Einzelheiten; verdeckte Eingänge, Zinnen, Pechnasen, Wassergräben, Zugbrücken, Schießscharten usw.

Mehr als die Traditionslinien erklären jedoch die politischen Funktionen der Burgen ihre besondere Ausprägung in den Kreuzfahrerstaaten. Von diesen befestigten Sitzen aus beherrschte der Feudalherr das umliegende Land. Hier konzentrierte er die staatlichen Machtfunktionen und übte sie aus (Kontrolle der Abgaben der Bauern). Die Burgen waren also das geeignete Instrument zur Aufrechterhaltung der gesellschaftlichen Ordnung.

Die zweite Aufgabe bestand darin, das Land gegen den Feind, gegen die Übergriffe des Nachbarn zu schützen und in Kriegszeiten gegebenenfalls der Bevölkerung Zuflucht zu gewähren. Man ist zunächst geneigt, für die Kreuzfahrerstaaten der zweiten Funktion den Vorrang zu geben. Aber das ist nur zum Teil richtig. Vor allem in der Anfangsphase existierten zahlreiche Befestigungen, mit denen die Bevölkerung beherrscht und die Handelswege kontrolliert wurden. Aus der

Tatsache, daß beide Bedingungen, die den Burgenbau begünstigten, in den Kreuzfahrerstaaten außerordentlich ausgeprägt waren, resultiert letztlich die Blüte.

Versucht man Entwicklungsphasen des Burgenbaus herauszuarbeiten, so ergibt sich trotz aller Übergänge etwa folgendes Schema: Zunächst dominierte die bloße Übernahme bereits existierender Burgen und befestigter Stadtanlagen, die von Byzanz und den Arabern errichtet worden waren; zusätzlich wurden kleinere Festungen als Zentren der lokalen Verwaltung gebaut. Zur ersten Gruppe gehören alle großen eroberten Städte. Die zweite Gruppe war zahlenmäßig recht stark, da mit 1099 das Land noch nicht durchgängig erobert werden konnte. So hatten zum Beispiel Blanche Garde, Ibelin und Beth Gibelin die Funktion, Stadt und Hafen Askalon zu zwingen, was erst 1153 gelang, und die Pilgerstraße von Jaffa nach Jerusalem zu kontrollieren.

Bei diesem Typ überwiegen einfache, massive Formen, die in der Literatur mit dem romanischen Baustil verglichen worden sind. Eine relativ große, quadratisch angelegte Festungsmauer umschließt den Hauptturm, der an den genannten Donjon erinnert.

Ähnliche Struktur und Funktion besitzen die seit Mitte des 12. Jahrhunderts gebauten beziehungsweise ausgebauten Festungen vom Typ Subeibe und Montréal. Subeibe, am Hermon gelegen, kontrollierte den Verkehrsweg von Tyrus nach Damaskus und bedrohte Damaskus. Allein die Existenz dieser Burg ermöglichte die Eintreibung von Abgaben in den Grenzgebieten. Ähnlich gestaltete sich die Funktion von Montreal, mit deren Hilfe nomadisierende Araberstämme zur Tributabgabe gezwungen werden sollten und zudem die Handelsstraße Mekka-Damaskus kontrolliert wurde.

Daneben entstanden die berühmten, gigantischen Burgen, etwa das »Pilgerschloß«, Montfort, Margat (Marquab), die größte aller Burgen der Kreuzfahrerstaaten, Saphet, und Krak des Chevaliers, die als architektonisch schönste aller mittelalterlichen Burgen gilt.

In der Literatur ist darauf verwiesen worden, daß die eigentliche Blüte des Burgenbaus im 13. Jahrhundert lag, da zu dieser Zeit die Kreuzritter mit aller Konsequenz an die Verteidigung der ihnen verbliebenen Restpositionen im Land denken mußten und die genannten Burgen daher in diese letzte Phase gehören. Das trifft allerdings nur für den Ausbau der Burganlagen zu, die Anfänge liegen zumindest teilweise früher.

Alle diese großen Burgen, die militärisch das Rückgrat der Befestigung des Landes bildeten, befanden sich in den Händen der Ritterorden, da kein einzelner Adeliger in der Lage war, die Mittel für Bau und Unterhaltung derartiger Riesenkomplexe aufzubringen. So war das »Pilgerschloß« in den Händen der Templer, Montfort Eigentum des Deutschritterordens, Margat (Marquab) und Krak des Chevaliers gehörten den Hospitalitern. Die Reihe könnte fortgesetzt werden.

Militärtechnisch stellte die Vervollkommnung der Burganlagen einen ständigen Wettstreit mit der im Orient hochentwickelten Belagerungskunst dar. Bevorzugt wurde schwer zugängliches Gelände, das die unmittelbare Belagerung und den Angriff auf die Mauern erschwerte. Tiefe Gräben, Felsvorsprünge und ähnliche natürliche Bedingungen nutzte man bewußt.

Charakteristisch erscheint dabei die Anlage von Sahyun (Saone), wo der mit außerordentlichen Mühen angelegte Graben in Gestalt einer tiefen Felsspalte die Bedeutung ausweist, die man bereits der Sicherung des Vorfeldes beimaß. Die Höhe der Befestigungsmauern wuchs, desgleichen die Zahl der Türme. Dabei ist es von untergeordneter Bedeutung, ob die Türme rund oder rechteckig gebaut waren. Der eigentliche Fortschritt bestand darin, daß sie aus der Mauer mehr als bisher hervorgezogen wurden und damit intensives Flankenfeuer auf die die Mauer angreifenden Belagerer ermöglichten.

Seit dem 13. Jahrhundert wuchs auch die Zahl der Schießscharten, da zur gleichen Zeit die Bogenschützen im Heer größere Bedeutung erlangten. Die bei Belagerungen besonders gefährdeten Tore wurden zusätzlich durch gewinkelte Anlagen, durch den vermehrten Einbau von Pechnasen und Schießscharten in Tornähe abgesichert. Der Aufbau mehrerer Verteidigungsringe sollte den Burgenbesatzungen nach Erstürmen des ersten ermöglichen, den Kampf weiterzuführen. Die Größe der Burgen erlaubte es, die umfassende Versorgung der Besatzung auch während langandauernder Belagerungszeiten zu sichern. Riesige unterirdisch angelegte Gewölbe dienten als Vorratskammern für Kriegsmaterial und Verpflegung, aber auch als Aufenthaltsräume für eine zahlenmäßig sehr starke militärische Besatzung. Brunnen beziehungsweise Quellen innerhalb der Befestigungsanlagen sicherten den dringend benötigten Wasservorrat.

Veranschaulichen wir uns an der schönsten aller Burgen, an Krak des Chevaliers, die allgemeinen Charakteristika: Auf einer Anhöhe zwischen Tripolis und der Mittelmeerküste gelegen, hatte sie die Funktion, Stadt und Grafschaft Tripolis zu schützen und militärisch zu kontrollieren. Bereits vor der Kreuzritterzeit existierte am gleichen Ort eine Befestigung, wahrscheinlich eine kurdische Militärkolonie. Von daher ist zumindest der Begriff »Kurdenschloß« abgeleitet, der in der älteren Literatur für Krak des Chevaliers noch zu finden ist. Die Festung wurde 1109 von Tankred erobert und zur Beherrschung der Grafschaft genutzt. 1142 erwarben die Johanniter die Burg, und damit begann der eigentliche Ausbau.

Die einzelnen Phasen sind nicht mehr genau erkennbar, sicher ist jedoch, daß das Endergebnis kein Werk geschlossener Planung darstellt, sondern durch – architektonisch allerdings sehr gelungene – Ergänzungen und Erweiterungen entstand. Die Gesamtbaufläche umfaßt etwa zweieinhalb Hektar, in der Nord-Süd-Richtung beträgt der Durchmesser zweihundert-

Siegel Balduins III., des Königs von Jerusalem (1143-1162) und Bohemunds III., des Fürsten von Antiochia (1163-1201)

zwanzig Meter, von Ost nach West einhundertfünfunddreißig Meter. Als Baumaterial wurde feinbehauener Kalkstein verwendet.

Zwei Ringmauern gaben der imposanten Festungsanlage das Gepräge. Die äußere umschließt den Zwinger; sie ist durch dreizehn zumeist halbrunde, mit Schießscharten versehene Türme verstärkt. Im Schutz dieses äußeren Walles, zum Teil unterirdisch, liegen die Stallungen, die Aufenthaltsräume für die Besatzung und die Speicher, darunter ein Gewölbe von sechzig mal neunzig Metern. Die innere Ringmauer umfaßt die auf einem Felsplateau gelegene Oberburg und ist ebenfalls durch massive Türme verstärkt. Im Inneren des Hofes und wiederum zum Teil unterirdisch angelegt, finden sich die zahlreichen Gemächer und Hallen. Den Kern der Festung bildet die an der Südwestseite gelegene Zitadelle, der eigentliche Bergfried.

Alle militärischen Raffinessen der damaligen Zeit waren zum Schutz des Haupttores aufgeboten. Das eigentliche Tor, nach außen durch eine Zugbrücke geschützt, führt in einen rechtwinklig zum Tor angelegten verdeckten Aufgang, der durch mindestens ein Fallgatter und vier weitere Tore gesichert ist. Schießscharten und und Pechnasen im verdeckten Aufgang sollten es der Burgbesatzung ermöglichen, eingedrungene Feinde schon in diesem Bereich zu vernichten.

Militärtechnisch stellten Festungen vom Typ Krak des Chevaliers für die damalige Zeit wahre Wunderwerke dar und galten, wenn sie ausreichend besetzt waren, als uneinnehmbar. Die eigentliche Problematik bestand darin, die notwendige Burgbesatzung bereitzustellen. Allein das Kurdenschloß hatte zu Beginn des 13. Jahrhunderts noch eine Garnison von zweitausend Mann, um 1268 nicht einmal mehr zehn Prozent davon. Die Burgen waren fast ständig unterbesetzt.

Der chronische Mangel an Streitkräften zur Verteidigung der Burgen resultierte nicht so sehr aus Nachschubsorgen, sondern im Grunde überforderten die Befestigungsanlagen, vor allem wenn man nicht nur die Größe, sondern auch die Dichte des Burgensystems berücksichtigt, die Leistungsfähigkeit der Kreuzfahrerstaaten. Selbst bei Ausnutzung aller Reserven war deren Wirtschaft nicht in der Lage, diesen Apparat zu erhalten. Das ausgeklügelte Burgensystem, das teilweise so engmaschig angelegt war, daß über weite Strecken die Verbindung durch Lichtsignale aufrechterhalten werden konnte, war nicht mehr als der letztlich untaugliche Versuch, den Zusammenbruch der Kreuzfahrerstaaten um einige Jahrzehnte hinauszuzögern.

Zum Zwingen derartiger Festungen hatte sich besonders in Byzanz und im Orient eine spezielle Belagerungstechnik herausgebildet. Dazu gehörten vor allem folgende Waffen: Das einfachste Gerät waren die Sturmleitern, entweder aus Holz oder als Strickleitern angefertigt. Ihr Einsatz erfolgte in der Regel bei Massenangriffen und zumeist nur in der Kombination mit anderen Waffen.

Größere Bedeutung kam den Belagerungstürmen zu. Hierbei handelte es sich um hölzerne Gestelle, die höher sein mußten als die Brustwehr der belagerten Burg, zumeist bis zwanzig Meter hoch. Sie standen auf Rädern beziehungsweise Rollen, wurden nach Fertigstellung an die Mauer herangeschoben und waren in vielen Fällen zusätzlich mit einer Zugbrücke ausgerüstet, so daß vom Turm nicht nur der Wehrgang beschossen werden konnte, sondern ein leichter Zugang zu den Zinnen der Befestigung möglich wurde. Der Bau solcher Konstruktionen war sehr zeitaufwendig und nur bei längeren Belagerungen möglich. Teilweise wurde wochenlang daran gearbeitet. Zusätzlich war es notwendig, den Boden, auf dem der Turm an die Mauer herangeführt werden sollte, zu ebnen. Vor Jerusalem benötigte man allein drei Tage zum Auffüllen des Grabens vor der Stadtmauer. Gegen Wurfgeschosse und Feuer wurden die Belagerungstürme mit Matten und feuchten Tierhäuten abgedeckt.

Recht verbreitet waren Schleudermaschinen der verschiedensten Bauarten, mit denen Steine oder übergroße Pfeile (Eisenbolzen) gegen die Mauern beziehungsweise gegen den Feind geworfen werden konnten. Sturmböcke (Widder) bestanden in ihrem Kern aus starken, eisenbeschlagenen Baumstämmen, die waagerecht in einem überdachten Rahmenwerk hingen und rhythmisch gegen die Befestigungsanlage gestoßen wurden, bis eine Bresche in der Mauer den Sturm ermöglichte.

Eine übliche Methode war auch das Unterminieren der Mauer. Hierbei grub man unterirdische Gänge bis unter die Befestigungen und füllte sie mit Holz, das angezündet wurde. Durch die Hitzeeinwirkung stürzte die Mauer in der Regel ein.

Eine ganz spezifische Waffe begegnete den Kreuzrittern mit dem »griechischen Feuer«, in Byzanz seit Jahrhunderten bekannt und bei militärischen Aktionen genutzt. Die genaue Zusammensetzung hielten die Byzantiner über Jahrhunderte hinweg erfolgreich geheim. In den Grundstoffen bestand es aus Salpeter und einer Teer-Harz-Mischung. Wahrscheinlich holten die Byzantiner über ihre Besitzungen am Asowschen Meer Erdölprodukte, die bei der Herstellung Verwendung fanden. Das griechische Feuer wurde in kupfernen Rohren angezündet und konnte aus einiger Entfernung auf den Gegner geschleudert werden. Dabei entwickelte die Ladung starken Donner, Zischen und dichten Rauch. Byzanz verwendete diese Waffe vor allem im Seekrieg.

In Anlehnung an das griechische Feuer hatten die Araber etwas ähnliches auf der Basis von Naphtha erfunden, das zwar nicht gleichwertig war, aber in der zeitgenössischen Literatur ebenfalls als »griechisches Feuer« bezeichnet wurde. Vor allem in der Bekämpfung der Belagerungstürme erwies es sich als gefährliche Waffe und wurde auch bald von den Kreuzrittern eingesetzt.

Die komplizierte Belagerungstechnik des Orients war den Kreuzrittern in ihrer Gesamtheit nicht vertraut. Ihre Handhabung erlernten sie von Fachleuten, vorwiegend byzantinischer, genuesischer, venezianischer und später vor allem armenischer Herkunft. Bereits der Zug von Konstantinopel nach Jerusalem zeigt deutlich, wie rasch sich das Ritterheer mit den neuen Kriegstechniken vertraut machte und diese bald planmäßig in die Belagerung einbezog. Vor Nicäa wurden Steinschleudern und Sturmböcke gebaut, nennenswerte Erfolge aber nicht erzielt. Ein Unterminierungsversuch, der zum Einstürzen der Mauer führen sollte, mißlang. Über Nacht behoben die Seldschuken den entstandenen Schaden. Beim Kampf um Antiochia erbat man sich aus Konstantinopel Baumaterial und Fachleute, die vor den wichtigsten Stadttoren zum Schutz gegen Ausfälle Gegenbefestigungen errichteten, eine Praxis, die in der Folgezeit in den Kreuzfahrerstaaten beim Zwingen großer Festungen sehr verbreitet war.

Eine plastische Schilderung vom Einsatz der Belagerungstürme vermittelt uns eine Chronik über die Belagerung der Stadt Marra 1098: »Als unsere edlen Herren sahen, daß nichts zu machen war und sie sich vergeblich abmühten, ließ Raimund (von Toulouse) eine starke und hohe hölzerne Burg konstruieren; diese Burg war aufgestellt und gebaut auf vier Rädern. Im oberen Stockwerk hielten sich mehrere Ritter auf ..., darunter waren gepanzerte Ritter dabei, die Burg an die Mauer gegen einen Turm zu stoßen. Als das heidnische Volk das sah, machte es sogleich eine Maschine, die große Steine auf die Burg schleuderte, so daß fast alle unsere Ritter getötet wurden. Sie warfen griechisches Feuer auf die Burg in der Hoffnung, sie in Brand zu setzen und zerstören zu können. Aber der allmächtige Gott wollte nicht, daß diesmal die Burg verbrenne, denn sie überragte die Mauern der Stadt. Unsere Ritter, die sich auf dem oberen Stockwerk aufhielten ..., schleuderten ungeheure Steine auf die Verteidiger der Mauer. Sie hieben gewaltig auf deren Schilde ... Andere hielten Lanzen mit umgebogener Spitze und suchten mit Hilfe ihrer Lanzen und eisernen Haken, die Feinde zu sich zu ziehen.«

Bei der Belagerung Jerusalems, wo drei Belagerungstürme eingesetzt wurden, spielte sich der Kampf ähnlich ab. Zusätzlich kamen auf beiden Seiten Steinschleudern zum Einsatz. In allen Varianten wurde seit Ende des 12. Jahrhunderts fortgeschrittene Belagerungstechnik zum Einsatz gebracht.

Über die Belagerung Akkons durch das Heer des 3. Kreuzzuges berichten die Quellen: »Die Minierer des Königs von Frankreich gruben so tief, daß sie das Fundament der Mauer fanden. Sie unterbauten sie mit Stützen und legten danach Feuer an, so daß ein großes Stück der Mauer einstürzte.« Mindestens zehn Steinschleudern kamen auf Seiten der Kreuzfahrer zum Einsatz, dazu Belagerungstürme.

Auch die Muslime in der Stadt wehrten sich mit Steinschleudern und griechischem Feuer. »Als der rechte Augenblick gekommen war, schleuderte er (ein Feuerwerker) einen Topf, der ganz in Flammen stand. Im Augenblick teilte sich das Feuer überallhin mit, und der Turm wurde davon verzehrt.

Der Brand entstand so schnell, daß die Christen nicht einmal Zeit hatten, hinabzusteigen; Menschen, Waffen, alles verbrannte ... Die beiden anderen Türme wurden auf dieselbe Weise verbrannt. Diesmal hatten die Christen Zeit, die Flucht zu ergreifen.«

Die Schilderungen der Chronisten kennzeichnen wesentliche Formen der militärischen Auseinandersetzung in der Geschichte der Kreuzfahrerstaaten – Belagerung und Abwehr –, aber nicht als Gegenüberstellung von Angriff und Verteidigung im Sinne moderner Militärgeschichte. Bereits von den Voraussetzungen her sahen sich die Belagerer den gleichen Problemen gegenüber wie die Belagerten, etwa der Versorgung des Heeres. Nicht wenige Kämpfe wurden abgebrochen, weil auf die Dauer die Umgebung nicht die notwendigen Lebensmittel aufbringen konnte, weil die Wasserquellen nicht ausreichten oder aber ungenießbar gemacht worden waren. Es gibt nur wenige Beispiele, wo die Belagerten ausgehungert werden konnten, zumal in der Regel während des Winters der Feldzug ausgesetzt wurde.

Zum anderen blieb die Besatzung von Festungen nur selten passiv. Ausfälle, Angriffe auf das gegnerische Lager gehörten auf beiden Seiten zum Kriegsalltag. Lediglich wenn die Burgenbesatzungen zahlenmäßig zu schwach waren, blieb die militärische Initiative einseitig bei den Belagerern und mündete zwangsläufig in die Kapitulation der Feste, ansonsten ergänzte die Schlacht auf offenem Feld die Belagerungstaktik.

Trotz der Tatsache, daß sich jeweils Heere von Feudalherren und deren Gefolge gegenüberstanden, variierten hierbei Kriegsstrategie und Gefechtstaktik beträchtlich. Die Kreuzritter mußten das bereits auf dem 1. Kreuzzug schmerzlich erfahren. Eine zeitgenössische Schilderung der ersten großen Schlacht mit den Seldschuken unter Führung Kilidsch Arslans bei Doryläum macht das Problem der europäischen Heere deutlich: »Beim ersten Ansturm (auf das Lager der Kreuzfahrer) schossen die Türken auf uns so dichte Pfeilmengen, daß weder Regen noch Hagel eine größere Dunkelheit hätten verursachen können, so daß viele von uns davon durchbohrt wurden. Und als die ersten ihren Köcher geleert und alles verschossen hatten, kam der zweite Schwarm, in dem es noch viel mehr Reiter gab, hinterher und fing an, noch viel dichter zu schießen, wie man es nicht glauben konnte. Diese Kampfart war unseren Soldaten völlig unbekannt. Sie konnten sie um so weniger mit Gleichmut aushalten, als sie jeden Augenblick ihre Pferde fallen sahen. Sie (die Kreuzritter) versuchten ihre Feinde zurückzutreiben, indem sie sich auf sie stürzten und sie mit Schwert und Lanze trafen. Aber diese, ihrerseits nicht imstande, diese Art des Angriffs abzuwehren, lösten sich sofort, um den ersten Anprall zu vermeiden, und da unsere Krieger, in ihrer Erwartung getäuscht, niemand mehr vor sich fanden, waren sie gezwungen, sich zurückzuziehen, ohne mit ihrem Vorstoß Erfolg gehabt zu haben. Nun sammelten sich die Türken schnell und begannen wieder, ihre Pfeile zu schießen ...«

Erst als die Kreuzfahrer in geschlossener Phalanx das Lager der Seldschuken angriffen, konnten sie ihrerseits ihre militärische Überlegenheit im Nahkampf ausspielen und Arslan mit seinen Truppen in die Flucht schlagen.

Die unterschiedlichen taktischen Konzeptionen resultierten aus den Varianten der Bewaffnung. Die Heere der islamischen Fürsten, denen die Kreuzritter in den folgenden Jahrhunderten gegenüberstanden, wurden in ihrer militärtechnischen Gesamtkonzeption durch die Seldschuken bestimmt. Diese Krieger waren entschieden beweglicher und schneller im Kampf als der europäische Ritter. Das ist einmal der besseren Qualität der Pferde zuzuschreiben, zum anderen der leichteren Bewaffnung. Statt schwerer Panzerung dominierte der durch Eisenteile verstärkte Lederschurz. Hauptangriffswaffen waren Pfeil und Bogen, aber auch Lanze, Schwert und Keule fanden im Nahkampf Verwendung, wobei die Waffen im Durchschnitt leichter gewesen zu sein scheinen als die der europäischen Ritter. Zum Schutz besaßen sie nur einen kleinen, runden Schild, während die Kreuzfahrer einen schweren in Form eines langgezogenen Dreiecks benutzten.

Daraus läßt sich die unterschiedliche Art der Gefechtstaktik ableiten. Während die Kreuzritter, wie sie es in Europa gewohnt waren, den Nahkampf suchten und hier ihre Überlegenheit voll ausspielen konnten, bevorzugten die Seldschuken das Gefecht auf Distanz, so wie es der zitierte Bericht veranschaulicht. Zu ihren speziellen Taktiken zählte der vorgetäuschte Rückzug, um den Gegner aus der Geschlossenheit zu locken, der leichte Angriff auf die Flanken, vor allem wenn sich der Gegner auf dem Marsch befand, um die Reihen des Feindes aus sicherer Entfernung durch Bogenschützen zu lichten.

Die Heere der Kreuzritter bemühten sich, dieser Taktik durch geschlossene Aktionen zu begegnen. Namentlich das unkontrollierte Handeln einzelner Rittergruppen, das in der ersten Zeit zu hohen Verlusten geführt hatte, wurde bald überwunden. Eingehendere Beobachtungen des Gegners durch Aufklärungseinheiten sollten Überraschungsaktionen ausschalten. Darüber hinaus veränderte sich unter den neuen Bedingungen bald die militärische Struktur des Heeres. Neben den schwerbewaffneten Ritter trat der leichter bewaffnete, aber ebenfalls berittene Bogenschütze. Geworben wurde diese Truppe vor allem aus der einheimischen Bevölkerung. Als Turkopolen spielten diese Einheiten besonders seit dem ausgehenden 12. Jahrhundert eine nicht unbeträchtliche Rolle im Heer der Kreuzritter.

Es ist außerordentlich schwierig, die zahlenmäßige Größe des Heeres der Kreuzfahrerstaaten zu schätzen, da keine absoluten Werte vorliegen. Für das Königreich Jerusalem sind für die Zeit um 1180, also kurz vor der Schlacht bei Hattin, nach unvollständigen Angaben 675 Ritter aus Kronlehen berechnet worden. Hinzu kamen die Angehörigen der Ritterorden. Die

23 *Die Heilig-Grab-Kirche, erbaut in der Spätantike, war das Ziel aller Pilger, die in Scharen nach Jerusalem wallfahrteten.*

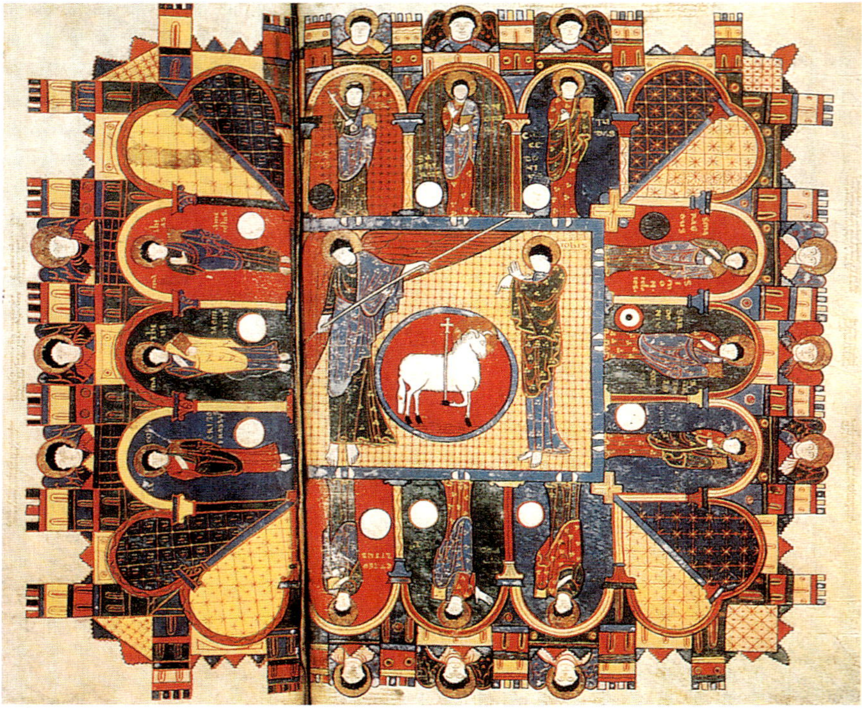

24   Die Vorstellungen über die Stadt Jerusalem trugen unter dem Einfluß des Christentums bei manchen Zeitgenossen ausgeprägt sakrale Züge (oben). Nicht wenige setzten die heilige Stadt mit dem Jenseits gleich. In zeitgenössischen Darstellungen wurde dieses Bild phantastisch ausgemalt. Im Zentrum der Jerusalem symbolisierenden Miniatur steht das Lamm Gottes, flankiert von dem Apostel Johannes und einem Engel.

25   Auch in den geographischen Darstellungen schlug sich das christliche Weltbild nieder (links). Die aus dem 13. Jahrhundert stammende Karte stellt Jerusalem in den Mittelpunkt und gruppiert darum wichtige Städte Europas, des Vorderen Orients und Nordafrikas.

26 *Jerusalem - heilige Stadt der Juden, Christen und Moslems. Hier die Klagemauer.*

27 *Die St. Annen-Kirche in Jerusalem, zur Kreuzfahrerzeit eines der bedeutendsten Bauwerke.*

28 *Christus als Führer des kämpfenden Kreuzfahrerheeres. Diese Illustration aus dem späten Mittelalter veranschaulicht Auffassungen, die auch während der Kreuzzugszeit weit verbreitet waren. Die Ritter fühlten sich als Streiter Christi, der Heiland selbst ritt dem Heer voran und sicherte durch seine Teilnahme den Sieg.*

29 *(rechte Seite) Wie alle orientalischen Städte wurde auch Jerusalem durch eine mehrere Meter hohe Mauer gegen äußere Angriffe geschützt. Dabei lagen nicht nur die Wohngebiete innerhalb der Schutzanlagen, sondern auch Gärten, Quellen und verschiedene Einrichtungen, die neben großen Vorratslagern die Versorgung der Bevölkerung auch bei längeren Belagerungen sicherstellten.*

30 Für die Kreuzfahrer war die Einnahme und Sicherung Jerusalems ein wesentliches Ziel ihres Eroberungszuges. Auch die öffentliche Meinung Europas nahm am Verlauf der Heerfahrten lebhaften Anteil. Die Erfolge des 1. Kreuzzuges 1099 wurden lebhaft begrüßt, der Fall Jerusalems nach der Schlacht bei Hattin 1187 rief große Bestürzung hervor. Obwohl damit die Zukunft der Heiligen Stadt militärisch endgültig entschieden war, gelang es Kaiser Friedrich II. 1228, Jerusalem durch Vertrag noch einmal bis 1244 an die Kreuzfahrerstaaten zu binden. Die symbolhafte Darstellung entstammt einer zeitgenössischen Beschreibung Palästinas (Seminarbibliothek Padua).

31 Kaiser Friedrich Barbarossa (1152–1190) war eine der markantesten Herrschergestalten des deutschen Mittelalters. Die Miniatur aus dem Kloster Schäftlarn zeigt ihn als Kreuzfahrer.

32 *Kaiser Friedrich Barbarossa auf dem Kreuzzug. Der 3. Kreuzzug gehörte zu den monumentalen Unternehmungen. Neben dem englischen König Richard Löwenherz und dem französischen König Philipp II. August zog auch der deutsche König und römische Kaiser mit einem großen Heer nach Osten. Der Tod Barbarossas am 10. Juni 1190 setzte dem Unternehmen ein vorzeitiges Ende. Das erklärte Ziel, die Wiedereroberung Jerusalems, konnte von den englischen und französischen Rittern nicht erreicht werden.*

Städte und die Geistlichkeit hatten aus ihren Einkünften Fußsoldaten, sogenannte Sergeanten, auszurüsten, insgesamt etwa
fünftausend. Turkopolen, Söldner, Pilger usw. ergänzten das
Heer. Das Kriegsziel der Kreuzritter bestand immer darin, den
Konflikt von Anfang an zu lokalisieren und Entscheidungs-
schlachten möglichst zu vermeiden.

Der relativ hohe Anteil an Fußvolk auf beiden Seiten änderte am feudalen Charakter der Heere nichts. Die entscheidenden Aktionen auf den Feldzügen lagen bei den Rittern. Das
Fußvolk diente zum Schutz der Feldlager beziehungsweise der
Feldbefestigungen; das war äußerst wichtig, vor allem dann,
wenn diese von Rittern entblößt werden mußten. Eine Reihe
von Schlachten wurden entschieden, weil es der Bewachung
des Lagers gelang, einen Angriff abzuwehren. Weiter gehörten zum Aufgabenbereich der Fußtruppen die Flankensicherung, die Versorgung des Heeres, organisatorisch-technische
Arbeiten bei Belagerungen und nicht zuletzt die militärische
Besetzung der Burgen und befestigten Städte. In offenen Feld-
schlachten traten sie nur in Notfällen in Erscheinung.

Von außerordentlich großer Bedeutung für die Kriegführung erwiesen sich die Feldlager. Sie waren die eigentlichen
Zentren der Heere – nicht allein, weil von hier aus alle militärischen Operationen geleitet wurden, sondern mehr noch, weil
sich hier das gesamte Leben konzentrierte. Der schwerbewaff-
nete Ritter konnte nur eine sehr begrenzte Zeit zu Pferd kämpfen, dann brauchte er im Schutz des Lagers Ruhe.

Vor allem auf orientalischer Seite – die Kreuzritter hatten
als Rückzugsmöglichkeit vielfach ihre Burgen – war man gewohnt, im Lager nichts zu entbehren. Der gesamte Luxus des
zivilen Lebens wurde mitgeführt. Kilidsch Arslan hatte sogar
seinen gesamten Schatz an Gold und Juwelen ständig in seiner
Nähe. Bibliotheken gehörten ebenso zum Lagerbestand orientalischer Fürsten wie ein umfangreicher Stab an Bediensteten
zur materiellen Versorgung der Adeligen. Das Lager Saladins

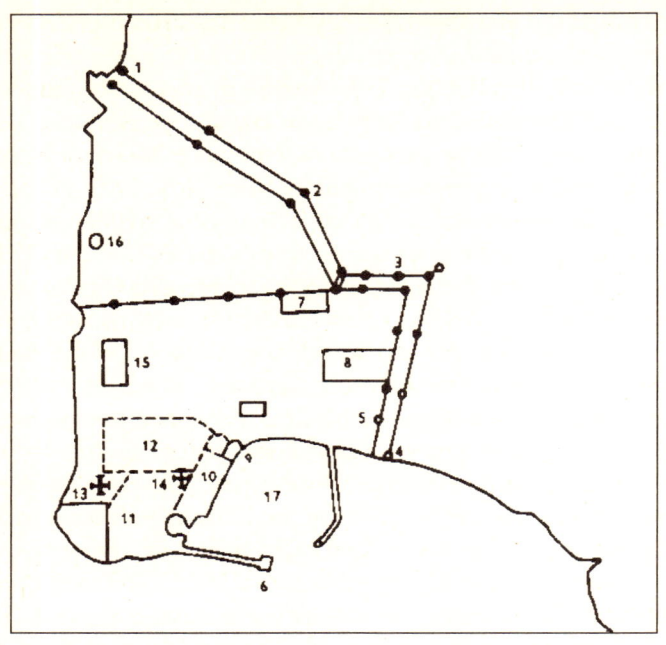

Akkon im Jahr 1291

1 *Tempelritterschanze*
2 *Hospitaliter-Schanze*
3 *Turm der Engländer*
4 *Turm der Patriarchen*
5 *Turm der Deutschen*
6 *Turm der Fliegen*
7 *Burg*
8 *Deutsche Ordensritter*
9 *Arsenal*

10 *Venezianisches Viertel*
11 *Pisanisches Viertel*
12 *Genuesisches Viertel*
13 *St.-Andreas-Kirche*
14 *St. Sabas*
15 *Hospital*
16 *Hospiz der Hospitaliter*
17 *Hafen*

vor Akkon soll einen Basar mit mehreren tausend Läden aufgewiesen haben, und zahlreiche Badestuben, Schwimmbecken
aus Ton usw. erlaubten ein den Städten weitgehend angepaß-

tes Leben. Auf die Ausstattung der Kreuzfahrerburgen wurde bereits verwiesen.

Keineswegs eindeutig ist die Auffassung über das Feindbild in den zeitgenössischen Berichten. Die Kreuzfahreridee war während des 1. Kreuzzuges und auch danach von einem religiösen Fanatismus bestimmt, der sich militärisch in gnadenlosen Gemetzeln auswirkte. Diese Haltung lebte auch in den folgenden Jahrhunderten weiter im Bewußtsein der Ritter, nicht nur, weil sie von Rom und den Kreuzzugspredigern Europas immer wieder erneuert wurde. Es fehlte weder an diffamierenden Äußerungen über die Andersgläubigen noch an den Konsequenzen im Umgang mit den Besiegten.

Ähnlich reagierten die islamischen Herrscher. So soll Saladin vor der Eroberung Jerusalems erklärt haben: »Ich werde mit euch (den Kreuzrittern in Jerusalem) verfahren, wie die Christen mit den Muslimen verfuhren, als sie die Heilige Stadt einnahmen, das heißt ich werde die Männer töten und den Rest zu Sklaven machen, ich werde Böses mit Bösem vergelten.«

Saladin verfuhr übrigens nicht nach diesem Ausspruch, im Gegenteil: Er gewährte den Besiegten großzügig freien Abzug, aber der arabische Chronist hat sicher mit seiner Überlieferung die Stimmung im Heer Saladins nicht falsch dargestellt.

Wenn die Betonung des religiösen Unterschieds auch blieb, so war in der Praxis doch die Tendenz unverkennbar, diesen Gegensatz abzuwerten. Politisch und diplomatisch hieß das: Waffenstillstandsvereinbarungen, Friedensverträge, diplomatische Aktionen und Missionen, Bündnispolitik einschließlich der Herbeiführung von Sonderfrieden usw. War das Verrat? Die fanatischen Kreuzzugsprediger Europas empfanden das so. Die Kurie sparte nicht mit scharfen Angriffen. Aber mit diesen moralischen Wertungen war wenig gewonnen. Nachdem sich die europäischen Ritter im Orient etabliert hatten, mußten sie den dort gültigen Gesetzen der Außenpolitik folgen. Die unterschiedlichen Religionen waren dabei keinesfalls das entscheidende Moment. Im Vordergrund standen die für feudale Kleinstaaten charakteristischen Fehden einschließlich der Bündnispolitik und deren diplomatisch-taktischen Varianten. Von den gleichen Grundlagen ließen sich die orientalischen Staaten leiten.

Diese generelle Konstellation in der Politik bestimmte wesentlich die Beziehungen zwischen christlichen und mohammedanischen Rittern. Allmählich setzten sich gemeinsame Formen eines ritterlichen Ehrenkodex durch. Ehrenvolle Behandlung der Besiegten wurde immer häufiger, desgleichen die Freilassung von Gefangenen gegen Lösegeld, was allerdings bei Nichteinhaltung der Bedingungen ein Gemetzel nicht ausschloß.

Eine Reihe von Episoden, die nicht allgemeingültig, aber dennoch bemerkenswert sind, spiegeln diese Tendenz wider. Bei der Belagerung von Tyrus soll Saladin von der Tapferkeit eines Kreuzritters so beeindruckt gewesen sein, daß er ihm anbot, ihn in seine Dienste aufzunehmen. Vor Akkon wurde der Kampf für einige Zeit unterbrochen und durch freundschaftliche Gespräche ersetzt: »Unter uns Königen ist es Sitte, sich auch in Kriegszeiten Geschenke zu machen.«

Durch das ständige Nebeneinanderleben begannen sich Formen herauszubilden, die mit religiösem Fanatismus nur noch wenig gemein hatten, auch wenn dieser immer wieder durchbrach. Die Formen wurden von den Grundsätzen des Kampfes zwischen zwei gleichgestellten politischen und militärischen Eliten bestimmt.

Diese Praxis entwickelte sich parallel zu einer neuen Auffassung in der höfischen Dichtung Westeuropas, wo, wie im einzelnen noch dargelegt werden soll, auch dem nichtchristlichen Adeligen Achtung und ritterliche Anerkennung entgegengebracht wird und sich das Bild vom »edlen Heiden« Bahn bricht.

Der kriegerische Charakter der Kreuzfahrerstaaten gibt allerdings nur ein unvollkommenes Bild über Wesen und Perspektive dieser Herrschaften. Nur eine oberflächliche Betrachtungsweise läßt Schlachtenglück und militärische Kräftekonstellation als ausschlaggebend für die Entwicklung der eroberten Gebiete erscheinen. Burgenbau, moderne Kriegstaktiken, ständige Kämpfe und diplomatische Verhandlungen können freilich nicht darüber hinwegtäuschen, daß die Europäer im Orient nur eine kleine Oberschicht darstellten. Sie nutzten die okkupierten ökonomischen und politischen Positionen zur Bereicherung und zum Ausbau ihrer Herrschaften, waren aber eine dem Wesen nach isolierte Gruppe.

Die Wirtschaftsstruktur der Kreuzfahrerstaaten blieb orientalisch und entwickelte sich nach den Gesetzen des Orients. Wesentliche Impulse gingen von den Europäern weder auf wirtschaftlichem noch auf geistig-kulturellem Gebiet aus. Die überwiegende Mehrheit der Bevölkerung der Kreuzfahrerstaaten stellten die Orientalen, religiös und ethnisch aber sehr differenziert. Den Kern bildeten syrische Christen, dem Glauben nach in Orthodoxe, monothelitische Maroniten und monophysitische Jakobiten aufgesplittert.

Die beiden zuletzt genannten Kirchen haben ihre Wurzeln in der Spätantike. Die monophysitischen Jakobiten lehnten die Auffassung von den beiden Naturen Christi ab. Sie akzeptierten nur die göttliche. Damit wandten sie sich gegen die Beschlüsse des Konzils von Chalcedon (451). Ähnlich entwickkelten sich die Positionen der Monotheliten im 7. Jahrhundert aus dem Streit, ob Christus einen oder zwei Willen gehabt hätte. Die Monotheliten vertraten die erste Auffassung.

Hinter diesen theologischen Auseinandersetzungen hatte der Kampf der syrischen Christen (Antiochia) und der ägyptischen (Alexandria) gegen die Vorherrschaft Konstantinopels gestanden. Daß sich die Sonderkirchen so lange halten konnten, resultiert nicht zuletzt aus den arabischen Eroberungen, die Byzanz eine Verfolgung verwehrten. Im Fürstentum Antiochia und in den Städten der anderen Kreuzfahrerstaaten sowie in der Grafschaft Edessa lebten außerdem bedeutende Gruppen von Armeniern und Griechen, Anhänger der armenischen beziehungsweise der orthodoxen Kirche.

Die Massaker des 1. Kreuzzuges hatten die jüdische und muslimische Bevölkerung beträchtlich dezimiert. Ein großer Teil der Juden, die überlebt hatten, war ausgewandert. Es blieb nur eine unbedeutende Anzahl. In der zweiten Hälfte des 12. Jahrhunderts sollen es in Tyrus vierhundert jüdische Familien gewesen sein, in Jerusalem und Akkon jeweils etwa zweihundert. Die Furcht vor Pogromen war geblieben. Bezeichnend für die Gesamtatmosphäre dürfte die überlieferte Nachricht sein, wonach im ausgehenden 12. Jahrhundert allein in der Stadt Damaskus mehr Juden gewohnt hätten als in allen Kreuzfahrerstaaten zusammen.

Auch große Teile der muslimischen Bevölkerung verschiedenster ethnischer Herkunft versuchten sich vor den Kreuzfahrern in Sicherheit zu bringen. So hatte zu den Kapitulationsbedingungen der Städte Arsuf, Gibelet, Tyrus und Akkon der freie Abzug der Muslime gehört. Dennoch gab es zahlreiche Dörfer, in denen nur Mohammedaner lebten, nachweisbar im nördlichen Galiläa, im Orontestal, aber auch in anderen Gebieten. Nomadisierende Beduinenstämme besuchten vor allem den Süden des Königreiches Jerusalem. Sie standen unter der Kontrolle der Kreuzritter, ohne sich allerdings viel um die geschaffenen staatlichen Grenzen zu bekümmern.

Für die Gesamtheit dieser einheimischen Bevölkerung galt als charakteristisch, daß sie sich zuallererst als Orientalen fühlte und in dieser Gesellschaft und Kultur verwachsen war. Die Grenzen der Kreuzfahrerstaaten stellten für sie insofern keine natürlichen Grenzen dar, als die gleichen sozialen und religiösen Gruppen auch jenseits, in den benachbarten mohammedanischen Reichen beziehungsweise in Klein-Armenien lebten. Die Christen unter ihnen sahen sich auch keineswegs von den muslimischen Herrschern bedroht, kannten sie doch aus Erfahrung deren religiöse Toleranz. Gesellschaftlich und kulturell hatten sie sich den Arabern so weit angenähert, daß beispielsweise das alte Syrisch als Sprache immer stärker durch das Arabische verdrängt wurde, bis es im 13. Jahrhundert erlosch, ein Beweis für die Kraft der arabischen Kultur auch zur Zeit der Kreuzfahrer.

Demgegenüber war es sehr wenig, was die einheimischen Christen mit den europäischen Feudalherren verband – sozial und kulturell eigentlich gar nichts. Die gemeinsame christliche Religion vermochte die große Kluft nicht zu überbrücken, zumal die Unterschiede zwischen der katholischen Kirchenpraxis und den Ostkirchen ein solches Ausmaß angenommen hatten, daß eher Zwistigkeiten als einheitliche Bande daraus entstehen konnten.

Auch die Versuche der Kreuzritter, durch gelenkte Zuwanderung die Bevölkerungsverluste unter der Bevölkerung auszugleichen, änderten wenig an der grundsätzlichen Zusammensetzung. Man appellierte vor allem an Syrer und Armenier, die in den benachbarten islamischen Reichen wohnten, sich als Bauern und Handwerker in den Kreuzfahrerstaaten niederzulassen. Dem Glauben nach waren es zwar Christen, aber wenn dabei die Absicht Pate gestanden haben sollte, das christliche Element zu stärken – zur Vereinheitlichung der Bevölkerung zumindest in religiöser Hinsicht trugen diese gezielten Aktionen keineswegs bei. Vor allem die katholische Hierarchie betrachtete den Zuwachs an Anhängern der östlichen Kirchen und Sekten mit Argwohn und ließ die Einwanderung nur unter großen Vorbehalten zu. Eine bereits vereinbarte umfangreiche Ansiedlung von Armeniern um 1168 konnte vom Klerus zum Beispiel dadurch verhindert werden, daß man von diesen Bauern und Handwerkern die Entrichtung einer zusätzlichen Steuer verlangte. Unabhängig von der religiösen Zugehörigkeit ist für all diese Zuwanderungen charakteristisch, daß sie in der Wirtschaft und damit letztlich in der Gesamtgesellschaft das orientalische Element stärkten.

Natürlich kam auch nichtadelige Bevölkerung aus Europa in die Kreuzfahrerstaaten – Bauern, Handwerker und Kaufleute. Die Erfolge des 1. Kreuzzuges hatten in Frankreich, Italien, England, Deutschland und den anderen Territorien nicht nur eine Welle der Begeisterung hervorgerufen. Die folgenden Kreuzzüge und mehr noch die sehr zahlreichen Pilgerfahrten brachten auch kontinuierlich Menschen mit den unterschiedlichsten Interessen und Vorstellungen nach dem Orient. Vielfach versuchten nachgeborene Bauernsöhne, ihr Glück in den Kreuzfahrerstaaten zu machen.

In verschiedenen Gebieten sind bäuerliche Siedlungen zu freier Erbleihe nachweisbar, vergleichbar etwa den Bedingungen mittelalterlicher Rodungsbauern im Europa des 12. und 13. Jahrhunderts. Wir wissen von einem Dorf in der Nähe von Askalon, das um 1168 von bäuerlichen Zuwanderern, insgesamt zweiunddreißig Familien, aus der Auvergne, Gascogne, Lombardei, Poitou, Katalonien, Burgund, Flandern und Carcassonne bewohnt wurde. Solche Siedlungen existierten auch in anderen Gebieten, hatten allerdings innerhalb der bäuerlichen Bevölkerung der Kreuzfahrerstaaten keine entscheidende Bedeutung.

Vergleichsweise größer war der Anteil an Glücksrittern und Abenteurern, die in dem neuen Land, das heißt vor allem in den Städten, rasch zu Reichtum und Ansehen gelangen wollten. Speziell unter den Pilgern, die beabsichtigten, im Orient zu bleiben, muß der Anteil dunkler Existenzen relativ hoch gewesen sein. Ein Chronist charakterisiert diese Form der Zuwanderung wie folgt: »Denn wer Übles getan hat, der Mörder, der Räuber, der Dieb, der Ehebrecher, fährt über das Meer nach dem Osten, angeblich um Buße zu tun, tatsächlich aber, weil er aus Furcht vor der drohenden Strafe nicht wagt, zu

Hause zu bleiben. So strömen sie von den verschiedensten Seiten dort zusammen, aber sie wechseln nur den Himmelsstrich, unter dem sie leben, nicht aber ihre Gesinnung. Denn nachdem sie die mitgebrachten Mittel schnell vergeudet haben, müssen sie wieder anfangen zu erwerben und begehen dann schlimmere Dinge als zuvor.«

Relativ geschlossen und zumindest die Struktur der Städte beeinflussend siedelte demgegenüber die aus den europäischen Mittelmeerstädten einströmende Kaufmannschaft. Pisa, Genua, Venedig, Amalfi, Marseille hatten sich bald nach dem 1. Kreuzzug in allen wesentlichen Städten der Kreuzfahrerstaaten Quartiere gesichert, von denen aus sie ihren Fernhandel betrieben. Allerdings gehörten diese Kaufleute nie zur Bevölkerung der Kreuzfahrerstaaten im engeren Sinne. Sie waren in erster Linie Fernhändler, die sich für den Orienthandel in der Gesamtheit interessierten. Jeweils nur für wenige Jahre ließen sie sich in der Regel in den Quartieren der Kreuzfahrerstädte nieder und lebten zudem in eigener Verwaltung nach den Gesetzen ihrer Heimatstädte. Am Schicksal der Kreuzfahrerstaaten nahmen sie als Kaufleute Anteil, obgleich bei den kriegerischen Auseinandersetzungen ihre Flottenhilfe ein beträchtliches Ausmaß annehmen konnte. Das Wohl und Wehe des europäischen Kaufmanns war jedenfalls, das zeigten die folgenden Jahrhunderte ganz deutlich, nicht von der Existenz der Kreuzfahrerstaaten abhängig.

Ständige Zuwanderung durch weltliche Adelige, Geistliche, Pilger verschiedenster sozialer Herkunft, Kaufleute und in begrenztem Maße auch von Bauern trug in der Geschichte der Kreuzfahrerstaaten zwar dazu bei, daß ein gewisser Bevölkerungsgrundstock aus den europäischen Territorien im Heiligen Land vertreten war, wirtschaftlich und sozial bestimmend wurden sie aber nicht. Die Europäer blieben eine dünne Eroberschicht.

Verglichen mit anderen orientalischen Gebieten waren die

Ländereien der Kreuzfahrerstaaten keine ausgesprochenen Zentren wirtschaftlicher Blüte. Den Kreuzrittern erschien es aber, als wären sie im Paradies, wofür nicht so sehr die Vorstellung ausschlaggebend war, daß man sich im Lande Jesu Christi befand, sondern vor allem der beträchtliche Niveauunterschied im Warenangebot gegenüber Westeuropa, wobei ihnen viele sowohl landwirtschaftliche als auch handwerkliche Produkte völlig unbekannt waren.

Viele mögen die gleichen Gedanken wie Burkhard de Monte Sion gehegt haben: »Man sollte wissen, daß das Heilige Land unter allen Ländern das beste heute ist und in Wahrheit auch war. Nur Leute, die das nicht genau beobachtet haben, können das Gegenteil behaupten. Denn das Land ist sehr fruchtbar für den Anbau von Getreide, das fast ohne Mühe wächst und gedeiht. Allerlei Kräuter bringt der Boden wild hervor. Fenchel, Salbei, Raute und Rosen wachsen allenthalben im Feld. Baumwolle wächst in Gesträuchern, und ebenso gedeiht dort das Zuckerrohr. Manche Früchte gibt's dort zu jeder Zeit an den Bäumen, und die Menschen ernten sie das ganze Jahr hindurch. Zugleich und auf einmal findet man auch an denselben Bäumen Blüten, halbreife und reife Früchte. Die wichtigsten Früchte sind Äpfel, Limonen und Adamsäpfel (eine Zitrusfrucht), von denen die eingesessenen Bewohner eine Sauce machen, die man zu Hühnern, Fischen und anderen Speisen ißt. Es gibt auch eine Art Äpfel, die Zitronen heißen, von denen man in Akkon einen ausgezeichneten Scherbett (Limonade) macht ... Der Wein des Heiligen Landes ist sehr gut und von edlem Geschmack ... Feigen gibt es außerdem und Granatäpfel, Honig und Öl und die verschiedensten Sorten von Gemüse wie Melonen und Gurken. Auch viele andere Früchte gedeihen dort in Fülle.«

Den Menschen, die aus Ländern kamen, die immer wieder von Hungersnöten heimgesucht wurden, mußte diese Vielfalt landwirtschaftlicher Produkte wie eine fremde Welt erscheinen. Dennoch wird damit nur eine Seite geschildert. Denn den fruchtbaren Gebieten, vor allem an der Küste und in Flußtälern um die großen Städte, deren Erträge durch künstliche Bewässerung, den Kreuzfahrern weitgehend unbekannt, noch gesteigert wurden, standen weite unfruchtbare Steppen und Wüsten gegenüber. Auch Naturkatastrophen waren keineswegs selten. Allein aus der ersten Hälfte des 12. Jahrhunderts sind Erdbeben (1114), Heuschreckenplagen beträchtlichen Ausmaßes (1114, 1117, 1120) und Vernichtung der Ernte durch Mäuse (1120, 1127) überliefert. Vor allem in solchen Jahren lebten die Kreuzfahrerstaaten von umfassenden Lebensmittelimporten, vor allem Getreide, vermittelt und organisiert durch die oberitalienischen Kaufleute.

Die zitierte Vielfalt der Garten-, und Feldfrüchte war nur teilweise das Ergebnis alter Kultur, die auf hohem Niveau gehalten wurde. Als mindestens genauso bedeutungsvoll hatte sich die Integration in die arabisch-islamische Welt erwiesen. So war das Zuckerrohr von Indien über Persien zur Zeit der Araber in Syrien eingeführt worden. Bereits im 10. Jahrhundert kannten die Gebiete um Tripolis, Beirut, Sidon, Akkon und andere das Zuckerrohr als wichtiges landwirtschaftliches Produkt. Das zuckerverarbeitende Gewerbe konzentrierte sich in Tripolis und Tyrus. Ähnliche Initiative hatten die Araber bei der Einführung anderer Kulturpflanzen in Syrien gezeigt, etwa der Baumwolle, wenn auch mit weniger Erfolg.

Ackerbau, Gärtnerei und Viehzucht lagen fast ausschließlich in den Händen einheimischer Produzenten. Die Eroberer griffen nirgends tiefgreifend in die Wirtschaftsstruktur ein. Die Dörfer waren von unterschiedlicher Größe. Kleinen weilerartigen Siedlungen mit nur wenigen Bauernstellen standen größere Dörfer mit vierzig und mehr Familien gegenüber sowie zentral gelegene Orte, in denen der Warenaustausch für ein bestimmtes Gebiet konzentriert war.

Einen Eindruck von einem solchen Dorf vermittelt uns der

folgende Bericht: »Dunayar (im nördlichen Syrien) liegt in einer weiten Ebene, umgeben von duftenden Pflanzen und bewässerten Gemüsegärten. Es ist von ländlichem Aussehen und hat keine Mauer; es zieht aber die Menge an durch seine gut besuchten und reich bevorrateten Märkte ... Es besitzt weite Felder und bringt zahlreiche Lebensmittelerzeugnisse hervor ... Donnerstags, freitags, sonnabends und sonntags wird Markt abgehalten. Es versammeln sich dort die Leute aus den benachbarten Ortschaften, denn der ganze Weg rechts und links führt durch eine ununterbrochene Reihe von Dörfern und Herbergen. Dieser Markt, zu dem die Leute von verschiedenen Seiten kommen, heißt Basar.«

Die Mehrheit der einheimischen Bauern war grundabhängig. Sie mußte eine Abgabe in Abhängigkeit vom Ernteertrag liefern, deren Höhe etwa zwischen einem Viertel und der Hälfte der Gesamternte schwankte. Ackerfron gab es kaum, da die Mehrheit der Eroberer kein Salland besaß, aber Hand- und Spanndienste vor allem für den Burgenbau sind oft nachweisbar. Hinzu kam eine Kopfsteuer. Die Mohammedaner hatten überdies einen Zehnt zu entrichten, der über den Staat der katholischen Kirche im Land zufloß. Es ist bezeichnend, daß die katholische Geistlichkeit ständig darum kämpfte, diesen Zehnt auch auf die Christen, Angehörige östlicher Kirchen, auszudehnen.

Die europäischen Bauern erhielten Land – in einem Fall sind zweiundsechzig Hektar pro Familie nachgewiesen –, von dem sie eine ertragsabhängige Naturalabgabe zu zahlen hatten; außerdem wurden sie zuweilen zum Kriegsdienst herangezogen.

Im Unterschied zur europäischen Feudalgesellschaft wurde die Wirtschaft der Kreuzfahrerstaaten wesentlich von den mächtigen und blühenden Städten bestimmt. Askalon, Jaffa, Haifa, Akkon, Tyrus, Sidon, Gibelet, Tripolis, Laodicea, Antiochia, um nur einige zu nennen, und nicht zuletzt Jerusalem vereinigten in ihren Mauern einen beträchtlichen Teil der Gesamtbevölkerung. Ihre Tradition reicht bis weit in die Antike zurück, aber ihr Antlitz wurde zur Kreuzzugszeit doch wesentlich von der orientalisch-islamischen Welt geprägt, die in ihrem Eroberungszug seit dem 7. Jahrhundert von diesem Gebiet Besitz ergriffen hatte. Byzantinischer Einfluß war in unterschiedlichem Maße vorhanden, am stärksten vielleicht in Antiochia, das noch bis ins 11. Jahrhundert zum Oströmischen Reich gehörte.

Alle diese Städte waren Teile des orientalischen Wirtschaftsorganismus geworden. Als Hafenstädte öffneten sie dem arabischen Kaufmann und Krieger das Tor zum Mittelmeer nach Byzanz und Europa und galten als wichtige Umschlagplätze für die Karawanenwege aus dem Innern des Landes, aus Mittelasien und dem Fernen Osten. Als Produktionszentren bildeten sie einen Teil der nicht unbeträchtlichen gewerblichen Produktion Syriens innerhalb der orientalischen Welt, obwohl die eigentlichen Kapazitäten in Damaskus, Aleppo, Mosul und anderen Städten des Binnenlandes lagen.

Größe und Struktur dieser Städte muß für die europäischen Kreuzritter beeindruckend gewesen sein. Tripolis zählte zu Beginn des 11. Jahrhunderts achtzigtausend Einwohner und umfaßte ein Areal innerhalb der Befestigungsmauern von ungefähr zwölftausend Hektar. Neben einer Reihe von Palästen konnte man fünf- bis sechsstöckige Häuser bewundern. Ähnliches gilt auch für die anderen Städte. Das rege Treiben, der ausgedehnte Handel in den Basaren, wo die zahlreichen Handwerker und Krämer ein großes Warenangebot feilhielten, erregten das Erstaunen und die Bewunderung der Eroberer.

Die Städte wiesen, zum Teil noch aus der Antike, eine zentralisierte Wasserversorgung auf, entweder in Zisternenform und daran angeschlossenen Zuleitungen in die Wohnhäuser zumindest der reichen Bürger, oder aber in Einzelfällen sogar ein einheitliches Wasserleitungsnetz für die gesamte Stadt. So-

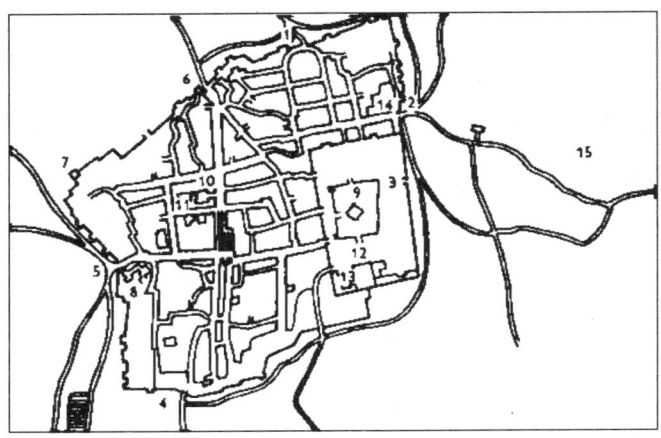

Jerusalem zur Zeit der Kreuzzüge

1 Herodestor
2 Stephanstor
3 Goldenes Tor
4 Zionstor
5 Jaffator
6 Damaskustor
7 Tankredsturm
8 Davidsturm

9 Tempel
10 Kirche des Hl. Grabes
11 Haus der Johanniter
12 Königspalast (El-Aksa)
13 Haus der Tempelritter
14 St.-Annen-Kirche
15 Ölberg

gar Straßenbeleuchtungen waren in den Zentren der Städte seit dem 10. Jahrhundert nicht selten. In Syrien zum Beispiel wurden sie mit Pflanzenöl gespeist. Öffentliche Badehäuser, streng in Frauen- und Männerabteilungen getrennt und zum Teil in kunstvoller Ausführung, gehörten ebenso zum normalen Stadtbild wie große Krankenhäuser, Bibliotheken und Schulen.

Es war eine neue, fremde, auf einem hohen wirtschaftlichen und kulturellen Niveau stehende Welt, mit der sich die Kreuzfahrer konfrontiert sahen. Ihre materielle Grundlage bildeten

Gewerbe und Handel, die in einem für damalige europäische Verhältnisse unvorstellbaren Ausmaß blühten. Die syrische handwerkliche Produktion für den Export, das heißt für den großen orientalisch-islamischen Markt, wurde durch folgende Gewerbezweige bestimmt: Glasherstellung und -verarbeitung, Töpferei und Keramik, Produktion verschiedenartiger Gewebe und Metallverarbeitung. Die Glasproduktion Syriens stand seit antiker Zeit auf außerordentlich hohem Niveau, und zur Zeit der Kreuzzüge lieferte Syrien neben Ägypten kunstvolle farbige Glaserzeugnisse, aber auch Gebrauchsglas in vielen Variationen. Bereits im 10. Jahrhundert sollen Flaschen und Gläser ein übliches Verpackungsmaterial für bestimmte Lebensmittel gewesen sein. In Tyrus, Tripolis, Jaffa und anderen Städten lieferten Glashütten und Glasschleifereien Waren von bester Qualität.

Daran änderten auch die Eroberungen der Kreuzfahrer nichts. Charakteristisch ist vielmehr, daß sich auch im 12. und 13. Jahrhundert dieser Gewerbezweig in Übereinstimmung mit der Glasproduktion von Aleppo, Damaskus usw., also der syrischen Städte, die nicht im Bereich der Kreuzfahrerstaaten lagen, weiterentwickelte, so daß keine speziellen Richtungen zu unterscheiden sind. Es gab eben »nur eine« syrische Glasproduktion.

Das gleiche gilt für die Kunsttöpferei. Dieses Handwerk war in Jaffa, Beirut, Tyrus und anderen Städten verbreitet. Raqqa, an der Schwelle Syriens nach Mesopotamien gelegen, blieb bis 1259, dem Jahr der Zerstörung, bestimmend für die Gestaltung des Dekors. Figürliche Darstellungen, Arabesken und Schriftzeichen auf türkisblauem Grund gehörten zu den besonderen Kennzeichen dieser Stilrichtung.

Große Seidenwebereien wurden in Tyrus, Antiochia, Tripolis und anderen Städten betrieben. Allein in Tripolis arbeiteten viertausend Weber. Die Seidenstoffe waren begehrte Exportartikel und galten den chinesischen als ebenbürtig. Das eigentliche Zentrum der Seidenweberei befand sich jedoch in Damaskus.

Neben diesen profilbestimmenden Gewerbezweigen wies naturgemäß jede der großen Städte alle für die Versorgung der Bevölkerung notwendigen Handwerkszweige auf. Die Hersteller waren Einheimische, und für sie blieb das orientalische Niveau der materiellen Kultur prägend für Qualität und Quantität ihrer Erzeugnisse. Europäische Handwerker; die sich in den Städten der Kreuzfahrerstaaten niedergelassen hatten, konnten keinen nennenswerten Einfluß gewinnen.

Ähnliche Struktur zeigte der Handel. In Friedenszeiten waren die Kreuzfahrerstaaten direkt an die Hauptstationen des arabischen Zwischenhandels angeschlossen. Handelskarawanen nach Damaskus, Aleppo und anderen Städten der arabischen Welt zählten zum kaufmännischen Alltag.

In der wissenschaftlichen Literatur ist die Bedeutung des Handels viel diskutiert worden. Bekanntlich hatte das Vordringen der Mongolen nach Mittelasien den Landweg nach China blockiert, und der Handel mit Indien lag in den Händen der ägyptischen Städte, vor allem Alexandrias. Daraus wurde der Schluß gezogen, daß die zentrale Bedeutung für den Fernhandel Europa-Orient Alexandria zukommt. Tatsächlich aber verfügten die Hafenstädte der Kreuzfahrerstaaten über Anschluß an den gesamten syrischen, persischen und mesopotamischen Wirtschaftsraum. Außerdem wurden zumindest in begrenztem Maße indische Gewürze über den Pilgerweg von Mekka nach Syrien gebracht.

Den Nutzen dieser wirtschaftlichen Situation hatten die Fernkaufleute der italienischen und südfranzösischen Städte sofort nach Abschluß des 1. Kreuzzuges erkannt. Genua, Pisa, Amalfi, Venedig, aber auch Marseille, Montpellier und andere Kommunen erkämpften sich die Privilegien des Seehandels zwischen Europa und den Kreuzfahrerstaaten. In allen Hafenstädten richteten sie ihre Quartiere ein, Genua vor allem in

Antiochia, Laodicea, Caesarea, Akkon, Jaffa, Jerusalem und Beirut; Pisa in Jaffa, Laodicea, Tyrus, Jerusalem und Akkon; Venedig in Sidon, Tyrus, Tripolis und Jerusalem; Marseille in Akkon und anderen Städten. Das Hauptquartier der Venezianer lag in Tyrus, das der Genuesen und Pisaner in Akkon.

Bei den Quartieren handelte es sich zumeist um besonders günstig gelegene Gebäudekomplexe, in denen die Kaufleute nach dem Recht ihrer Heimatstadt lebten und Handel trieben. Das genuesische Quartier in Antiochia zum Beispiel umfaßte mindestens dreißig Häuser, eine Kirche und einen als Warenhaus und Speicher dienenden Gebäudekomplex. Das Hauptinteresse der europäischen Kaufleute galt dem Seehandel. Der Binnenhandel blieb in den Händen der einheimischen Kaufleute, der Syrer, Araber und Juden. Sie besorgten die Vermittlung von Damaskus, Mosul, Aleppo und den anderen Städten der islamischen Reiche nach der Küste. Erst später, etwa seit dem ausgehenden 12. Jahrhundert, bemühten sich vor allem die oberitalienischen Kaufleute in stärkerem Maße, in diese Gebiete selbst vorzudringen.

Die Skala der Handelsprodukte, die vor allem über Akkon und Tyrus in die Hände der oberitalienischen Kaufleute gelangten und nach Europa gebracht wurden, ist außerordentlich breit. Aus der Produktion der Kreuzfahrerstaaten waren das vor allem Seiden und Samtstoffe, Glaswaren, Töpfererzeugnisse, Weine und andere landwirtschaftliche Produkte. Darüber hinaus importierten die Oberitaliener ständig auch Waren aus den islamischen Staaten. Dazu gehören an Drogen und Arzneimitteln Ingwer, Aloe, Kampfer, Bitterwurzeln und Weihrauch, an Gewürzen Pfeffer, Zimt, Muskat und Gewürznelken, an Stoffen Seide, Damast und Musselin. Dazu kamen Färbemittel für die Textilproduktion wie Indigo und Brasilholz, damaszenische Stahlwaren, Parfüms, Juwelen und Porzellane.

Auch für den Export europäischer Waren entwickelten sich vor allem Akkon und Tyrus zu Umschlaghäfen für die gesamte islamische Welt. Textilien aus Frankreich, Flandern und England; Kupfer, Blei, Eisen, Holz und Pech, alles vor allem für den Schiffbau benötigt, fand zu einem beträchtlichen Teil seinen Weg über die Kreuzfahrerstaaten nach Ägypten. Nicht zuletzt war auch für den aus der Goldenen Horde nach Ägypten florierenden Sklavenhandel, der ebenfalls von den oberitalienischen Kaufleuten vermittelt wurde, in vielen Fällen Akkon die Zwischenstation.

Natürlich gehörte auch die Versorgung der Kreuzfahrer selbst zu den wichtigen Aufgaben des Handels. Getreide, Waffen für die Ritter und Baumaterial für die Festungen lieferten die italienischen Städte an. Gerade in dieser Funktion waren sie für die Kreuzfahrerstaaten unentbehrlich. Darüber hinaus organisierten die Italiener regelmäßige Schiffsverbindungen für Passagiere nach dem Orient. Pilger, Angehörige der Kreuzritter, Abenteurer, Auswanderer usw. besuchten auf diese Weise das »Heilige Land« und konnten auf den beschwerlicheren und gefahrvolleren Landweg verzichten. Etwa vier bis fünf Wochen dauerte die Schiffsreise, die, soweit möglich, im Schutz der Küste erfolgte. Damit wurde eine verhältnismäßig gute und direkte Verbindung zu Europa geschaffen, die sich für den Bestand der Kreuzfahrerstaaten als außerordentlich wichtig erwies.

Doch trotz dieser Bindungen an den europäischen Wirtschaftsraum blieb die wirtschaftliche Einheit der Kreuzfahrerstaaten mit der orientalischen Welt in ihrem Wesen unberührt. Denn die europäischen Eroberer waren nicht in der Lage, der überlegenen Zivilisation etwas Gleichwertiges entgegenzusetzen. Als Grundherren begnügten sie sich damit, die üblichen Abgaben aus Landwirtschaft, Handwerk und Handel einzutreiben. Neben den Abgaben der abhängigen Bauern an den Grundherren waren die Erträge aus Steuern, Münzrechten und Zöllen die besten Einnahmequellen. Letztere Einnahmen flossen zunächst der zentralen Staatsgewalt zu. Besonders die Könige von Jerusalem profitierten davon. Sie erhielten unmittelbar Abgaben und Kopfsteuern der einheimischen Handwerker, besaßen für eine Reihe von Gewerben, zum Beispiel die Zuckerproduktion, das Monopol, das sie gegen eine entsprechende Summe verpachteten, ließen sich das Anlegen von Schiffen in den Häfen des Königreiches gegen Ankergeld honorieren, erhoben Marktgebühren und verlangten selbst von den Pilgern aus Europa eine Vermögenssteuer.

Mit diesen Einnahmen wurden die in der staatlichen Verwaltung zum Beispiel als Administratoren und Gerichtsherren eingesetzten Kreuzritter entlohnt und die militärische Ausrüstung einer Reihe von Burgen finanziert. Spezielle wirtschaftliche Manipulationen verbanden sich mit diesem Steuer- und Abgabensystem nicht.

Schlaglichtartig zeigt die Münzprägung das Wesen der Wirtschaftspolitik in den Kreuzfahrerstaaten. In allen Münzstätten wurde Gold- und Kupfergeld nach byzantinischem oder islamischem Vorbild geschlagen. Griechische beziehungsweise arabische Inschriften dominierten. Koransprüche oder Abbildungen von Kalifen waren keine Seltenheit. Tankred wurde auf einer Münze des Fürstentums Antiochia mit Turban abgebildet und als »großer Emir Tankred« bezeichnet.

Möglicherweise ging anfangs viel auf die Eigenmächtigkeit der Münzstätten zurück, die in ihrer bisherigen Struktur belassen worden waren. Aber genauso sicher ist, daß in den folgenden Jahrzehnten die einmal eingeschlagene Praxis nicht geändert wurde, weil man weder den einheimischen Kaufmann noch den der Nachbargebiete vom Vertrauen zur gewohnten Währung abbringen wollte. Erst als zu Beginn des 13. Jahrhunderts Papst Innozenz IV., dem diese Praktiken bekannt wurden, energischen Protest einlegte und mit dem Bann drohte, ging man dazu über, den Inschriften der Münzen Bibelsprüche zugrunde zu legen, behielt jedoch die arabischen Schriftzeichen bei. Nur langsam mehrten sich die Münzen mit christlichen Symbolen. Eher noch kamen Wappenzeichen, vor allem von Städten, in Gebrauch.

Die Münzgeschichte der Kreuzfahrerstaaten stellt zwar nur ein Detail der Wirtschaftspolitik dar, reflektiert aber sinnfällig den Kontrast zwischen der Wirtschaftsstruktur des Landes und der Isolierung der Erobererschicht, die zwar ihre ganze Kraft auf das Kriegswesen konzentrierte, aber weder in der Lage noch auch nur gewillt war, die Wirtschaft zu formen.

Diese Beobachtungen berühren die zentrale Frage der Perspektive von Eroberungen während des Mittelalters. Assimilation oder Untergang, das waren im Grunde die beiden Möglichkeiten, vor denen jede adelige Erobererschicht stand, sofern sie nicht von einer ausgedehnten bäuerlichen Siedlung begleitet wurde. Die Problemstellung ergab sich bereits aus dem Umstand, daß die soziale Regeneration der Elite den ständigen Zugang aus dem Volk brauchte und Einflüsse von Eroberergruppen nur unmittelbar in der Formung der Lebensgewohnheiten, Sitten und Gebräuche, der Geisteswelt, der Sprache, kurz des gesamten Bereichs der geistigen Kultur des unterworfenen Volkes wirksam werden konnten.

Da die Kreuzfahrer sich durch den ständigen Zustrom aus Europa sozial ergänzten, gewann die kulturelle Frage besondere Bedeutung, zumal am Beginn die Kreuzzugsidee und ein bewußt zur Schau getragenes Sendungsbewußtsein standen. Etwa zwanzig Jahre nach der Gründung der Kreuzfahrerstaaten charakterisiert Fulcher von Chartres die Anpassung der Franken an die Situation im Orient wie folgt: »Wir, die wir Abendländer waren, sind zu Orientalen geworden; wer Römer war oder Franzose, ist hier in dem Land Galiläer oder Bewohner Palästinas geworden, wer aus Reims oder Chartres war, ist nun aus Tyrus oder Antiochia. Denn wir haben unsere Heimatorte vergessen; mehrere von uns wissen sie schon nicht mehr oder haben sie lange nicht nennen hören. Manche von uns be-

Sicher nicht die haufigste, aber auch nicht die uninteressanteste Form des Kontaktes zwischen europäischen Rittern und muslimischen Adeligen war das Schachspiel (nach einer zeitgenössischen Handschrift, Escorial, Madrid).

sitzen in diesem Land Häuser und Diener wie aus väterlichem Erbrecht, andere heirateten, aber nicht nur eine Landsmännin, sondern auch eine Syrerin oder Armenierin, bisweilen auch eine getaufte Sarazenin ...«

So eindeutig diese Schilderung zu sein scheint, drückt sie zunächst nicht mehr aus, als daß sich die Eroberer wohl fühlten und entschlossen waren zu bleiben. Im übrigen bedarf sie einiger Korrekturen. Die europäischen Ritter verbanden das Bewußtsein, »Orientalen« zu sein, nicht mit Vorstellungen, wie sie uns Fulcher andeutet. Wenige von ihnen heirateten Einheimische. Nur zu Beginn der Herrschaft gingen einige Ehen mit armenischen Prinzessinnen ein. Das hatte vor allem politische Gründe, wollten sie sich damit doch die armenische Unterstützung bei den Eroberungen sichern. In der Folgezeit verlor sich diese Tendenz bald. Die Kreuzritter holten sich ihre Frauen aus Europa. Wir kennen zum Beispiel nur vier Fälle, in denen Könige von Jerusalem armenische beziehungsweise byzantinische Prinzessinnen heirateten.

Die Beziehungen zu den einheimischen Frauen regelten die Kreuzritter über das Konkubinat, wie viele Quellen belegen, und man differenzierte dabei auch nicht so genau zwischen Christin und Mohammedanerin. Auch die Geistlichkeit beteiligte sich recht ausgiebig an dieser Form der Kontakte, so etwa der Patriarch von Jerusalem, Heraclius, der als höchster Priester der katholischen Christen in den Kreuzfahrerstaaten in aller Öffentlichkeit eine verheiratete Frau als Mätresse aushielt, die dann auch spöttisch mit »Frau Patriardi« angesprochen wurde.

Aber diese Problematik berührt mehr die sittlichen Zustände, weniger die genealogische Entwicklung der Kreuzritter. In diesem Zusammenhang ist bedeutungsvoller, daß nur wenige Geschlechter sich über mehrere Generationen hinweg in direkter Linie regenerieren konnten. Hohe Sterblichkeit durch Kriege und Krankheit zehrte an der Substanz. Kinderehen waren auch in den Kreuzfahrerstaaten keine Seltenheit, konnten jedoch ständige Besitzveränderungen und das Aussterben von Familien nicht verhindern.

Von dieser Seite her wird die wachsende Bedeutung der Ritterorden verständlich, die ihren Menschennachschub aus Europa auf andere Weise regelten. Anders gestalteten sich die familiären Beziehungen der nichtadeligen europäischen Bevölkerung, der Fußsoldaten, Bauern, Handwerker, Kaufleute (mit Ausnahme der oberitalienischen und südfranzösischen) und der übrigen städtischen Bevölkerung, zu den Einheimischen. Hier waren Ehen mit orientalischen Christinnen und auch mit getauften Mohammedanerinnen so häufig, daß sich schon um 1150 eine besondere soziale Gruppe, Pullanen genannt, herausbildete, die im Krieg als Fußvolk in Aktion trat. Das Kreuzfahrerheer soll Mitte des 12. Jahrhunderts zirka fünftausend dieser Pullanen gezählt haben.

Auch wenn die Zahl überhöht ist beziehungsweise auch einheimische Bevölkerung mit einzubeziehen ist, läßt sie das Grundproblem deutlich werden. Und wenn bereits um 1120 auf einem Konzil für Beziehungen zu Mohammedanerinnen als Strafe Entmannung und Abschneiden der Nase gefordert wird, läßt die drakonische Bestimmung den Schluß zu, daß man einer realen Gegebenheit begegnen wollte. Die praktische Lösung war sehr einfach: Die Mohammedanerin wurde getauft.

Im Gegensatz zur Ritterschaft also machte der Assimilationsprozeß bei der nichtadeligen Bevölkerung rasche Fortschritte. Sie übernahm die orientalische Kultur, wozu übrigens nicht allein die familiären Beziehungen beitrugen, sondern mehr noch das gesamte Wirtschaftsleben, in das man sich einfügen mußte. Das Arabische war ihnen nicht nur als Sprache geläufig, sondern wurde mehr oder weniger sogar zur Umgangssprache.

Die Sitten und Gewohnheiten des Orients eigneten sich diese Menschen in vollem Umfang an. Es gibt nicht wenige Historiker, die annehmen, daß diese Bevölkerungsgruppe bereits im 13. Jahrhundert in ihren wesentlichen Teilen jede Eigenständigkeit verloren hatte – um mit Fulcher zu sprechen, »orientalisch« geworden war.

Anders bei den Kreuzrittern: Sie bemühten sich, durch Krieg und Eroberung bedingt, um die Bewahrung ihrer kulturellen Identität. Französisch blieb in ihren Kreisen die Umgangssprache, und zwar in einem Maße, daß ein deutscher Kreuzritter, der im ausgehenden 12. Jahrhundert das Land besuchte, voller Verwunderung nach einer deutschsprachigen Gruppe Ausschau hielt. Natürlich kannten auch sie das Arabische, es blieb ihnen aber Fremdsprache.

Charakteristisch ist vielmehr ein anderer Prozeß, den man allgemein als passive Übernahme der Zivilisation des Orients beschreiben kann. Er verlief parallel mit der allmählichen Verdrängung der ursprünglichen Kreuzzugsidee. Deutlich geht das aus der Überlieferung eines arabischen Chronisten hervor, der in der Al-Aksa-Moschee betete und deswegen von einem ihm fremden »Franken« hart bedrängt wurde. Dessen Freunde, im Land ansässige Kreuzritter, entschuldigten sich bei ihm mit den Worten: »Er ist ein Fremder, der erst in diesen Tagen aus den Ländern der Franken angekommen ist. Er hat noch nie jemand beten sehen, der sich nicht nach dem Osten gewandt hätte.«

Auch wenn es sich hierbei um eine Episode handelt, steht sie doch generell für die Verwunderung oder Empörung der Neuankömmlinge über die geistige und materielle Lebensauffassung, wie sie sich bei den Kreuzrittern herausgebildet hatte. Zu Grunde liegt diesen Wandlungen der Lebensformen einmal die harte Notwendigkeit, die vorgefundenen Verhältnisse zu akzeptieren, mehr noch aber die Tatsache, daß das Leben im Orient entschieden angenehmer war als in der Heimat. Gleich den orientalischen Herrschern hatte man sich daran gewöhnt, in Städten zu leben. Nur begrenzt dienten die Burgen auch in Friedenszeiten als Wohnstätten. Stadtpläne lassen deutlich die Quartiere der Ritterorden erkennen, aber auch die anderen adeligen Herren besaßen hier ihre Paläste.

Als wahres Prachtgebäude schildert uns die Chronik den Palast der Herren von Ibelin in Beirut, gebaut von byzantinischen, syrischen und armenischen Handwerkern. Marmor war das Baumaterial für Fußböden, Decken und Wände, jeweils so kunstvoll abgestuft, daß beispielsweise der Fußboden vom Wind gekräuseltes Wasser vortäuschte. Mosaike verzierten zusätzlich die Wände. Als besonderes Prunkstück galt der marmorverzierte Brunnen im Zentrum des Hauses, dessen Fontäne die Räume kühlte. Große Fenster boten Ausblick auf das Meer und auf die Gärten, die das Anwesen umgaben.

Auch wenn nicht alle Kreuzritter solche Paläste ihr eigen nennen konnten, genügte doch bereits viel weniger, um den europäischen Reisenden die Kluft zum eigenen Lebensstandard bewußt zu machen. Teppiche, Vorhänge, kunstvoll angefertigte Möbel, Porzellan und Glasgefäße, goldene und silberne Geräte und anderes ließen sich in der Wohnung jedes Kreuzritters finden. Nur die reichsten Fürsten Europas konnten auf ähnlichen Luxus verweisen.

Rasch paßten sich die Kreuzritter an die Lebensgewohnheiten und Bequemlichkeiten des Orients an. Ihre Paläste wurden durch Rohrleitungen ständig mit frischem Wasser versorgt. Die »Franken« nutzten die öffentlichen Bäder, sofern sie keine eigenen besaßen. Die Speisen wurden nach einheimischen Rezepten und mit den im Lande üblichen Grundnahrungsmitteln zusammengestellt und entsprechend gewürzt. Sehr bald hatten sich die Kreuzritter völlig auf die orientalische Küche umgestellt und verschmähten die kargen und einfachen Speisen ihrer Heimat. Es fehlte zum Beispiel nicht an Äußerungen der Kreuzritter, wonach sie es ablehnten, Schweinefleisch zu essen.

Die gesamte sehr umfangreiche Dienerschaft kam aus der orientalischen Bevölkerung. Nicht wenige von ihnen waren Sklaven und verblieben auch in diesem Status. Lediglich wenn sie zum Christentum übertraten, wurde vom Herrn laut Gesetz eine rechtliche Veränderung verlangt, ohne daß das große Auswirkungen auf die tatsächliche Lage haben mußte. Diese Dienerschaft beeinflußte in beträchtlichem Maße die gesamte Atmosphäre im Haus des Kreuzritters, das heißt sie übertrug die orientalische Lebensweise direkt.

Zahlreichen Quellen läßt sich ein gewisser Stolz der europäischen Herren auf ihre Dienerschaft entnehmen, etwa daß sie nur ägyptische Köchinnen hätten, sich von orientalischen Leibärzten versorgen ließen und anderes mehr. Mit besonderer Aufmerksamkeit, von seiten der Pilger auch mit Empörung, wurde die Annäherung in der Kleidung registriert. Seidener Burnus und Turban waren für den Kreuzritter bald alltägliche

Gewänder, natürlich aus kostbaren orientalischen Stoffen und nach den Gewohnheiten des Landes mit Stickereien reich verziert. Besatz aus Gold- und Silberfäden war ebenso üblich wie entsprechendes künstlerisches Beiwerk an Zaumzeug, Sattel und Waffen. Im Krieg trug der Ritter nach Landesart über der Rüstung zum Schutz gegen die Sonne einen leinenen Umhang.

Noch im 12. Jahrhundert übernahmen die Kreuzritter die Barttracht des Ostens. Im Gegensatz zu Europa galt es zu dieser Zeit im Orient als Schande, sich den Bart scheren zu lassen. Balduin von Edessa machte sich diese Auffassung recht drastisch zunutze, indem er seinen Bart den Gläubigern verpfändete und damit seinen entsetzten armenischen Schwiegervater veranlaßte, die Schulden zu zahlen.

Noch auffallender wirkten die langen, anschmiegsamen, kostbaren, mit Goldfäden bestickten und mit Edelsteinen besetzten Gewänder, mit denen sich die Frauen der Kreuzritter schmückten. Daneben gehörte der Schleier für sie zur normalen Kleidung, und natürlich lernten sie rasch, sich nach orientalischem Vorbild zu schminken.

Die Annäherung in Sitten und Gewohnheiten an die Bräuche des Orients war für den Besucher der Kreuzfahrerstaaten so auffällig, daß zahlreiche Chronisten sie für aufzeichnungswürdig hielten. Außerordentlicher Luxus, Verkommenheit der Sitten, wie etwa die Existenz von Bordellen usw., bildeten die hauptsächlichsten Klagepunkte.

Dabei ist allerdings vorsichtig hinzuzufügen, daß der Vergleich mit dem europäischen Leben den Ausgangspunkt solcher Betrachtung bildete und vieles offensichtlich vor allem deshalb so scharf kritisiert wurde, weil es völlig unbekannt war. Sehr deutlich wird das an folgendem Zwiespalt. Einerseits nahm mancher Pilger verwundert zur Kenntnis, daß die Ehefrauen der Kreuzritter von ihren Ehemännern ebenso eifersüchtig bewacht wurden wie die Frauen der Muselmanen im Harem. Andererseits registrierte man mit Empörung, daß die gleichen Frauen, ebenfalls in Übereinstimmung mit den einheimischen Bräuchen, zwei- bis dreimal wöchentlich die öffentlichen Badeanstalten aufsuchten. Manche Spekulation über lockere Sitten mag daran angeknüpft haben, ohne eine reale Grundlage zu besitzen.

Die Gestaltung des Alltags unter orientalischem Einfluß verstärkte den ohnehin erkennbaren Trend, den islamischen Adeligen als ebenbürtig zu akzeptieren und Beziehungen zu entwickeln, die mit der Kreuzzugsidee nur noch wenig gemein hatten. Austausch von Gesandtschaften, verbunden mit dem Überreichen von Freundschaftsgeschenken war keine Seltenheit, sondern bildete ein wichtiges Mittel des Anknüpfens und Pflegens diplomatischer Beziehungen, wobei militärische Bündnisse, zumindest zeitweiliger Art, nicht ausblieben. Private Besuche, Empfänge, gemeinsame Jagden und ähnliches vertieften die Kontakte.

Es ist heute, bedingt durch die Zufälligkeit der Überlieferung, unmöglich, das Ausmaß der persönlichen Kontakte zu fassen. Als gesichert kann gelten, daß freundschaftliche Beziehungen nicht selten waren und, was vielleicht noch bedeutsamer ist, die einheimischen Kreuzritter diese Verbindungen als selbstverständlich ansahen. Lediglich Europa und die Ritterorden reagierten mit mehr oder weniger radikaler Ablehnung.

Natürlich wurde mit der Intensivierung der Beziehungen der Niveauunterschied nicht überwunden. Die Welt des Orients mit Fürsten, die sich für Wissenschaft, Literatur und Kunst interessierten, Gelehrte an ihren Hof zogen, selbst dichteten, große Bibliotheken besaßen, die sie auch nutzten, die selbst Bücher abschrieben, diese Welt blieb den europäischen Feudalherren verschlossen.

Episodenhaft wird diese Mentalität aus der Klage eines arabischen Herrschers deutlich, dessen Schiff vor der Küste der Kreuzfahrerstaaten strandete und geplündert wurde: »Das Wohlbefinden meiner Kinder, der Kinder meines Bruders und unserer Frauen ließ mich den Verlust meines Vermögens leicht verschmerzen. Schmerzlich war für mich der Verlust meiner Bücher. Es waren viertausend Bände, lauter kostbare Werke. Ihr Verschwinden ist für mich lebenslang ein Gegenstand des Kummers geblieben.« Der Betroffene war als Krieger angesehen und geachtet. Die Kreuzritter verstanden solche Reaktionen nicht.

Leichter und erfolgreicher verlief hingegen die Übernahme äußerer Formen, die im Zusammenhang mit dem Alltagsleben der Kreuzfahrer bereits erwähnt wurden. Zusätzlich wurden spezielle Gepflogenheiten adeliger Selbstdarstellung übernommen, etwa das Führen von Wappen im Schild, der Gebrauch von Fahnen und Standarten usw. Da diese Elemente nicht allein in den Kreuzfahrerstaaten übernommen wurden, sondern auch sehr rasch in Europa Verbreitung fanden, sollen sie im Zusammenhang mit den Auswirkungen der Kreuzzüge auf Europa eine eingehendere Würdigung erfahren. Ähnlichen Entwicklungen wie Wirtschaft und materielle Kultur unterlagen auch Wissenschaft und Literatur in den Kreuzfahrerstaaten.

Wiederholt ist die Frage aufgeworfen worden, ob die Kreuzritter in dem eroberten Land zu eigener kultureller Leistung gelangten. Selbst bei gewissenhaftem Sammeln aller Zeugnisse mußte die Antwort aber negativ ausfallen. Natürlich existieren Spuren, am deutlichsten in der Bautätigkeit. Neben die Kreuzfahrerburgen mit künstlerisch wertvollen Details trat eine Reihe von Kirchenbauten. Am bekanntesten die St.-Annen-Kirche in Jerusalem, der Dom von Tortosa, aber auch die Neufassung des Eingangs zur Heilig-Grab-Kirche in Jerusalem. Aber abgesehen davon, daß die Zahl der Bauwerke relativ gering blieb, gilt, daß nicht die Neuschöpfung dominierte, sondern die Übernahme entweder europäischer oder orientalischer Formen.

Die St.-Annen-Kirche wurde etwa um 1140 im romanischen

Baustil erbaut. Die Kuppel ist eine Nachahmung aquitanischer Kirchen der gleichen Zeit. Der Dom von Tortosa, Mitte des 13. Jahrhunderts nach einem Erdbeben neu gebaut, läßt den Übergang von der Romanik zur Gotik sichtbar werden. Bemerkenswert im Sinne schöpferischer Tendenzen dürfte der festungsartige Charakter des Kirchenbaus mit starken geschlossenen Mauern und zusätzlichen Schießscharten sein – ein unübersehbarer Hinweis auf die politisch-militärische Situation im Land. Die Paläste der Kreuzritter in den Städten basierten hingegen auf der orientalischen Architektur, ergänzt durch byzantinischen Einfluß.

Ein ähnliches Nebeneinander von europäischen – romanischen und gotischen Elementen –, syrischen und arabischen Einflüssen läßt sich in der Bildhauerkunst und der Anfertigung von Mosaiken feststellen. Auffällig gering auch waren Ansätze zur Gestaltung einer eigenen Literatur. Von einer Umsetzung der Kreuzzugsidee in poetische Formen ist in den Kreuzfahrerstaaten kaum etwas zu spüren. Ausnahmen sind eigentlich nur die Chansons des Chetifs, eine Dichtung, die die Ereignisse des Zwischenkreuzuges von 1101 besang. Sie entstanden Mitte des 12. Jahrhunderts am Hof von Antiochia. Hinzu kommen noch einige kleinere Gedichte, wobei allerdings nicht recht zu unterscheiden ist, ob der Autor zurückkehrender Pilger oder ständiger Bewohner des Landes war. Mit der zur gleichen Zeit in Europa aufblühenden Kreuzzugsdichtung halten die wenigen Erzeugnisse der Kreuzfahrerstaaten keinen Vergleich aus.

Ansonsten dominierte die chronikalische Schilderung der politisch-militärischen Ereignisse, vermischt mit Milieuschilderungen. Hinsichtlich Aussagekraft und umfassender Darstellung besitzt die Chronik »Geschichte des Heiligen Krieges« des Wilhelm von Tyrus, der als Erzbischof einen guten Einblick in die militärische Situation des Landes besaß, besonderen Wert. Aber auch andere Kleriker, wie etwa Jakob von Vitry, zeitweilig Bischof von Akkon, haben in dieser Überlieferungsform Beträchtliches geleistet.

Kunstgeschichtlich für die mittelalterliche Buchmalerei von allgemeiner Bedeutung sind die Handschriften-Illuminationen, die im Patriarchat von Jerusalem angefertigt wurden. Vorwiegend liturgische Bücher wurden hier speziell für die Königsfamilie prachtvoll ausgestattet. Die Künstler waren offensichtlich Griechen und die Vorbilder byzantinisch, aber in begrenztem Umfang ist auch englischer und italienischer Einfluß erkennbar. Diese Tradition hielt sich bis in die Mitte des 13. Jahrhunderts.

Insgesamt war das sehr wenig, bezogen auf die Gesamtkultur der Kreuzfahrerstaaten. Den Tenor der geistig-kulturellen Entwicklung bestimmten auch nach der Eroberung die einheimischen Gelehrten und Künstler. Die alten geistigen Zentren Syriens in Tripolis, Antiochia und anderen Städten blieben bestehen. Philosophie, Medizin, Literatur und andere Disziplinen wurden in noch bestehenden Schulen gepflegt. In Tripolis wirkte Gregor Bar-Hebraeus (1226 bis 1285), der als Philosoph, Historiker und Kirchenhistoriker Bedeutung erlangte. In seinen Arbeiten kommen einige Charakteristika der syrischen Philosophen zum Ausdruck. Diese verarbeiteten sowohl das antike Erbe des Aristoteles, verschlossen sich aber auch nicht den Einflüssen der arabischen Philosophie.

Es ist für alle wissenschaftlichen Disziplinen, die in den Kreuzfahrerstaaten gepflegt wurden, charakteristisch, daß sie sich unter dem Einfluß anderer orientalischer Zentren entwickelten. Die Verbindungen zu Damaskus, Aleppo, Kairo, Bagdad usw. dürften traditionsgemäß auch in der Zeit vom 11. bis 13. Jahrhundert relativ eng gewesen sein. Die Bibliotheken von Tripolis, Antiochia, Tyrus und anderen Städten erhielten auch zu dieser Zeit ständig neue Arbeiten aus den arabischen Wissenschaftszentren.

Das barbarische Verhalten der Kreuzfahrer speziell auf dem

1. Kreuzzug hatte allerdings auch die Schulen und Bibliotheken hart getroffen. So wurde die große Bibliothek von Tripolis völlig vernichtet, die ebenfalls sehr wertvolle und umfangreiche jüdische Bibliothek in Jerusalem in alle Winde zerstreut, aber durch fleißige Arbeit und gute Beziehungen zu den wissenschaftlichen Zentren des Orients, die außerhalb der Kreuzfahrerstaaten lagen, konnten die Verluste bald wieder ausgeglichen werden.

Für zahlreiche Mediziner, Pharmakologen, Biologen und andere Naturwissenschaftler waren die Schulen der syrischen Städte auch zur Zeit der Kreuzfahrer Teil der gesamten orientalischen Welt, und sie fühlten sich genauso heimisch in Antiochia und Tripolis wie in Kairo, Damaskus und Bagdad.

Für die Kreuzfahrer blieb angesichts dieser geistigen Situation nichts anderes übrig, als an dieser Welt teilzuhaben. Zahlreich sind die arabischen und griechischen wissenschaftlichen Arbeiten, die vor allem von Klerikern der Kreuzfahrerstaaten ins Lateinische übertragen wurden. Philosophische Schriften der griechischen Antike und medizinische Arbeiten waren besonders beliebt. Es gab verschiedentlich sogar Ansätze zur Herausbildung von Übersetzerschulen. Zu den bekanntesten Übersetzern gehörten Stefan von Antiochia und Philipp von Tripolis.

Trotzdem ging die Rezeption der orientalischen wissenschaftlichen Welt außerordentlich langsam vonstatten. Der Niveauunterschied war zu groß. Recht deutlich läßt sich das am Beispiel der Medizin ablesen. Während der gesamten Kreuzfahrerzeit bevorzugte der europäische Adel im Orient den einheimischen Arzt und Ratgeber. Zahlreiche zeitgenössische Berichte verweisen immer wieder auf die primitiven Methoden der europäischen Ärzte auch in den Kreuzfahrerstaaten, obwohl die medizinischen Schulen in unmittelbarer Nähe lagen.

Möglicherweise drastisch übertrieben, aber im Grundanliegen doch recht aussagekräftig und daher in der Literatur oft zitiert, erzählt uns ein arabischer Arzt von seinen Erfahrungen mit der Heilkunst der Franken: »Man brachte mir einen Reiter, an dessen Bein sich ein Geschwür gebildet hatte, und eine Frau, die von einem zehrenden Fieber befallen war. Dem Reiter habe ich ein Zugpflaster aufgelegt. Das Geschwür brach auf und nahm einen gutartigen Verlauf. Der Frau verordnete ich Diät und besserte ihr körperliches Befinden durch Verordnung pflanzlicher Nahrung.«

Ein Arzt der Kreuzritter, der hinzukam, verlangte nach diesem Bericht, daß nach seiner Diagnose behandelt würde. Er ließ dem Reiter das Bein abschlagen, worauf der Patient starb. Der Frau wurden die Haare geschoren und die Kopfhaut abgezogen, da ihr der Teufel in den Kopf gestiegen sei. Auch sie überlebte die Behandlung nicht. In einem anderen Fall wurden nichtheilende Wunden mit scharfem Essig gewaschen – hier allerdings mit Erfolg, wie der arabische Arzt voll Verwunderung registrierte.

Es ist nur zu verständlich, wenn sich die Kreuzritter vertrauensvoll an die einheimischen Ärzte wandten. Viele von ihnen hatten Leibärzte in ihrem Haus. Bereitwillig fügten sie sich der orientalischen Heilkunst, lediglich darauf bedacht, daß der Arzt möglichst ein Christ oder ein konvertierter Mohammedaner sei.

Wenn die Kreuzfahrerstaaten militärisch zerschlagen wurden, so erfaßt dieser Prozeß nur die Oberfläche. Das Wesen der Perspektivlosigkeit ergab sich aus der wirtschaftlichen und kulturellen Situation. Die Kreuzritter waren eine kleine, isolierte herrschende Schicht geblieben ohne Basis im Volk, dessen Wirtschaft und geistigem Leben sie trotz aller Beziehungen fremd gegenüberstanden. Auf das Militär gestützt, mochte sich ein solcher Staat auch unter mittelalterlichen Bedingungen eine Zeitlang halten, eine Dauerlösung konnte daraus nicht erwachsen.

DIE KREUZZUGSAUFFASSUNG
IM 12. UND 13. JAHRHUNDERT

Das mittelalterliche Europa war während der gesamten Geschichte der Kreuzfahrerstaaten von den Ereignissen im Orient nicht unberührt geblieben. Obwohl sich der Kreuzzugsgedanke im Laufe der Zeit veränderte und durch neue Motive akzentuiert wurde, reagierte der europäische Adel, inspiriert von der katholischen Kirche, auf das militärische Geschehen im Heiligen Land. Insbesondere die Niederlagen und Gebietsverluste gaben Anlaß zu neuen Kreuzzügen. Zunächst war es der Erfolg des 1. Kreuzzuges, der die fürstlichen Herren Europas mobilisierte. Um 1100 zogen Ritterheere aus Norditalien unter Führung des Erzbischofs Anselm von Mailand, aus Südfrankreich unter Führung des Herzogs Wilhelm IX. von Aquitanien, Ritter aus Nord- und Ostfrankreich, Flandern, Bayern und Österreich, jeweils geführt von Bischöfen und hohen weltlichen Fürsten, in getrennten Zügen nach dem Orient. Sämtliche Heere wurden in Kleinasien von den Seldschuken vernichtend geschlagen, so daß nur kleine, versprengte Gruppen die Kreuzfahrerstaaten erreichten.

Als 1144 Edessa in die Hände Zenghis fiel, entfachte dieser Verlust die Kreuzzugspropaganda in Europa neu und führte zum 2. Kreuzzug mit zwei Aufgeboten, die unter der Führung des französischen Königs Ludwig VII. und des deutschen Königs Konrad III. (1147/49) standen. Unter schweren Kämpfen wurde Jerusalem erreicht. Die militärischen Erfolge waren bescheiden. Als politisch kurzsichtig erwies sich der Beschluß,

Damaskus anzugreifen. Das Ziel, die Vereinigung Aleppos mit Damaskus zu verhindern, wurde nicht erreicht, der Vorstoß selbst schlug fehl.

Der 3. Kreuzzug (1189 bis 1192) wurde als Reaktion auf den überlegenen Sieg Saladins bei Hattin (1187) und die Eroberung Jerusalems im gleichen Jahr unternommen. Es war das monumentalste Aufgebot. Drei Heere unter Führung Kaiser Friedrichs I. Barbarossa, des englischen Königs Richard Löwenherz und des französischen Königs Philipp II. August zogen nach dem Orient – die Spitzen des europäischen Adels mit ihrem Gefolge. Die englischen und französischen Ritter fuhren über See und waren militärisch erfolgreich. Sie konnten Akkon, eine der wichtigsten Hafenstädte der Kreuzfahrerstaaten, erobern und Saladin eine Reihe von Niederlagen beibringen. Besonders Richard Löwenherz zeichnete sich hierbei aus. Doch Jerusalem konnte nicht zurückgewonnen werden.

Das deutsche Ritterheer wurde nach dem Sieg bei Iconium auf dem Marsch durch Kleinasien vom Tod Barbarossas betroffen, der wahrscheinlich bei einem Erfrischungsbad im Fluß Saleph am 10. Juni 1190 ertrank. Die Reaktion im Heer war verheerend. Zahlreiche Adelige zogen enttäuscht wieder in die Heimat zurück. Sie zweifelten an der göttlichen Unterstützung. Die Zurückgebliebenen kämpften in kleineren Gruppen zusammen mit den englischen und französischen Rittern. Die sterblichen Überreste des Kaisers sollten in Jerusalem beigesetzt werden, fanden dann aber in Tyrus ihre letzte Ruhestätte.

Die nach wie vor komplizierte und militärisch schwierige Situation der Kreuzfahrerstaaten führte zu Beginn des 13. Jahrhunderts kurz hintereinander zu mehreren Kreuzzügen, wobei immer stärker der Kampf gegen Ägypten, den bedeutendsten militärischen Gegner der Kreuzfahrerstaaten im Orient, in den Vordergrund rückte. Französische und flandrische Ritter unter Führung des Markgrafen Bonifaz von Montferrat und des Grafen Balduin von Flandern bereiteten den 4. Kreuzzug (1202/1204) gegen Ägypten vor. Die Überfahrt wurde von den Venezianern organisiert. Nicht Ägypten, sondern Byzanz wurde das Ziel. Angestiftet von den Venezianern stürmten die Kreuzritter Konstantinopel.

Als Beispiel für die Unterordnung der Kreuzzugsidee unter die Ambitionen der Kaufleute in die Geschichte eingegangen, zeigte dieser Kreuzzug auch unverhüllt die Expansionsinteressen der europäischen Ritterschaft.

Der 5. Kreuzzug, angeheizt durch die leidenschaftliche Kreuzzugspropaganda des Papstes Innozenz III., umfaßte in der Zeit von 1217 bis 1229 mehrere Heereszüge. 1217 versuchten König Andreas II. von Ungarn und Herzog Leopold VI. von Österreich vergeblich, von Akkon aus vorzustoßen. Andere Heere aus verschiedenen Teilen Europas unter Führung des Kardinals Pelagius belagerten Damiette, eroberten es 1219, mußten es aber schon 1221 wieder räumen. 1228/29 zog endlich Kaiser Friedrich II., der bereits 1215 das Kreuz genommen hatte, mit einem relativ kleinen Heer nach Akkon und erreichte durch geschickte diplomatische Verhandlungen mit dem ägyptischen Sultan al-Kamil die Übergabe Jerusalems und des umliegenden Territoriums an die Kreuzfahrerstaaten. Auch dieser Erfolg war nur vorübergehend. 1244 fiel Jerusalem endgültig in die Hände der Ägypter.

Der 6. Kreuzzug (1248 bis 1254) war eine Angelegenheit des französischen Königs Ludwig IX., des Heiligen. Damiette konnte für kurze Zeit erobert werden, aber eine militärische Niederlage brachte Ludwig in Gefangenschaft, aus der er nur durch hohes Lösegeld wieder frei kam. Der letzte Kreuzzug Ludwigs (1270), gegen Tunis gerichtet, hatte keinerlei militärische und politische Bedeutung für die Reste der Kreuzfahrerstaaten.

Allein die knappen Fakten bestätigen, was im Zusammenhang mit der Geschichte der Kreuzfahrerstaaten dargelegt wurde. Mit der Veränderung des politischen und militärischen Kräfteverhältnisses im Orient durch die Zusammenfassung der Kräfte unter Saladin und seinen Nachfolgern waren die Kreuzfahrerstaaten im Orient unmittelbar dem Untergang geweiht. Eine Perspektive hatten sie aber auch vorher nicht besessen.

Der Verlauf der Geschichte seit dem 4. Kreuzzug scheint diese These von der inneren Dynamik der Unternehmen her zu bestätigen. Während der zweihundertjährigen Kreuzzugszeit entwickelten und veränderten sich in Europa die Kreuzzugsidee, die Auffassungen der Ritter vom Kreuzzug sowie die militärischen Praktiken ganz wesentlich. Zweifellos hatte Urban II. auf dem Konzil von Clermont kaum vorausgesehen, daß die Kreuzzugsidee über so lange Zeit hinweg wesentlicher Bestandteil der päpstlichen Politik bleiben würde und darüber hinaus auch der geistigen Haltung des europäischen Adels. Es zählte daher bis zum Beginn des 13. Jahrhunderts zu den politischen Zielen Roms, die Kreuzzugsidee ständig zu präzisieren und den neuen Bedingungen der gerade während dieser Zeit sich stürmisch entwickelnden europäischen Gesellschaft anzupassen.

Zwei Höhepunkte lassen sich dabei erkennen: die Vorbereitung des 2. Kreuzzuges und die Zeit des Pontifikats Innozenz' III. In Vorbereitung des 2. Kreuzzugs wurden alle Elemente der Kreuzzugspraxis, die in den vorangegangenen Jahrzehnten zum Teil spontan entstanden waren, systematisiert und als einheitliche Richtlinie zusammengefaßt. Der Kreuzzugsaufruf Eugens III. von 1146 gewährte ausdrücklich allen Teilnehmern den Kreuzzugsablaß, sicherte von vornherein den Schutz der Kirche für die Angehörigen und den Besitz der Kreuzritter zu und regelte die Finanzierungsproblematik insoweit, als für Anleihen der Kreuzritter keine Zinsen genommen werden durften.

In der Argumentation für die Notwendigkeit, das Kreuz zu nehmen, wurden zwei Linien sichtbar: einmal der Appell an das Traditionsbewußtsein. Vor allem in den Kreuzzugspredigten wurden mit Redegewalt die verdienstvollen Taten der Väter gewürdigt, denen es nachzueifern galt. Für viele Söhne und Enkel war das zweifellos eine sehr wirkungsvolle Losung. Die zweite Linie setzte neue Akzente in der Motivation. Edessa, so hieß es, wäre durch die große Sündhaftigkeit der christlichen Welt verlorengegangen. Nur mit einem Kreuzzug könne Gott wieder versöhnt und Nachlaß der Sünden erreicht werden.

Diese Auffassung wurzelte in der Mystik des 12. Jahrhunderts, war von ihr abgeleitet. Demut und Buße bildeten den Mittelpunkt der Frömmigkeit, sie öffneten den Weg zu Gott, der dem sündigen und demütigen Menschen verzeiht.

Nicht zufällig nahm der Zisterzienserabt Bernhard von Clairvaux, der führende Vertreter dieser Mystik, gern den Auftrag zur Kreuzzugspredigt an. Mit gewaltiger Beredsamkeit trug er seine Thesen vor. »Die Erde ist in Bewegung, weil der Gott des Himmels begonnen hat, sein Land zu verlieren ... Ist etwa die Hand des Herrn verkürzt oder ist sie kraftlos geworden, zu retten, weil er zum Schutz seines Erbteils und zu dessen Rückerstattung an ihn, dürftige Würmlein aufruft? ... Ich sage euch, Gott versucht euch ... Was ist es denn anderes als geradezu eine ausgesuchte, allein von Gott erfundene Heilsangelegenheit, wenn der Allmächtige Mörder, Ehebrecher, Meineidige und die sonstiger Missetat Verhafteten, gleichsam wie Leute, die gerecht gehandelt hätten, so unter der Hand an seinen Dienst zu erinnern geruht? ... Er will für den Schuldner gelten, damit er denen, die für ihn streiten werden, den Sold bezahlt, Vergebung der Missetaten und ewige Herrlichkeit.«

Diese Akzentverlagerung blieb auch in den folgenden Jahrzehnten erhalten und wurde von den Kritikern der Kreuzzugsbewegung aufgegriffen und in ihr Gegenteil verkehrt. Am Wesen der Kreuzzugsbewegung aber änderte sich nichts. Der militante Charakter verschärfte sich. War es 1096 noch die

Parallelität der Stoßrichtungen, die Urban II. veranlaßte, den Katalanen den Weg nach Jerusalem zu verbauen und sie auf die Reconquista zu verpflichten, so faßte Bernhard den Aufruf so weit, daß darin selbst die Ostexpansionen der sächsischen Feudalherren ohne Schwierigkeiten eingepaßt werden konnten. Da der sächsische Adel es ablehnte, nach dem Orient zu ziehen, weil in unmittelbarer Nachbarschaft einige dem Heidentum ergebene Völker lebten, so berichtet Otto von Freising, gewährte Bernhard ihm für einen Zug gegen die Slawen die Kreuzzugsprivilegien. Unter der berüchtigten Losung »Taufe oder Tod« fand das Kreuzzugsunternehmen 1147 gegen die Obodriten statt.

Damit erhielt die Kreuzzugsidee hier eine auf die spezielle Situation zugeschnittene Note. Dem sozialen Inhalt nach bedeutete der Kampfruf »Taufe oder Tod« nichts anderes als »Unterwerfung oder Tod«. Durch gewaltsame Missionierung sollte die Herrschaft des sächsischen Adels ausgedehnt werden.

Wenn der Wendenkreuzzug auch scheiterte, so entschied sich damit doch Wesentliches. Die Idee vom Glaubenskrieg gegen die Heiden geriet nicht mehr in Vergessenheit, sondern wurde geistige Grundlage für »Missionen« unter den slawischen Völkern. Ihren traurigen Höhepunkt erlebten diese im 13. Jahrhundert, als der Deutsche Ritterorden sich im Land der Pruzzen festsetzte und hier seine grausame »Heidenbekehrung« betrieb.

Auch für andere Fürsten war der Aufruf von 1146 nur Anlaß, um unter dem Banner Christi und von der Kirche legitimiert an Eroberungszügen teilzunehmen. Englische und flandrische Adelige beteiligten sich an der Reconquista und eroberten unter anderem Lissabon – alles im Zeichen des Kreuzes und mit den Attributen der Kreuzfahrt versehen.

Der unerwartete Ausgang des 4. Kreuzzuges veranlaßte Papst Innozenz III. noch einmal, die Kreuzzugsbewegung mit aller Kraft anzuheizen. Charakteristisch war der scharfe Ton, die Argumente änderten sich kaum. Die Forderung richtete sich an alle, obwohl im Kern der Ritter angesprochen wurde. In vielen Diözesen entstanden Zentralen, die die Werbung in der Hand hatten. Die Kreuzprediger besaßen eigens zusammengestellte Literatur, sogenannte Briefbücher, in denen alle Argumente für den Kreuzzug sowie Auskünfte zu organisatorischen Fragen zusammengefaßt waren. Eine hektische Atmosphäre wurde geschaffen. In Frankreich verteilte der Legat Robert de Courson Kreuze an Kinder, Greise, Frauen, Blinde, Aussätzige. In anderen Gebieten zeigten sich ähnliche Tendenzen.

Die von den päpstlichen Legaten geschürte Ekstase erreichte in dem makabren Kinderkreuzzug von 1212 ihren Höhepunkt. Nach der Überlieferung soll sich folgendes ereignet haben: Im Gebiet um Köln und Niederlothringen sammelten sich Kinder und Jugendliche etwa im Alter bis zu achtzehn Jahren und folgten einem Knaben namens Nikolaus zum Zug in das »Heilige Land«. Nach allerdings sehr unzuverlässigen und mit Sicherheit weit übertriebenen Quellenangaben sollen es zwanzigtausend Kinder und Jugendliche gewesen sein. Nikolaus wollte sie trockenen Fußes dorthin führen. Über die Alpen zogen sie südwärts. Eine größere Gruppe soll Genua erreicht haben, andere Pisa. Einzelne drangen bis Brindisi vor. Nachweisbar baten Jugendliche Papst Innozenz III. darum, sie vom Gelübde zu entbinden. Er tat es aber nur in wenigen Fällen.

Parallel zu diesem Unternehmen sollen sich in Frankreich Jugendliche mit dem gleichen Ziel gesammelt haben. Unter der Leitung eines Knaben namens Stephan, der sich als Gesandter Gottes ausgab, zogen sie nach Marseille, um sich nach Jerusalem übersetzen zu lassen. Hier verlieren sich die Spuren.

Die Nachrichten über den Kinderkreuzzug sind sehr ungenau und zudem, da sie unter dem Volk verständlicherweise große Erregung hervorriefen, tendenziös gefärbt. Die Meinungen waren von Anfang an geteilt. Viele kirchliche Kreuzzugseiferer sahen den Aufbruch von Kindern nicht ungern, da das die Stimmung anheizte. Innozenz und seine Ratgeber begrüßten die Entwicklung, um damit die Erwachsenen zu beschämen. Auf der anderen Seite fanden sich auch Kräfte, die dagegen einschritten. Den Beauftragten des französischen Königs gelang es, einige Gruppen zu zerstreuen. In verschiedenen Städten hielt man die Kinder zurück.

Trotz all dieser Informationen ist nicht anzunehmen, daß es sich der Zusammensetzung nach vor allem um Kinder gehandelt hat. Wahrscheinlich bildeten sie nur einen Teil der Züge, waren das Aushängeschild. Sie sollten mit ihrer Unschuld den Erfolg des Zuges garantieren. Insgesamt dürfte die Struktur eher der des Bauernkreuzzuges geglichen haben.

Sehr viel Aktivität und Energie wies das Unternehmen allerdings nicht auf. Der Zug aus dem Rheinland löste sich bereits in Italien auf. Viele der Kinder werden in den italienischen Städten untergekommen sein. Von den Teilnehmern, die Marseille erreichten, wurden zahlreiche in die Sklaverei verkauft. Fünf Schiffe mit lebender Fracht kamen in den Hafenstädten Nordafrikas und Ägyptens an. Auf den Sklavenmärkten war Endstation.

Doch zurück zur Organisation der Kreuzzugspropaganda. Um die Vorbereitung des Kreuzzuges abzusichern, schuf Innozenz III. ein System von Maßnahmen, das sich in der folgenden Zeit auf die Kreuzzugsbewegung und deren geistige Grundlagen tiefgreifend auswirkte. Die Kurie brauchte Geld zur Finanzierung der Unternehmen. Denn viele Kreuzzugsteilnehmer waren nicht in der Lage, für die Ausrüstung selbst aufzukommen. Die starke Ausbreitung der Geldwirtschaft in Europa hatte neue Bedingungen geschaffen, denen sich das Papsttum anzupassen versuchte.

Zur materiellen Sicherstellung wurde in allen geistlichen

Besitztümern eine Kreuzzugssteuer zur Verfügung des Papstes erhoben. Noch schwerwiegender wirkte sich eine Verfügung aus, nach der die Ausrüstung eines Stellvertreters die persönliche Kreuznahme aufwog und die gleichen Rechte gewährte. Das kam der Ablösung des Kreuzzugsgelübdes durch Geld gleich. Dabei scheint es auch eine Reihe von Fällen gegeben zu haben, in denen Stellvertreter zwar das Geld in Empfang nahmen, aber nicht die Reise nach dem Orient antraten. Denn es wurde bald verfügt, daß sie als Zeichen der Erfüllung ihres Auftrages eine Bestätigung der Ritterorden zurückbringen mußten.

Mit dem bisher gepredigten Ideal des Kreuzritters war das nicht vereinbar. Für Innozenz jedoch schien die Lösung sehr befriedigend. In der Kreuzzugsbulle hieß es: »Denn wir hoffen mit Sicherheit, daß uns Männer nicht fehlen werden, wenn das Geld nicht fehlt.«

Damit kündigte sich auch von dieser Seite das Ende der ursprünglichen Kreuzzugsbewegung an. Angepaßt an die neuen Bedingungen öffnete die deformierte Kreuzzugsorganisation allen politischen Ambitionen Tür und Tor. Die Steuer, ursprünglich zur Unterstützung armer Kreuzzugsteilnehmer gedacht, wurde bald zu einer ständigen Einrichtung und füllte die Kassen des Papsttums. Der päpstliche Fiskalismus blühte, und der Templerorden entwickelte sich zum Schatzmeister der Kurie. Bereits unter Innozenz, mehr aber noch bei seinen Nachfolgern, fanden die Gelder Verwendung zum Ausbau des päpstlichen Universalismus, etwa beim Kampf mit Friedrich II., bei der Niederschlagung des Aufstandes der Stedinger und beim Kreuzzug gegen die Albigenser in Südfrankreich.

Die weltlichen Fürsten standen dieser Praxis nicht nach. Sie ließen sich gegen das Kreuzzugsgelübde die Steuer übertragen, sanierten damit ihren Staatshaushalt, dachten aber sehr spät oder gar nicht an die Kreuzzugsteilnahme. So ließ sich der englische König Heinrich III. (1216 bis 1272) mehrmals die Steuer zur Verfügung stellen, doch ein Kreuzzug kam nicht zustande. Genauso verfuhr König Haakon von Norwegen (1240 bis 1263) nicht weniger als dreimal.

Vom Amtsantritt Urbans II. bis zum 13. Jahrhundert erlebte die vom Papsttum organisierte Kreuzzugspropaganda zahlreiche Veränderungen, immer war sie jedoch Instrument wirtschaftlicher und politischer Interessen. Mit dem Wirken Papst Innozenz' III. entartete der Kreuzzugsgedanke völlig. Der Eroberung des christlichen Byzanz im Zeichen des Kreuzes folgte die bewußte Propagierung eines Kreuzzuges in die südfranzösische Grafschaft Toulouse. Das unter dem Begriff »Albigenserkreuzzüge« (1209 bis 1229) in die Geschichte eingegangene Morden richtete sich zunächst gegen die in diesem Gebiet recht zahlreichen Anhänger der katharischen Häresie. Da die Kreuzritter, vorwiegend nordfranzösische Adlige, weder in der Lage noch gewillt waren, detaillierte Untersuchungen anzustellen, kam es zu regelrechten Exzessen. Der päpstliche Legat soll zögernden Kreuzrittern die Weisung gegeben haben; »Schlagt sie alle tot, der Herr wird die Seinen schon erkennen!«

So wurden zu Beginn in der Stadt Béziers siebentausend Einwohner getötet, die Stadt geplündert und angezündet. Im Ergebnis des gesamten Kreuzzuges lag eine ehemals kulturell blühende südfranzösische Landschaft zerstört in den Händen der Eroberer, wobei politisch das französische Königtum gewonnen hatte, da es nach den erfolgten Konfiskationen erstmalig festen Fuß am Mittelmeer fassen konnte. Mit dem auslösenden Moment stand dieses Ergebnis allerdings nicht in direktem Zusammenhang.

In Deutschland wurden die im Aufstand gegen die feudale Bedrückung durch den Bremer Erzbischof befindlichen Stedinger Bauern mit Genehmigung der Kurie durch einen Kreuzzug in die Knie gezwungen. Auch hier wüteten die aus

Nordwestdeutschland, Flandern und Holland herbeigezogenen Adeligen im Zeichen des Kreuzes.

Die Anpassung der Kreuzzugsidee und der Organisation an die aktuellen Interessen der Kurie ging nicht spurlos an den Kreuzzugsvorstellungen des Adels vorüber. Bei den Ritterheeren des 1. Kreuzzuges war eine ausgeprägte Verwurzelung der Kreuzzugsidee in der Adelskultur noch nicht festzustellen. Das 12./13. Jahrhundert brachte einen gründlichen Wandel. Es war die Blüte höfisch-ritterlicher Kultur in Europa, die auf den Prinzipien und Idealen des Lehenswesens beruhte und auf die gesamte Gesellschaft ausstrahlte.

Vor allem die Dichtung formulierte in zahlreichen Liedern, Sprüchen und Epen das Ritterideal. Es wurden Normen, Sitten und Gewohnheiten ausgebildet und verbreitet, innerhalb derer sich der Ritter zu bewegen hatte. Troubadours verkündeten sie an allen Höfen Europas. Alle Bereiche des ritterlichen Lebens wurden davon erfaßt.

Die Einflüsse, die auf die Formung des Ritterideals einwirkten, waren vielfältig; auch Einflüsse aus dem Orient gehörten dazu. Die Auseinandersetzung mit der Kreuzzugsidee war nunmehr fester Bestandteil der höfisch-ritterlichen Dichtung. Sehr viele ritterliche Dichter haben sich zu dieser Thematik geäußert. Pilger- und Kreuzzugslieder entstanden. Epen bezogen sich auf das Thema.

Auch die Großen der höfisch-ritterlichen Dichtkunst widmeten einen bedeutenden Teil ihrer Arbeit den Kreuzzügen. Walther von der Vogelweide verfaßte zahlreiche Kreuzzugssprüche und -lieder. Wolfram von Eschenbach legte seine Auffassung in einem eigenen Epos, dem »Willehalm« nieder. Den Tenor bildete die Auffassung, daß der Kreuzzug zum ritterlichen Leben gehöre. Walther von der Vogelweide ermahnte den Ritter, am Kreuzzug teilzunehmen, da er die geeigneten Waffen dafür besitze: »... dar an gedenkent, ritter: ez ist iuwer dinc (der Kreuzzug). ir tragent die lichten helme und manegen herten rinc, der zuo die vesten schilte und diu gewihten swert.«

In allen Variationen wurde das Thema erläutert. Christliche Demut als Voraussetzung spielte ebenso eine Rolle wie auch die altbekannte und schlichte Forderung, das Heilige Grab zu befreien. »Hat dich das Heilige Kreuz erlöst, so erlöse das Heilige Kreuz mit dem Schwert«, forderte ein lateinisches Kreuzzugslied der zweiten Hälfte des 12. Jahrhunderts.

Wer das Kreuzzugsgelübde bricht, wird moralisch geächtet. »Verwünscht sei er und verwünscht sei jeder, der nicht ›Pfui‹ über ihn sagt ... Nun werdet Ihr hier ein Leben in Schande führen, denn Ihr wolltet nicht fröhlich für Gott sterben. Nun zählt man Euch zu den Feigen«, klagt ein französisches Lied der gleichen Zeit einen Ritter an, der das Kreuzzugsversprechen nicht einlöste. Die Meinung war eindeutig, zumindest bis zum Beginn des 13. Jahrhunderts. Die bewaffnete Pilgerfahrt wurde allgemein propagiert. Die Ritter nahmen sie auf und betrachteten sie als Teil ihres Lebens.

Neben den ritterlichen Tugendkodex trat dabei immer stärker ein traditionelles Denken. Es war einfach zur Gewohnheit geworden, daß man das Kreuz nahm. Dabei erschien der Ritter nicht als verbissen kämpfender Gottesstreiter, der von religiösen Leidenschaften erfüllt war, sondern es setzte sich eher der Gedanke einer selbstverständlichen Dienstverpflichtung durch.

Gab es in der grundsätzlichen Orientierung eine Einstimmung auf die päpstliche Kreuzzugspropaganda, eine innere Durchdringung des Ritterideals mit dem Christentum, so zeigen sich in anderen Elementen deutliche Diskrepanzen – besonders ausgeprägt im Verhältnis zum islamischen Krieger: das Töten wegen des anderen Glaubens spielt in der ritterlichen Dichtung fast keine Rolle. Der harte, aber ehrenhafte Kampf dominierte. Der Gegner war ein Ritter, dem alle Tugenden zugesprochen wurden.

Breiten Raum nahm dieses Thema zum Beispiel in Wolfram von Eschenbachs »Willehalm« ein, wo vor dem Kampf des christlichen Ritters mit dem »Heiden« Matribleiz hinsichtlich des höfischen Ritterideals beide gleichgestellt werden. Die Überlegenheit Willehalms ergibt sich allein aus dem christlichen Glauben.

In der Dichtung »Die Kreuzfahrt Ludwigs des Frommen von Thüringen« hebt der Autor hervor, daß Muslime und christliche Ritter nur getrennt sind »durch den gelouben, durch niht mêr«. Und er bedauert nach errungenem Sieg die vielen gefallenen tapferen Sarazenen.

In dieser Bewertung des Gegners reflektiert sich das tatsächliche militärische Geschehen. Nicht nur in den Kreuzfahrerstaaten selbst, sondern auch bei den Kämpfen in den Kreuzzügen des ausgehenden 12. und beginnenden 13. Jahrhunderts setzt sich eine Form des Krieges durch, die den Gegner als Menschen respektierte. Anfangs waren die Neuankömmlinge in den Kreuzzugsstaaten noch entsetzt über die Toleranz zwischen Christen und Mohammedanern. Sie warfen den Kreuzrittern des Heiligen Landes vor, daß ihnen die Verteidigung der reichen Küstengebiete näher stehe als der Schutz Jerusalems, empörten sich über Waffenstillstände und Verträge mit muslimischen Fürsten, kritisierten, daß in den Kreuzfahrerstaaten die eigene Sache über der Christi stehe, kurz, sie wollten den »Heiligen Krieg«.

Aber bald wandelte sich die Einstellung. Der Muslim wurde als ritterlicher Gegner behandelt. In aller Deutlichkeit zeigen das die Auseinandersetzungen mit Saladin während des 3. Kreuzzuges. Es war in Europa bekannt geworden, daß Saladin bei der Eroberung Jerusalems mit den Kreuzrittern sehr ritterlich verfahren war und dem Abzug der Christen gegen ein Lösegeld zugestimmt hatte.

Auch aus den Begegnungen zwischen Richard Löwenherz und Saladin sind einige solcher ritterlicher Gesten überliefert.

Bei der Belagerung von Akkon sandte Saladin dem erkrankten englischen König Früchte und Zuckerwerk. Dieser revanchierte sich mit der Rückgabe eines Gefangenen. Saladin seinerseits ließ einen älteren gefangenen Kreuzritter frei. Saladins Bruder ließ Richard Löwenherz während der Schlacht zwei ausgeruhte Pferde übergeben. Bereits zuvor waren bei der Belagerung Akkons durch Saladin in einer Gefechtspause die Gegner zu freundschaftlichem Gespräch zusammen gekommen. Richard Löwenherz soll sogar mit dem Gedanken gespielt haben, seine Schwester Johanna mit dem Bruder Saladins zu vermählen.

Unabhängig davon, was an den Überlieferungen Wahrheit und was Legende ist – durch ihre Verbreitung wirkten sie ideologiebildend. Kaiser Friedrich II. und Sultan al-Kamil von Ägypten tauschten während des 5. Kreuzzuges mehrfach Geschenke aus, die durch offizielle Gesandtschaften überreicht wurden. Um die Verhandlungen über die Rückgabe Jerusalems zum Abschluß zu bringen, schickte Friedrich al-Kamil einen Brief, in dem er ihn als seinen lieben Freund ansprach und erklärte, er brauche Jerusalem, damit er in den Augen der europäischen Fürsten nicht seine Autorität verliere.

Nicht nur der Papst, auch die Bevölkerung der Kreuzfahrerstaaten verziehen ihm den allzu freundlichen Umgang mit dem Feind nicht. Die Fleischer Akkons bewarfen ihn, von dem sie große militärische Siege erwartet hatten, bei der Abreise mit Kaldaunen.

Seit Beginn des 13. Jahrhunderts sind auch Beispiele überliefert, wonach man sich gegenseitig zum Ritter schlug. Zugrunde liegt auch diesen allerdings vereinzelten Gesten die sehr verbreitete Achtung vor dem Gegner. Bei den kriegerischen Aktionen wurde hart und zuweilen auch brutal gekämpft. Die Verluste waren oft sehr hoch, und es ist auch auf beiden Seiten eine Reihe von Grausamkeiten überliefert. Über Richard Löwenherz ist bekannt, daß er Tausende muslimischer Gefangener töten ließ. Saladin enthauptete Gefangene eigenhändig. Bei der Eroberung von Damiette 1219 richteten die Kreuzfahrer ein Blutbad unter den Gefangenen und Einwohnern an. Die Beispiele könnten fortgesetzt werden.

Von scheußlichen Verstümmelungen der Gefangenen berichten beide Seiten wiederholt. Ein Teil der gefangenen Kreuzfahrer wurde versklavt. Interessanterweise sind die Überlieferungen von derartigen Grausamkeiten selten religiös bemäntelt. Sie scheinen mehr bestimmten Gewohnheiten entsprungen zu sein als dem Glaubensgegensatz.

Alles das, was hier schon zur Charakterisierung der ritterlichen Kreuzzugsidee gesagt wurde, erhält aber nur den richtigen Zusammenhang, wenn der reale Hintergrund im Blickfeld bleibt. Bei allen Kreuzzügen dominierten die politischen Motive, sprachen sie das entscheidende Wort. Vor allem die Führer ließen sich nie von einer religiösen Hysterie treiben, sondern ordneten ihren Kreuzzug den gesamtstaatlichen Interessen unter. Der französische König Ludwig VII. hatte seinen Kreuzzug 1147 bereits geplant, ehe Papst Eugen III. seinen Aufruf erließ, und war keineswegs gewillt, sich Rom unterzuordnen. Im Vorfeld des 3. Kreuzzuges ließen sich alle drei Herrscher für die Vorbereitung sehr viel Zeit. Friedrich Barbarossa brauchte mehrere Jahre zur Klärung aller innenpolitischen Streitigkeiten. Die englische Krone sollte bereits in den sechziger Jahren ein Kreuzzugsheer ausrüsten. Aber kriegerische Auseinandersetzungen mit Frankreich schoben das Unternehmen so lange hinaus, bis eine Übereinkunft erzielt war.

Von der Spontanität des 1. Kreuzzuges ist später nichts mehr zu spüren. Kaiser Friedrich II. wartete aus politischen Gründen mehrere Jahre, bis er sein Versprechen realisierte. 1215 nahm er das Kreuz. Erst 1228 zog er nach dem Orient. Auch Ludwig der Heilige brauchte jeweils mehrere Jahre zur Vorbereitung. Andere Herrscher realisierten ihre Kreuzzugsgelübde im 13. Jahrhundert überhaupt nicht mehr.

Religiöser Enthusiasmus war bei alledem nicht zu spüren, höchstens die Erfüllung einer traditionellen Pflicht und die Absicht, den bedrängten Kreuzrittern im Orient zu helfen, deren Familien zum größten Teil noch in Europa lebten. Der überwiegende Teil der Ritter folgte letztlich – sofern er nicht durch verwandtschaftliche Beziehungen unmittelbar an den Kreuzfahrerstaaten interessiert war oder sich dort niederlassen wollte – etwa bei den Ritterorden – dem jeweiligen Lehensherren ähnlich wie zu einem anderen militärischen Unternehmen.

Die Aufnahme der Kreuzzugsbewegung in das Selbstverständnis des Rittertums mußte früher oder später auch zur kritischen Auseinandersetzung mit ihr führen. In der Praxis hatte es ablehnende Stellungnahmen immer gegeben, nachweisbar in der Ablehnung des Kreuzzugsgelübdes, der Nichterfüllung eines bereits gegebenen Versprechens beziehungsweise im vorzeitigen Abbruch der bewaffneten Wallfahrt.

Seit dem beginnenden 13. Jahrhundert nahmen sowohl mündlich als auch schriftlich die kritischen Stellungnahmen innerhalb des Adels in einem Ausmaß zu, daß sie sich zu einer geistigen Strömung verdichteten. Vornehmlich zwei Umstände wirkten ursächlich: die Mißerfolge der Kreuzzüge und der Ausbau der Kreuzzugsorganisation unter Innozenz III. Immer wieder fragten sich die Zeitgenossen, warum Gott den christlichen Rittern im Orient keinen Erfolg beschere. Den Bereich, in dem die Schuld zu suchen war, hatte Bernhard von Clairvaux bereits abgesteckt: der sündige Christ. Aber anders als im 12. Jahrhundert rückten nicht weltliche Feudalherren in das Feuer der Kritik, sondern das Papsttum selbst.

Die unter Innozenz gefaßten Beschlüsse hatten den schärfsten Widerspruch erregt. Vor allem die Finanzmanipulationen riefen große Unzufriedenheit hervor. »Habgieriges und betrügerisches Rom« wurden Schlagworte. Das Papsttum trage die Schuld an den Mißerfolgen. Griechen und Römer wären entzweit worden, die Sarazenen würden verschont werden.

Auch für Walther von der Vogelweide war die Einführung der Kreuzzugssteuer unvereinbar mit seinem Ideal vom Kreuzzug: »Sagt an, hêr Stoc (gemeint ist der Opferstock zur Entrichtung der Kreuzzugsabgaben), hat iuch der babest her gesendet, daz ir in richet und uns Tiutschen ermet unde pfendet«, fragte er in einem Lied.

Im »Geldevangelium«, einer um 1200 entstandenen parodistischen Schrift, läßt der Autor den Papst sagen: »Liebe Silber und Gold aus deinem ganzen Herzen und mit deiner ganzen Seele, und den Reichen wie dich selbst.«

Die Verwendung der Kreuzzugsgelder für Kriegsausgaben in Europa empörte die Zeitgenossen. Französische Troubadours kritisierten den Papst, weil er die Ablaßgelder für einen Kreuzzug gegen die Albigenser in Südfrankreich verwandte. Sehr nüchtern stellte der Kleriker Matthäus von Paris fest: »Die Gläubigen waren erstaunt, daß der gleiche vollständige Ablaß aller Sünden für das Vergießen christlichen wie ungläubigen Blutes gewährt wurde.« Die Situation spitzte sich um so mehr zu, als die massive Kritik an der Kreuzzugspolitik des Papsttums sich mit der Auseinandersetzung zwischen den Päpsten und dem deutschen Kaiser Friedrich II. verband und von daher der gesamte Adel in zwei sich befehdende Parteien gespalten war.

Neben die antikirchliche Kritik rückte der direkte Zweifel an der göttlichen Unterstützung der bewaffneten Wallfahrt. Walther von der Vogelweide fragt die Erzengel, was sie eigentlich zur Unterstützung der Kreuzritter im Kampf gegen die Heiden getan hätten, da man sie nie gesehen und gehört hätte: »Was habet ir der heiden noch zerstoeret? sit iuch nieman siht noch niemen hoerst, sagens, waz hant ir noch dar zuo getan?«

Unter dem Eindruck anhaltender Mißerfolge schrieb Mitte des 13. Jahrhunderts ein Tempelherr: »Wohlan, wenn Gott, dem alles das mißfallen müßte, das billigt und gut findet, so müssen wir uns freilich bescheiden. Ein rechter Tor ist also, wer noch in den Kampf zieht gegen die Türken, da Gott denen alles erlaubt.«

Die Stimmung war voller Mißtrauen gegen die Allmacht Gottes, und es wurden sogar Fragen laut, ob der Islam nicht doch die bessere Religion wäre, ob der Kreuzzug sich überhaupt lohne. Im einzelnen sind die Klagen sehr zugespitzt, aber in der allgemeinen Formulierung mag ein um 1220 verfaßtes Gedicht süditalienischer Herkunft die Auffassung vieler Ritter ausgedrückt haben: »Das Kreuz rettet die Menschen, mich schickt es in die Irre.«

Die Kreuzfahreridee stand zu Beginn des 13. Jahrhunderts vor ihrem Zusammenbruch. Der Adel Europas brauchte die Expansionen im Sinne des 11. Jahrhunderts auch nicht mehr. Mit der wirtschaftlichen Blüte des 12./13. Jahrhunderts und dem damit beginnenden Ausbau der politischen Macht begann die zunehmende Orientierung der Ritter auf diese Aufgaben, denen ein längerer Auslandsaufenthalt nur abträglich sein konnte.

Die kritische Auseinandersetzung mit der Kreuzzugsbewegung, insbesondere mit der reich gewordenen Kirche blieb nicht auf die Erörterungen innerhalb des Adels beschränkt. Die Opposition im Volk, unter den Bauern und Handwerkern, gegen den reichen, unmoralischen Klerus wuchs im 12./13. Jahrhundert vor allem in den wirtschaftlich entwickelten Gebieten, in Oberitalien, weiten Teilen Frankreichs, in Flandern und im Rheinland, außerordentlich an. Armutsbewegungen, in denen sich die Anhänger bewußt von der reichen Kirche geistig absetzten und einem apostolischen Armutsideal huldigten, breiteten sich aus. Ketzer fanden beim Volk mit ihren Lehren offene Ohren. Die Häresie der Katharer erhielt zahlreiche neue Anhänger. Die Sekte der Waldenser bildete sich heraus und wurde rasch zur Massenbewegung.

Eine Reihe von Volksbewegungen und zeitgenössischen oppositionellen Strömungen nahm den Gedanken der Kritik an der Kreuzzugsidee auf. Am sichtbarsten wurde der Zusammenhang beim Aufstand der Pastorellen (Hirten) 1251. Dem Charakter nach war es ein Bauernaufstand, dessen Zentrum in Nordostfrankreich lag. Hier trat ein Prediger namens Jacob auf und verkündete, die Heilige Jungfrau Maria fordere durch ihn das Volk auf, das Heilige Grab zu befreien. Die Ritter seien zu stolz und hochmütig, als daß Gott ihnen seine Gunst zuwenden würde – eine deutliche Anspielung auf den Kreuzzug König Ludwigs IX., der 1250 in Ägypten in Gefangenschaft geraten war. Nur dem Volk würde Gott seinen Schutz geben. Er, Jacob, habe den göttlichen Auftrag zu führen.

Die Bewegung breitete sich rasch aus. Über Amiens, Rouen, Paris, Orléans, Bourges, Limoges, Bordeaux zogen die Pastorellen nach dem Süden. Das Ziel war Marseille. Immer neue Anhänger schlossen sich ihnen an. Die Zahlenangaben schwanken zwischen zwanzigtausend und einhunderttausend Teilnehmern, und auch wenn das sicher übertrieben war, verdeutlicht es doch den Massencharakter der Bewegung.

Popularität und Zustrom verdankten die Pastorellen der antiklerikalen Spitze ihrer Bewegung. In ihren Predigten nannten sie die Kleriker Herumtreiber, Heuchler, Habsüchtige, Geldjäger, Knechte sinnlicher Lüste usw. Es blieb aber nicht bei der Predigt. In verschiedenen Städten und Klöstern griffen sie die Geistlichen direkt an und verfolgten sie. Die Pastorellen brauchten die Kirche nicht mehr. Sie segneten das Volk, erteilten Absolution und gaben den Teilnehmern das Kreuz.

Von rasch zusammengezogenen Ritterheeren wurde die Pastorellenbewegung zerschlagen. Dem Wesen nach war sie ein Bauernaufstand, der sich auch gegen den verstärkten wirtschaftlichen Druck richtete. Viele Bauern waren verarmt und besaßen, bedingt durch Erbteilung, nur noch wenig Land. Die Kritik an der Kreuzzugsbewegung und am Klerus erwies sich jedenfalls als so populär, daß sie zum wesentlichen Teil des Gedankenguts der Pastorellenbewegung werden konnte.

Heiliger Krieg und gewaltsame Bekehrung der Heiden konnten im Grunde mit dem Wesen des Christentums nicht vereinbart werden. So konnte eine Lösung, wie sie die Ritter für ihren Stand mit der Anerkennung des muslimischen Feudalherren als ebenbürtig fanden, nicht die einzige Form der Ablehnung bleiben. Bereits in der ersten Phase der Kreuzzugsbewegung war die religiöse Toleranz in den militärischen und politischen Handlungen nie völlig aufgegeben worden. Erinnert sei nur an das Leben in den Kreuzfahrerstaaten selbst.

Aber auch in Europa verstummte die Kritik nie. So läßt in einem Spielmannsepos aus dem 12. Jahrhundert der Autor den besiegten »Heiden« sagen: »An dinen got geloube ich niht wie halt mir darumbe geschiht.« Der christliche Ritter versucht daraufhin, die Überlegenheit Gottes zu demonstrieren, tötet den Gefangenen aber nicht, auch als dieser unbeugsam bleibt.

Dieses Motiv taucht in der höfisch-epischen Ritterdichtung immer wieder auf, obwohl das Papsttum auf Intoleranz drängte. Eine Wende von kirchlicher Seite zeichnete sich zu Beginn des 13. Jahrhunderts ab, als die Forderung nach gewaltloser Bekehrung zur geistigen Strömung wurde. Die Akzente setzte Franz von Assisi (1182 bis 1226). Als Begründer des Franziskanerordens (1210), der aus der Armutsbewegung des 12./13. Jahrhunderts hervorgegangen war und eine Waffe gegen die ketzerischen, antikirchlichen Armutsbewegungen darstellte, wurde Franz bereits zu Lebzeiten zur Legende. Von ihm ging eine gewaltige religiöse Überzeugungskraft aus. Sein auf Befolgung der apostolischen Armut und auf evangelische Predigt orientiertes Wirken begeisterte das Volk in einer Zeit, da die Kritik an der reichen Kirche besonders hohe Wogen schlug.

Franz von Assisi wollte Gotteskämpfer mit friedlichen Mitteln sein. Beeindruckt von der Erfolglosigkeit der Kreuzzugsbewegung suchte er den Ausweg in der gewaltlosen Mission.

1219 zog er nach Ägypten, wo ein Heer des 5. Kreuzzuges Damiette belagerte. Sein Ziel war es, den Sultan zum Christentum zu bekehren – natürlich ohne Erfolg. Legendenumwoben ist die Begegnung. Danach wurde Franz von al-Kamil freundlich empfangen. Angebotene Geschenke lehnte er ab. Es wurde ihm gestattet, vor dem Sultan und seinem Gefolge zu predigen, und Franz bot, um die Allmacht Gottes zu beweisen, die Feuerprobe an, die der Sultan ablehnte, angeblich mit der Begründung, für seinen Glauben würde kein islamischer Priester durch das Feuer gehen.

Von Belang bleibt die Begegnung dennoch, weil von da an die friedliche Mission ein fester Bestandteil der Tätigkeit der Franziskaner und bald darauf auch der Dominikaner wurde. Franziskaner bemühten sich etwa gleichzeitig um die Bekehrung von Mohammedanern in Tunis, auch ohne Erfolg. In Marokko erlitten fünf Mönche den Märtyrertod.

Bald darauf richteten beide Orden in Palästina Missionsstützpunkte ein, und bereits wenig später beschäftigten sich Mönche gezielt mit den Sprachen und der Kultur der Völker, die zum Christentum bekehrt werden sollten.

Die Päpste des 13. Jahrhunderts verstanden es, den Missionseifer der Bettelorden in die Kreuzzugspolitik einzubauen. Mönche wurden als Überbringer von päpstlichen Botschaften eingesetzt, in denen immer wieder die Versuche anklangen, den Übertritt der Sultane zum Christentum zu erreichen.

Mission und große Kreuzzugspolitik erlebten ihre Verschmelzung bei den Bemühungen, die Mongolen als Bundesgenossen gegen die ägyptischen Sultane zu gewinnen und sie dabei gleichzeitig zum Christentum zu bekehren. Das mongolische Großreich, durch einen gewaltigen Eroberungszug in der ersten Hälfte des 13. Jahrhunderts unter Führung Dschinghis-Khans entstanden, hatte die politische Landkarte Asiens gründlich verändert. China, Mittelasien, das südliche Sibirien, der Iran, Mesopotamien, Transkaukasien, das untere Wolgagebiet und Teile der Kiewer Rus waren von den mongolischen Nomadenvölkern in nur zwei Jahrzehnten unterworfen worden. Syrien lag in ihrem militärischen Interessengebiet. Erst 1260 wurde diese Expansion durch einen überlegenen Sieg Ägyptens über die Mongolen beendet.

Das Papsttum spekulierte zeitweilig auf ein Bündnis mit den Mongolen. Es war bekannt, daß sie den monotheistischen Religionen tolerant gegenüberstanden und zahlreiche nestorianische Christen hohe Ämter in der Verwaltung innehatten und Einfluß besaßen. 1245 schickte Innozenz IV. Franziskaner unter Leitung von Johannes de Plano Carpini zu den Mongolen. 1253 versuchte der französische König Ludwig IX. ein Bündnissystem aufzubauen, und er sandte den Mönch Wilhelm von Rubruk mit entsprechenden Angeboten aus. Weitere Delegationen folgten. Alle Bemühungen scheiterten, sowohl die Bündnisangebote als auch die Bekehrungsversuche.

Aufschlußreich sind die Aufzeichnungen der Mönche deshalb, weil sie einen Einblick vermitteln, wie im 13. Jahrhundert doch recht unterschiedlich Völker Verhandlungen führten und der Übertritt zum Christentum propagiert wurde.

Wilhelm berichtet vom Empfang bei Batu, dem Khan der Goldenen Horde: »Wir wurden bis in die Mitte des Zeltes geführt ... Er betrachtete uns aufmerksam, und wir taten desgleichen ... Endlich befahl er mir zu reden. Da hieß mich unser Begleiter die Knie beugen und sprechen. Ich beugte ein Knie als vor einem Menschen, aber er bedeutete mir, ich solle auf beiden Knien liegen, und ich tat es, um nicht deswegen zu streiten. Dann hieß er mich sprechen ... Ich begann mit einem Gebet und sagte: ›Gnädiger Herr, wir bitten Gott, der dich geschaffen und dir diese irdischen Güter gegeben hat, daß Er dir danach auch die himmlischen Güter gebe, denn ohne jene sind diese eitel.‹ Er hörte aufmerksam zu, und ich fuhr fort: ›Wisset aber für sicher, daß Ihr die Güter des Himmels nicht erlangen werdet, wenn Ihr nicht Christ seid. Gott sagt nämlich: Wer da glaubet und getauft wird, wird gerettet werden, und wer nicht glaubt, wird verdammt werden!‹ Bei diesen Worten begann er zu lächeln, und die anderen fingen an, Beifall zu klatschen, um uns zu verspotten …«

Als die Ruhe wieder hergestellt war, überreichte der Mönch die Briefe seines Königs. Aber die Mongolen gingen nicht auf die Angebote ein. Die Franziskaner mußten auch bald feststellen, daß muslimische Gesandtschaften und Kaufleute aufmerksamer empfangen wurden.

Dennoch hatten die Reisen der Mönche Bedeutung. Sie öffneten den Weg nach Asien, in eine Welt, die Westeuropa bisher unbekannt war. Wenig später folgten die oberitalienischen Kaufleute den Spuren der Franziskaner.

Ähnlich wie die Kreuzzugsidee hatte sich auch die militärische Struktur der Kreuzzugsheere seit dem 1. Zug beträchtlich verändert. Über die zahlenmäßige Stärke der einzelnen Heere sind wir infolge der bereits mehrfach erwähnten Unzuverlässigkeit mittelalterlicher Chronisten nur sehr ungenau unterrichtet. Im 2. Kreuzzug sollen unter Führung Ludwigs VII. und Konrads III. jeweils siebzigtausend Teilnehmer den Marsch nach dem Orient angetreten haben. Barbarossas Heer auf dem 3. Kreuzzug, sicher eines der größten überhaupt, beziffern die Quellen mit hunderttausend Mann.

Sind diese Angaben durchgehend weit überhöht, so geben die Überfahrten per Schiff, die von den Flotten der oberitalienischen Städte durchgeführt wurden, einen detaillierten Einblick. Das französische Heer des 3. Kreuzzuges ließ sich von der genuesischen Flotte übersetzen. Der Vertrag vereinbarte die Überfahrt von sechshundertfünfzig Rittern und eintausenddreihundert Knappen mit ebenso vielen Pferden. Das Heer von Richard Löwenherz, das mit der englischen Flotte fuhr, benötigte einhundert Lastschiffe und zwanzig Kriegsschiffe. Es soll nach Schätzungen etwa eintausendzweihundert Ritter und ein Mehrfaches an Fußvolk umfaßt haben. Für den

4. Kreuzzug hatte man mit Venedig einen Überfahrtsvertrag für viertausendfünfhundert Ritter, neuntausend Knappen und zwanzigtausend Fußsoldaten abgeschlossen. Tatsächlich erschienen jedoch nur eintausend Ritter, viertausend Knappen und achttausend Mann Fußvolk. Für den 5. Kreuzzug sind die Angaben wiederum sehr ungenau, zumal während des Zeitraumes von 1218 bis 1228 zahlreiche Einzelaktionen unternommen wurden. Ludwig IX. soll seinen ersten Kreuzzug nach Damiette mit fünfundzwanzigtausend Franzosen durchgeführt haben.

Bei aller Ungenauigkeit machen die Zahlen deutlich, daß sich die gesamte Ritterschaft Westeuropas über Generationen hinweg an der Kreuzzugsbewegung beteiligte. Kaum ein Geschlecht dürfte sich ausgeschlossen haben, zumal zu berücksichtigen ist, daß in der Zwischenzeit noch zahlreiche kleinere Unternehmen stattfanden, so etwa die Züge von 1101, der Kreuzzug Heinrichs des Löwen 1172, der einzige militärische Zug, der in den Kreuzfahrerstaaten nicht kämpfte, da die außenpolitische Situation relativ günstig war, oder der Kreuzzug Kaiser Heinrichs VI. 1197.

Das geschilderte Traditionsbewußtsein der westeuropäischen Ritter beruhte auf einer ausgeprägten militärischen Praxis. Ein Zug in den Orient war den Anforderungen eines langen Kriegsunternehmens sehr gut angepaßt, und der Troß war ungeheuer umfangreich. Von Ochsen, zuweilen auch von Pferden gezogene Wagen führten Ausrüstung, Zelte, Verpflegung, Kriegsmaterial, persönliche Gebrauchsgegenstände usw. mit. Die Ritter legten Wert darauf, mindestens zwei Pferde mitzuführen. Einen Teil der Verpflegung und Ausrüstung kauften oder raubten die Kreuzritter unterwegs. Nach wie vor stellte die Plünderung einen einkalkulierten Teil der Kriegführung dar. Byzanz wurde wiederholt gezwungen, den Ritterheeren Subsidien zu zahlen.

Wir können uns einen solchen Troß nicht bunt genug vorstellen. Dem jeweiligen militärischen Aufgebot samt Knechten und Mägden zur persönlichen Bedienung der Herren schloß sich jeweils eine beträchtliche Zahl von Pilgern, Abenteurern, Dirnen, Kriminellen usw. an. Wiederholt mußten die Führer der Kreuzzugsheere Anweisungen erlassen, um dieses für die Kriegführung unerwünschte Element zurückzudrängen. Immer wieder wurde gefordert, Frauen und Greise nicht in das Kreuzzugsheer aufzunehmen und den Anteil der Nichtbewaffneten zu senken. Auf dem 3. Kreuzzug, auf dem die Befehlsgewalt fest in den Händen der Könige lag, scheint das am besten gelungen zu sein. Bei der Einschiffung zum 4. Kreuzzug in Venedig wurden die Nichtbewaffneten einfach zurückgelassen.

Seit dem ausgehenden 12. Jahrhundert wählten die Kreuzritterheere mehr und mehr die Reise per Schiff nach dem Orient. Die Flotten der italienischen Städte, Siziliens und der französischen Mittelmeerstädte waren stark genug geworden, diese Aufgabe zu übernehmen. Vor allem die Orientierung auf Ägypten als militärisches Ziel zwang zu dieser Lösung. Der Zug wurde dadurch nicht ungefährlicher. Obwohl sie vorwiegend an den Küsten entlangsegelten, sanken wiederholt Schiffe im Sturm oder fielen Seeräubern zum Opfer. Denn auf See waren die Ritter den Piraten im Kampf unterlegen.

Seit dem ausgehenden 12. Jahrhundert setzte die Besoldung der Kreuzritter ein, über deren praktische und moralische Wirkung bereits gesprochen wurde. War es schon bei den ersten Kreuzzügen hin und wieder üblich gewesen, daß die Fürsten nicht nur ihr unmittelbares Gefolge versorgten, sondern auch die ärmeren Ritter finanziell und materiell unterstützten, so wurde dies bei den späteren Zügen offizielle Praxis. Kaiser Heinrich VI. rüstete 1197 ein Heer von 1500 Rittern und ebenso vielen Knappen aus. Pro Ritter zahlte er dreißig Unzen Gold, pro Knappe zehn Unzen und außerdem Getreide. Die Gegenleistung bestand in einem Jahr Kreuzzugskriegsdienst.

Heinrich sorgte dann dafür, daß ihm der byzantinische Kaiser in Form erzwungener Schenkungen mehr als die verauslagte Summe zurückzahlte. Als die Kreuzritter 1204 die Kosten für die Überfahrt nach Ägypten nicht aufbringen konnten, traten sie praktisch in den Sold Venedigs und eroberten als finanziellen Ausgleich Zara.

Im 13. Jahrhundert wurde der über die Kreuzzugssteuer finanzierte Sold allgemeine Praxis. Ausrüstung und Kriegskosten konnten davon bestritten werden. Nach der Legende soll der französische König Ludwig IX. auf dem 6. Kreuzzug vierzig Lasttiere mit dem notwendigen Edelmetall für die Soldzahlung mitgeführt haben.

Zunächst scheint die Soldpraxis verständlich. Es ist bekannt, daß nicht nur das Fußvolk, sondern auch viele Ritter materiell nicht in der Lage waren, die Ausrüstung aus eigener Tasche zu zahlen. Die Umformung zu einer traditionellen Kriegsfahrt im Gefolge des Lehensherrn wurde damit sichtbar. Für viele Ritter, etwa in den Heeren von Friedrich Barbarossa, Philipp II. August, Richard Löwenherz, Kaiser Friedrich II., war der Marsch nach dem Orient praktisch nur eine Verlagerung des Kriegsschauplatzes. Natürlich blieben nach wie vor zahlreiche Kreuzritter im Orient und stärkten vor allem die hier ansässigen Ritterorden.

Bewaffnung des Heeres, militärische Strategie und Taktik sowie Zusammensetzung des Kriegspotentials entwickelten sich etwa in der gleichen Richtung wie in den Kreuzfahrerstaaten selbst. Die im Orient ansässigen Ritter beteiligten sich an den militärischen Aktionen, und schon deshalb wurden die Erfahrungen der spezifischen Kampfbedingungen vermittelt. Charakteristisch erscheinen vor allem zwei neue Elemente der Kriegstaktik: die aktive Einbeziehung des Fußvolks in alle Phasen des Krieges und die planmäßige Leitung großer Operationen einschließlich der Übernahme der bei den Muslimen gebräuchlichen Taktiken wie Hinterhalte legen, Flucht vortäuschen usw. Die entscheidende Neuerung aber stellte der kombinierte Einsatz von Rittern und Fußvolk dar.

Im folgenden sollen stellvertretend einige Beispiele von Gefechten die Taktik veranschaulichen. Im September 1191 fand eine offene Feldschlacht zwischen den Truppen Saladins und denen Richard Löwenherz' bei Arsuf statt. Das Ziel der Kreuzritter war es, von Akkon längs der noch am besten geschützten Küste nach dem Süden vorzustoßen, um eine Operationsbasis gegen Jerusalem zu erhalten. Saladin suchte das zu verhindern und Richard Löwenherz zur Schlacht zu zwingen. Das gelang bei Arsuf. Von entscheidender Bedeutung wurde die Marschtaktik der Kreuzfahrer. Das Ritterheer befand sich tiefgestaffelt im Zentrum des Zuges. Die Flankensicherung wurde armbrustbewaffnetem Fußvolk übertragen. Auch der Troß befand sich unter dessen Obhut. Trotz großer Verluste gelang es den Fußtruppen, die berittenen Bogenschützen Saladins so weit abzuwehren, daß nur einzelne Teile des Ritterheeres in Reichweite ihrer Pfeile gerieten. Ein muselmanischer Augenzeuge vermerkte, daß Panzerhemd und dicke Filzjacke den Fußsoldaten sehr gut gegen die Pfeile abschirmten. Schwerer hingegen wurden die Kreuzritter betroffen, denen die Bogenschützen die Pferde unter dem Sattel wegschossen. Als die Ritter zum Angriff übergingen und daraufhin die Reserven Saladins den Troß angriffen, war es wiederum das Fußvolk, das die Stellung hielt, bis die Ritter eintrafen. Saladins Heer erlitt vor allem durch den bravourösen Einsatz der Fußtruppen eine Niederlage.

Ähnliche Taktiken lassen sich auch bei anderen Schlachten beobachten. Entscheidend für den Erfolg war allerdings die taktisch kluge Kombination von Ritterheer und Fußvolk. Als sich 1190 vor Akkon die materielle Lage des Kreuzfahrerheeres verschlechterte, unternahmen die Fußtruppen isoliert einen Angriff auf Saladins Lager, um sich Beute zu verschaffen. Sie wurden vernichtend zurückgeschlagen.

Deutlich wird die gewachsene Bedeutung der Fußsoldaten bei der Belagerung, der Hauptform des Kampfes der Kreuzritter mit den muselmanischen Heeren. Dazu einige Beispiele aus dem Kampf um Damiette. Diese bedeutende Hafenstadt war vielfältig geschützt. Im Nildelta gelegen, mit einer dreifachen Mauer umgeben, gestaltete es sich bereits sehr schwierig, den Belagerungsring zu schließen, da der Nil über weite Strecken ein natürliches Hindernis bildete. Ein Wachturm befand sich außerhalb der Mauern auf der Insel eines Nilarmes. Von hier blockierte eine bis zur Stadtmauer gespannte eiserne Kette die Zufahrt zum Hafen. Fußtruppen, vor allem Kölner Bürger, Friesen und Flamen, bauten zwei Gegentürme, die auf Schiffen herangefahren wurden und den Sturm ermöglichten. Dieser Husarenstreich machte einen so gewaltigen Eindruck, daß man den Friesen, Kölnern und Flamen gestattete, wieder nach Hause zu ziehen, als sie unter dem Hinweis, sie hätten genug getan, danach verlangten – auch dies ein Beweis für die gewachsene Selbständigkeit des Fußvolkes innerhalb des Heeres.

Als Ludwig IX. 1250 Damiette belagerte, war sein Potential an Arbeitskräften so groß, daß er sich mit dem Gedanken trug, einen Teil des Nilarmes austrocknen zu lassen. Allein zu diesem Zweck ließ er zum Schutz der Arbeiter zwei hölzerne Türme, achtzehn Schleudergeräte und andere Abwehrvorrichtungen bauen. Die Ägypter antworteten mit sechzehn Steinschleudern und Katapulten, die auch griechisches Feuer abschossen und die Belagerungsarbeit erfolgreich störten.

Diese Beispiele müssen genügen. Sie stehen für viele andere Aktionen und demonstrieren die Anpassung der europäischen Heere an die orientalische Kriegführung.

Eine Besonderheit der Kreuzritterheere stellten die ständigen Rivalitäten zwischen den einzelnen militärischen Einheiten und auch die Differenzen zu den Rittern der Kreuzfahrerstaaten dar. Die Gründe waren vielfältig. Unter militärischen

Gesichtspunkten spielte die geringe Bereitschaft zur Unterordnung eine Rolle. Die aus Europa mitgebrachten Gewohnheiten der Ritterheere, in kleineren Einheiten selbständig zu handeln, konnten nicht so leicht abgestreift werden. Auch standen die politisch-militärischen Konzeptionen der Kreuzfahrerstaaten denen der Kreuzzugsheere oft entgegen – Grund genug, um über Reibereien hinaus ernsthafte Feindseligkeit aufkommen zu lassen, wie etwa während des 2. Kreuzzuges, als die Ritter der Kreuzfahrerstaaten die Belagerung von Damaskus sabotierten.

Nicht unwesentlich für Differenzen und Reibereien war der Kampf um den besten Anteil an der Beute, der in einer Reihe von Fällen den Gang der Kriegsoperationen beeinflußte und auch nach dem Sieg in einer Schlacht zu Streitigkeiten führte. Nach der Eroberung von Damiette 1219 beispielsweise jagten sich über Wochen hinweg die einzelnen Heere die Beute ab. Manch einer der Kreuzritter zog verbittert nach Hause, weil er glaubte, zu kurz gekommen zu sein.

Die wenigen Bemerkungen über das Heerwesen bestätigten das, was über die Entwicklung der Kreuzzugsidee gesagt wurde. Das militärische Moment dominierte. Der überwiegende Teil der Kreuzritter gelangte nicht einmal in die Nähe Jerusalems. Die ursprünglichen Expansionsinteressen hatten sich in verlustreiche Kriegszüge ohne erkennbare Perspektive verwandelt.

DIE OBERITALIENISCHEN STÄDTE UND IHR HANDEL

Während die Kreuzzugsbewegung mehr und mehr auch den Zeitgenossen und Akteuren als ein Unternehmen ohne Zukunft bewußt wurde und ihr Ende sich immer deutlicher abzuzeichnen begann, stieg im Schatten der Ereignisse der Stern des italienischen und südfranzösischen Kaufmanns und seines Orienthandels auf. Das bereits vor den Kreuzzügen wachsende Interesse vor allem der oberitalienischen Städte an der Ausdehnung des Handels mit Byzanz und dem Orient riß 1096 keineswegs ab, sondern verband sich mit der feudalen Expansion. Die vier interessierenden Hauptmärkte, Syrien, Palästina, Ägypten und Byzanz, waren zugleich auf diese oder jene Weise unmittelbar in die Kreuzzugspolitik einbezogen. Der Kampf um sie realisierte sich als Teil der Kreuzzugsbewegung.

Der Orienthandel wuchs im 12. Jahrhundert vor allem durch die Beziehungen zu den Kreuzfahrerstaaten. Von der Unterstützung des 1. Kreuzzuges durch die Flotten Genuas und Pisas über die Privilegierung des Kaufmanns in den wichtigsten Handelszentren der Kreuzfahrerstaaten bis zur ständigen Versorgung der Kreuzritter mit Lebensmitteln und Kriegsmaterial führt eine kontinuierliche Linie gemeinsamer Interessen. Der Ausbau des Schiffahrtssystems, die Einrichtung ständiger Reiserouten und anderes mehr waren die Folgeerscheinungen.

Umfang und Qualität der im 12. Jahrhundert exportierten und importierten Waren wurden vor allem durch den Handel in den Kreuzfahrerstaaten bestimmt. Der Ausbau der Kriegs- und Handelsflotten richtete sich nach den Erfordernissen des Handels- und Reiseverkehrs in diesen Staaten. Wenn seit dem ausgehenden 12. Jahrhundert die Flotten der italienischen Städte in der Lage waren, Kreuzzugsheere nach dem Orient zu transportieren, so ist das ein Beweis für den Aufschwung von Schiffbau und Orienthandel.

Die Kreuzzüge und ihre Eroberungen stellten eine wichtige Stufe für den Aufschwung des Levantehandels des italienischen und französischen Kaufmanns dar. Trotz dieses eindeutigen Zusammenhanges war der Kaufmann nie bereit, sich der Kreuzzugsidee unterzuordnen. Natürlich nahmen auch Bürger der betreffenden Städte das Kreuz, beteiligten sich an den Kriegszügen, suchten sich als Kreuzzugsteilnehmer in Jerusalem, Akkon und anderen Städten festzusetzen. Aber das war insgesamt nur eine Nebenerscheinung.

Die Hauptform der Handelsexpansion verlief über die Vergabe von Privilegien an bestimmte Städte. Das zweite Interessengebiet, Ägypten, dem Orienthandel zu erschließen, gestaltete sich wesentlich komplizierter. Für den europäischen Kaufmann stellte dieses Land einen sehr begehrten Markt dar, nicht nur wegen der einheimischen Produkte, sondern mehr noch, weil der Handel aus Afrika, Indien und China hier endete und das Angebot an Waren aller Art eine unbeschreibliche Vielfalt aufwies.

Bereits für das 10. Jahrhundert berichtet der arabische Gelehrte al-Kindi von Parfüms, Gewürzen, Juwelen und Werkzeugen aus China, Ceylon, Aden, Mekka und Medina, von Seide, Brokat, Korallen, Safran, Pelzen, Eisen, Kupfer, Silber, Blei, Zinn und Holz aus Syrien, Konstantinopel, Zypern, Rhodos und Westeuropa, die in Ägypten angeboten wurden. Diese Vielfalt hatte sich bis zum 12. Jahrhundert nicht verringert.

Auch die Ägypter interessierten sich für den Handel mit dem europäischen Kaufmann. Vor allem Schiffbauholz, Pech,

33 Krak des Chevaliers gilt als die schönste der Kreuzfahrerburgen. Diese Anlagen repräsentierten den damaligen Stand der Festungstechnik und galten als praktisch uneinnehmbar. Erst als es den Kreuzfahrern nicht mehr gelang, die Burgen ausreichend zu bemannen, fielen diese an die Muselmanen.

Apud me oratio
cum deo susceptor

34 Zweikampf zwischen einem christlichen und einem islamischen Ritter. Die Aussage des (westlichen) Miniaturenmalers ist deutlich: durch die Wucht der Lanze in der Hand des christlichen Ritters verliert sein Gegner den Helm – eine verzerrte Fratze kommt darunter zum Vorschein. Details wie der Nasenring des islamischen Kämpfers und seine mit Glöckchen behängte Satteldecke vervollständigen das fremdländische

deo unte mee: di
neus es.

Erscheinungsbild. Der kulturelle Antagonismus wird zusätzlich noch dadurch hervorgehoben, daß der islamische Reiter einen Mohren im Wappen führt. In einem Punkt geht die Phantasie des Künstlers allerdings zu weit: Prunkrüstungen wie die hier abgebildeten wurden nur bei großen Turnieren und festlichen Anlässen getragen.

35 Krak des Chevaliers verfügte nicht nur über große unterirdische Vorratskammern und -hallen, die es der Besatzung erlaubten, selbst einer monatelangen Belagerung zu trotzen, sondern auch über ausgeklügelte Abwehreinrichtungen. So ermöglichte es die scharfe Biegung der Zugangsrampe, einen eingedrungenen Feind auch mit verhältnismäßig schwachen Kräften abzuriegeln.

36 (rechte Seite) Kerak von Moab wurde 1142 erbaut, um den Karawanenweg von Damaskus nach Arabien beherrschen zu können. 1183 konnte die Burg von den Truppen Saladins erobert werden. Nach der Überlieferung soll während der Belagerung auf der Burg Hochzeit gefeiert worden sein. Die Burgherrin ließ Saladin einen Teil des Hochzeitsschmauses überbringen und erinnerte ihn daran, daß er sie einst als Kind auf den Armen getragen habe. Saladin befahl daraufhin, den Turm der Neuvermählten nicht länger zu beschießen.

37 *Nikolausreliquiar (51 cm) (oben links). Ein geschnitzter Holzkern, mit vergoldetem Silber ummantelt und mit Halbedelsteinen verziert, umschließt einen Finger des Heiligen. Auch dieses Reliquiar wurde 1204 aus Konstantinopel geraubt und nach Halberstadt verbracht (Dom, Halberstadt).*

38 *Vor allem die Plünderung von Konstantinopel hat wesentlich zur Bereicherung besonders der Kirchenschätze im Abendland beigetragen. Vermutlich gehörte auch dieses kostbar verzierte Kristallgefäß (oben) zu den Wertgegenständen, die Bischof Konrad vom 4. Kreuzzug mit nach Halberstadt brachte (Dom, Halberstadt).*

39 *Das goldene Demetriusreliquiar (links) ist ein kleines Kapselreliquiar aus dem 10. Jahrhundert, wahrscheinlich aus Saloniki. Die nur 4,7 cm große Kapsel umschloß die Reliquie, und der Träger war sich damit des Beistands des heiligen Demetrius gewiß (Dom, Halberstadt).*

40 *Der Reiterschild von Seedorf stammt aus dem späten 12. Jahrhundert und gehörte vermutlich dem Ritter Arnold von Brienz. Es handelt sich um einen Prachtschild, der von mehreren Generationen benutzt und in Ehren gehalten wurde. Heute befindet er sich im schweizerischen Landesmuseum in Zürich.*

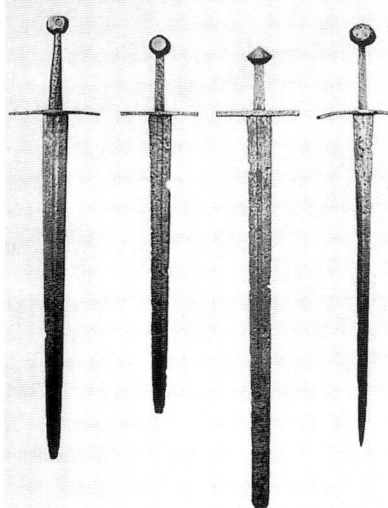

41 Das Kastell von Lucera in Apulien (oben) wurde um 1233 erbaut. Im Bannkreis dieser Burg ließ Kaiser Friedrich II. aufrührerische islamische Bauern aus Sizilien zwangsansiedeln. Diese innenpolitische Maßnahme hatte insofern eine pikante außenpolitische Komponente, als sich die Siedlung in unmittelbarer Nähe des Kirchenstaates befand.

42 Das Schwert war die eigentliche Angriffswaffe des mittelalterlichen Ritters, gleichzeitig das Symbol seiner Zugehörigkeit zur adeligen Kriegerelite. Schwerter wurden in zahlreichen Ausführungen und Variationen geschmiedet. Als erstes Qualitätskriterium galten Härte und Elastizität des Klingenstahls, während Verzierungen nur in zweiter Linie von Bedeutung waren. Dabei muß allerdings zwischen Kriegs- und Repräsentationswaffen unterschieden werden.

Waffen und verschiedene Metalle beziehungsweise Werkzeuge waren begehrte Importartikel. So lassen dann auch während des gesamten 12. Jahrhunderts die Bemühungen, den Handel zu beleben, nicht nach.

Ägypten war jedoch der Hauptgegenspieler der Kreuzfahrerstaaten. Für die italienischen Städte ergaben sich daraus zwei Varianten der Politik. Einerseits unterstützten sie die Vorstöße der Könige von Jerusalem nach Ägypten gegen das Versprechen, Handelsstützpunkte in den Häfen am Nil gewährt zu bekommen. Andererseits nahmen sie auch selbst direkte Kontakte zu den Herrschern Ägyptens auf, sowohl zu den Fatimiden als auch nach 1171 zu den Aijubiden. Im ausgehenden 12. und beginnenden 13. Jahrhundert sind Kaufleute aus Pisa, Genua, Venedig, Amalfi und anderen Städten ständige Gäste in Alexandria, Damiette und Kairo. Feste Handelsniederlassungen besaßen zum Beispiel Pisa und Venedig in Alexandria. Der Vertrag zwischen Ägypten und Pisa von 1173 erteilte den Italienern die Genehmigung, in dieser Stadt einen Fondaco einzurichten. Venedig und andere Städte zogen bald nach.

Diese Fondachi waren Komplexe, deren Mittelpunkt ein großes, einer Burg ähnelndes Gebäude bildete. Es diente als Lagerraum und zugleich als Wohnung für die Kaufleute, die in der Regel nicht außerhalb dieser Unterkunft wohnen durften. Weiter gehörten dazu eine große Freifläche als Stapelplatz, Gartenanlagen, Badehaus, zuweilen eine eigene Kirche sowie weitere Nebengebäude. Während der Nacht und der islamischen Hauptgebetszeit wurde der Fondaco von ägyptischen Wachen abgeschlossen. Die Leitung des Komplexes oblag einem Konsul, der den Ägyptern für das Verhalten der Kaufleute verantwortlich war.

Mit der Einrichtung der Quartiere verbanden die Ägypter gezielte Forderungen. Von den Pisanern verlangten sie in dem genannten Vertrag die Lieferung von kriegswichtigen Waren: Eisen, Schiffbauholz, Waffen, Pech.

In Friedenszeiten verlief der Handel auf Grund der beiderseitigen Interessen relativ ungestört. Wenn die Heimatländer der Kaufleute an den Kriegszügen beteiligt waren, wurden die Händler gefangengesetzt und ihre Waren beschlagnahmt. So wurden nach dem Kampf um Damiette 1218/21 die Genuesen, Venezianer und Pisaner zunächst einmal aus Alexandria ausgewiesen.

Die katholische Kirche hatte nicht die Macht, diesen Handel zu unterbinden. Sie mobilisierte zwar die Provinzialsynoden Südfrankreichs und Italiens und faßte Beschlüsse, die den Ägyptenhandel unter Strafe stellten und als Frevel charakterisierten. Innozenz III. verbot den Handel mit kriegsnotwendigen Gütern, aber alles ohne wesentlichen Erfolg. Pisa belieferte Saladin ziemlich offen mit Bauholz und Waffen. Venedig befürchtete 1202 nicht zu Unrecht Sanktionen gegen die eigenen Kaufleute in Alexandria, und das war ein zusätzlicher Faktor, weswegen der ursprünglich gegen Ägypten geplante, 4. Kreuzzug schließlich gegen Byzanz gelenkt wurde.

Die Handelspolitik der italienischen Städte scheint also zum Teil der Kreuzzugsbewegung zuwiderzulaufen. Zieht man zum Vergleich jedoch die militärische Praxis der Feudalherren heran, wie Friedensverhandlungen, Ehrengeschenke, Bündnisse und ähnliches, so sind die Aktionen der Kaufleute keineswegs so konträr. Sie nähern sich vielmehr den generell für das Mittelalter charakteristischen Bedingungen des Handels. Kriege konnten den Handel nicht aufheben, sondern höchstens unterbrechen, ansonsten wäre überhaupt kein Handel möglich gewesen. Wenn die Fürsten freundschaftlich miteinander verkehrten, warum sollte dann kein Handel stattfinden?

Natürlich blieben Streitigkeiten und auch Überfälle aus religiösen Motiven nicht aus, und Phasen des Mißtrauens brachen immer wieder an, vor allem als die Kreuzzugsheere zu Beginn des 13. Jahrhunderts vor Damiette standen. Aber in der Gesamtgeschichte des Handels waren das nur Störungen.

Die entscheidende Phase der Handelsexpansionen nach dem östlichen Mittelmeer wurde jedoch nicht durch den Kampf um die Privilegien in Ägypten eingeleitet, sondern durch die Eroberung des byzantinischen Marktes. Sie verbindet sich mit den Ereignissen des 4. Kreuzzuges 1202/04, in dessen Ergebnis Konstantinopel gestürmt und auf byzantinischem Gebiet das Lateinische Kaiserreich errichtet wurde.

Von der grundsätzlichen Kräftekonstellation waren, so überraschend der Kreuzzug selbst erschien, die Feindseligkeiten zu Byzanz bereits seit langem angelegt. Byzanz wollte sich nicht damit abfinden, daß seit dem 1. Kreuzzug die militärische Initiative in Syrien und Palästina bei den westeuropäischen Rittern lag. Alle Versuche, Solddienste aufzubauen, scheiterten bereits 1096. Zwistigkeiten und Mißtrauen waren die Folge. Das spürte schon Konrad III. auf dem 2. Kreuzzug. Im französischen Heer war die antibyzantinische Stimmung so verbreitet, daß man einen Sturm auf Konstantinopel erwog, als bekannt wurde, daß der byzantinische Kaiser mit den Seldschuken von Iconium einen Waffenstillstand abgeschlossen hatte.

Barbarossas Heer stieß auf dem Weg durch das Byzantinische Reich zunächst auf Reserviertheit, später kam es im Gebiet von Philippopel zu regelrechten kriegerischen Aktionen, bei denen die Kreuzritter systematisch die Umgebung der Stadt verwüsteten. Ein Angriff auf Konstantinopel war bereits geplant und die italienischen Seestädte angewiesen, mit einer starken Flotte vor den Mauern der byzantinischen Hauptstadt zu erscheinen.

Die eigentliche Initiative für die neue Stoßrichtung des 4. Kreuzzuges ging jedoch nicht von den Ritterheeren, sondern von Venedig aus. Die Lagunenstadt besaß im Byzantinischen Reich bedeutende Privilegien und weitgehend Zollfreiheit. Seit der zweiten Hälfte des 12. Jahrhunderts waren diese Positionen gefährdet. Wiederholt wurden die venezianischen

Kaufleute aus Byzanz vertrieben. Die Kaiser gestatteten Genua und Pisa, in einigen Städten des Reiches Handelsstützpunkte aufzubauen. Das bedeutete für Venedig eine unerwünschte Konkurrenz. Die Wiederherstellung der alten Sonderstellung schien um 1200 nur gegen den Willen von Byzanz möglich.

Der 4. Kreuzzug selbst erweckt den Eindruck einer grotesken Aneinanderreihung von Zufällen, ist aber dem Wesen nach die geschickte Dienstbarmachung für venezianische Ziele, die die Lagunenstadt aus eigener Kraft noch nicht erreichen konnte. Geplant war der Zug nach Ägypten. Venedig sollte die Überfahrt durchführen und mit fünfzig Kriegsschiffen Unterstützung geben. Den vereinbarten Fahrtpreis konnten die Kreuzritter, die sich in Venedig gesammelt hatten, nicht zahlen. Als Ausgleich schlug Venedig den Fürsten vor, die Stadt Zara an der dalmatinischen Küste zu erobern, die kurz zuvor die venezianische Herrschaft abgeschüttelt hatte.

Damit zog ein Kreuzfahrerheer gegen eine christliche Stadt, die zudem dem König von Ungarn unterstand, der sich ebenfalls auf den Kreuzzug vorbereitete. Zara wurde belagert, zerstört und geplündert. Diese Ungeheuerlichkeit – im Heer hatten sich nur kleinere Gruppen geweigert – erregte zwar den Unwillen des Papstes, aber bald hob er die ausgesprochene Exkommunikation wieder auf.

Im Lager von Zara erschien Alexios, der Sohn des abgesetzten byzantinischen Kaisers Isaak, und ersuchte die Kreuzfahrer, auf ihrer Reise nach dem Orient in Konstantinopel Zwischenaufenthalt zu machen und ihm bei der Wiedergewinnung des Thrones zu helfen. Große Reichtümer wurden den bewaffneten Wallfahrern als Entlohnung für ihre Dienste versprochen.

Es regte sich zwar Widerstand gegen die neue Aktion, aber letztlich zog fast das ganze Heer dem Ziel entgegen. Konstantinopel war als reiche Stadt bekannt, und die Hoffnung auf Beute drängte alle Bedenken zurück.

Venedigs geheimste Wünsche schienen in Erfüllung zu gehen. Der Doge Enrico Dandolo trat als die führende Persönlichkeit des Kreuzzuges immer stärker hervor. Er spann die diplomatischen Fäden und organisierte die Bedingungen, denen sich das in mehrere selbständige Gruppen aufgespaltene Ritterheer fügen mußte. Nach längeren Wirren wurde die Stadt 1204 zum zweiten Mal und endgültig gestürmt, wobei bereits zuvor ein Programm zur Zerschlagung des byzantinischen Reiches ausgearbeitet worden war.

Schon vor der endgültigen Eroberung hatten die Kreuzfahrer die Stadt besichtigen können. Sie waren beeindruckt von der Größe der Metropole, den riesigen Festungsmauern, die sowohl die See- als auch die Landseite gegen Angriffe schützten, von den zahlreichen Klöstern, Palästen, Stadttoren, Gold- und Silbersammlungen, denen sie allerorten begegneten.

Drei Tage lang wurde die Stadt geplündert. Einen kleinen Einblick in das barbarische Wüten gibt ein Augenzeuge mit folgendem Bericht: »Am Morgen drangen sie in die Sophienkirche ein und, nachdem die Sonne aufgegangen war, zerstörten sie den Chor, der mit Silber und zwölf silbernen Säulen geschmückt war. Sie zertrümmerten an der Wand vier mit Ikonen geschmückte Altarblätter und den heiligen Tisch und zwölf Kreuze auf dem Altar ... Die Altarwände innerhalb der Säulen waren aus gestanztem Silber. Sie stahlen auch einen bewundernswerten Tisch mit Edelsteinen und einer großen Gemme, ohne zu wissen, welchen Schaden sie anrichteten. Dann raubten sie vierzig Kelche, die auf dem Altar standen, und silberne Kandelaber, deren Zahl so groß war, daß ich sie nicht zählen konnte, auch silberne Gefäße, deren sich die Griechen bei höchsten Festen bedienten. Sie nahmen das Evangelienbuch, das dazu diente, die Hysterien zu zelebrieren, und die heiligen Kreuze mit den Christusbildern und die Altardecke und vierzig Weihrauchgefäße aus reinem Gold und alles, was sie an Gold und Silber finden konnten ...« Diese drastische

Schilderung der Plünderung einer Kirche berichtet nichts Außergewöhnliches. Alle Werte bergenden Gebäude – Kirchen, Klöster, Paläste – fielen dem Raub anheim. Besonders begehrt waren Reliquien, Gold- und Silbergefäße.

Bei den Plünderungen handelte es sich nicht um unliebsame Randerscheinungen im Gefolge gewaltsamer Eroberung, sondern um gezielte Aktionen. Die Führer des Kreuzzuges sicherten sich den Löwenanteil. Wenn heute europäische Museen und Sammlungen Gegenstände mittelalterlicher byzantinischer Kunst bergen, so entstammt ein nicht unbedeutender Teil den Plünderungen von 1204. So besteht zum Beispiel der Kern des Halberstädter Domschatzes aus einer Schenkung von Kostbarkeiten, die Bischof Konrad von Krosigk 1205 vom 4. Kreuzzug mit in die Heimat brachte. Dazu gehörten an Reliquien, jeweils kostbar eingefaßt, ein Finger des heiligen Nikolaus, ein Dorn aus der Krone des Herrn und ein Haar der seligen Jungfrau, weiter eine Abendmahlspatene und andere kostbare Gefäße aus Edelmetall, Reliquienbüchsen, ebenfalls kostbar verziert; außerdem verschiedene wertvolle Stoffe.

Die anderen Kreuzzugsteilnehmer bereicherten sich natürlich nicht weniger. Die »Sammlung« eines französischen Abtes umfaßte allein an Reliquien: eine Spur vom Blute des Herrn, ein Stück vom wahren Kreuz Christi, einen Teil des Körpers des heiligen Johannes, einen Arm des heiligen Jakob, einen Fuß des heiligen Kosmas, einen Zahn des heiligen Laurentius, Reliquien von weiteren achtundzwanzig männlichen und acht weiblichen Heiligen sowie Steinbrocken von sechzehn heiligen Stätten.

Den Byzantinern, die dem grausamen Schauspiel fassungslos zusehen mußten, schien es, als seien die europäischen Ritter Feinde Christi. »Die meisten dieser Kerle waren noch von dem Branntwein betrunken, den sie aus den Abendmahlskelchen geschlürft hatten; und sie aßen Makrelen von Hostientellern. Sie saßen auf Eseln, die mit priesterlichen Gewändern bedeckt waren und lenkten die Tiere mit Zügeln, die sie aus den Stolen der Priester geformt hatten ... Dann kamen Maultiere, die mit Kerzen, Leuchtern, Rauchfässern, Weihrauchkesseln und Weihwedeln hoch beladen waren.«

Die Stadt Venedig ergänzte, ungeachtet des privaten Raubes, die byzantinische Kunstsammlung in der Kirche von San Marco. Als Zeichen des Sieges wurde die aus dem 6. Jahrhundert stammende berühmte Quadriga von Byzanz nach Venedig geschleppt und am San-Marco-Dom aufgestellt.

Konstantinopel, diese reiche Stadt, hat sich von der Plünderung, bei der auch sehr viel an wertvollen schriftlichen Aufzeichnungen verlorenging, nie wieder ganz erholt. Mit der Plünderung wurden Zeugnisse einer langen historischen Entwicklung zerstört oder entwertet. Kostbare Handschriften aus Bibliotheken wurden rücksichtslos vernichtet. Dem Zeitgenossen, der sich den Abstand von den Plünderungen bewahrt hatte, erschienen die Ereignisse schändlich und beispiellos in der bisherigen Geschichte.

Nach der Eroberung ging es an die Aufteilung des Reiches. Auch hier führte Venedig mit dem Dogen Enrico Dandolo Regie und nutzte die einmalige Gelegenheit. Es wurde das Lateinische Kaiserreich gegründet (bis 1261) und Graf Balduin von Flandern zum Herrscher gewählt. Das Territorium umfaßte in den Kerngebieten beträchtliche Teile Konstantinopels, Thrakien und das nordwestliche Kleinasien sowie einige Inseln der Ägäis. Bonifaz von Montferrat, der eigentliche militärische Führer des Kreuzzuges, schuf sich mit seinen Anhängern ein Königreich im Gebiet von Makedonien und Thessalonike.

Die Venezianer sicherten sich dank ihres beträchtlichen Einflusses auf die neuen Reiche ein System von Handelsstützpunkten, das ihnen die entscheidenden Vorteile im Handel mit allen Teilen des ehemaligen Byzantinischen Reiches bot. Von den ihnen laut Teilungsvertrag zustehenden drei Achteln des Landes konnten sie nicht alles halten. Im Ergebnis konzentrierten sich ihre Besitzungen auf den prozentualen Anteil in Konstantinopel mit der Hagia Sophia, auf Küstenstreifen an der Adria, Hafenstädte am Peloponnes, einen bedeutenden Teil der griechischen Inselwelt mit Zentrum Naxos, die wichtigsten Häfen am Hellespont und am Marmarameer, dazu die für die spätere Handelsentwicklung sehr bedeutsame Insel Kreta.

Venedig besaß damit nicht allein entscheidende Positionen der griechischen Handelswelt, es gewann auch einen durch Stützpunkte gesicherten Seeweg von der Lagunenstadt nach Konstantinopel. Mit den Eroberungen von 1204 schuf es sich ungeachtet aller späteren Verschiebungen sowohl die Grundlage für einen erfolgreichen Fernhandel bis zum ausgehenden Mittelalter als auch die Operationsbasis für weitere Eroberungen.

Das Lateinische Kaiserreich blieb während der kurzen Zeit seines Bestehens ein instabiler Staat. Die Eroberer waren nicht in der Lage, die Beziehungen zur griechischen Gesellschaft und Kultur auf eine tragfähige Grundlage zu stellen. Die byzantinische Bevölkerung betrachtete die Lateiner als Feinde, die man verachten mußte. Es war nur eine Frage der Zeit, bis die Neugründung von 1204, ausgehend von den byzantinischen Reststaaten, wieder liquidiert werden konnte. Vom Kaiserreich Nicäa aus wurde bereits 1225 der ganze kleinasiatische Teil des Lateinischen Kaiserreiches erobert. Wenig später fiel das Königreich Thessalonike dem griechischen Herrscher von Epiros in die Hände, und 1261 kam das Ende mit dem Sieg des Kaisers von Nicäa. Nur das peloponnesische Fürstentum Achaia hielt sich als fränkischer Kleinstaat bis 1482.

Venedig überstand die Veränderung des Kräfteverhältnisses, mußte jedoch die Konkurrenz Genuas zulassen, das den Griechen militärisch beigestanden hatte.

Die Bilanz des 4. Kreuzzuges war für den oberitalienischen Kaufmann insgesamt positiv. Venedig dominierte zwar, aber auch Pisa und Genua konnten ihre Positionen im ehemaligen

Byzantinischen Reich halten und ausbauen, wenn sie sich auch vor der Macht der Lagunenstadt ducken mußten. Die Handelsprodukte der griechisch-kleinasiatischen Welt waren begehrt und in Europa gut zu verkaufen. Die griechischen Inseln um Naxos lieferten vor allem Getreide, Südfrüchte, Öl, Honig, Wein, Baumwolle, Wolle und Seide. Berühmt und beliebt, nicht nur in Europa, sondern auch in Ägypten, war kretischer Wein, der in beträchtlichen Mengen ausgeführt wurde. Die Städte, allen voran Konstantinopel, lieferten handwerkliche Erzeugnisse.

Von den 1204 erworbenen Stützpunkten aus drangen die oberitalienischen Kaufleute nach Kleinasien vor. Die Handelsbeziehungen zum Seldschukensultanat Ikonium wurden ausgebaut. Auch mit Nicäa und Trapezunt brach der Handel nie ab. Bereits in der ersten Hälfte des 13. Jahrhunderts sind italienische Kaufleute an der Nordküste des Schwarzen Meeres anzutreffen. So sollen sich um 1247 mehrere italienische Händler in Kiew aufgehalten haben. Zu dieser Zeit waren sie dort allerdings noch nicht an der Verbindung zur Seidenstraße nach China interessiert, es ging vielmehr um die landwirtschaftlichen Produkte des Landes.

Die Handelsstützpunkte auf der Krim und am Asowschen Meer waren bereits vor 1202 von den Byzantinern aufgebaut worden, und auch Kaufleute aus Syrien kannten den Handelsweg zur Rus und den nordöstlich des Schwarzen Meeres lebenden Nomadenvölkern. Felle und Sklaven stellten hauptsächliche Handelsartikel dar. In diese Beziehungen drangen seit dem 13. Jahrhundert die oberitalienischen Kaufleute ein.

Die politischen Veränderungen mit dem Einfall der Mongolen und der Gründung der Herrschaft der Goldenen Horde im südlichen Rußland brachten die Verbindungen nicht zum Erliegen, im Gegenteil, sie wurden ausgebaut. Der Kaufmann folgte den Spuren der franziskanischen Missionare und Gesandten. Die Aufnahme von Kontakten und Beziehungen verband sich mit den Reisen der venezianischen Kaufmannsfamilie Polo. Im byzantinischen Handel tätig, besuchten Nicolo und Maffeo Polo um 1255 das Khanat der Goldenen Horde und gelangten anschließend bis an den Hof des Großkhans Kublai in China. 1269 zurückgekehrt, wiederholten sie 1271 ihr Unternehmen. Der siebzehnjährige Marco Polo nahm daran teil. Erst 1295 trafen sie wieder in Venedig ein. Sie hatten nahezu alle Gebiete Mittelasiens, Chinas und Indiens kennengelernt. Aufschlußreiche Reisebeschreibungen über die wirtschaftliche, geistige und soziale Situation in den mongolischen Reichen hat uns Marco Polo überliefert.

Wenn sich die neuen Kenntnisse der Kaufleute über Asien auch nur sehr langsam in aktiven Handel umsetzten, kündigten die Aktivitäten der Polos doch unübersehbar den Aufstieg des Handelsherren an. Die Reisebeschreibung Marco Polos erregte solches Aufsehen, daß noch Jahrhunderte später auch Columbus davon angeregt wurde, den Weg zu diesen Völkern über See zu suchen.

Sicherung und Ausbau des Orienthandels formten das Bild der italienischen und südfranzösischen Seestädte. Genauso wie der Kaufmann nicht als Einzelperson nach dem Orient vordrang, sondern mit der Autorität der Stadt und der durch sie erkämpften Privilegien, so bestimmte auch in der Heimat die Stadt in ihrer Gesamtheit, das heißt das Patriziat und die städtische Administration, über Ausbau und Perspektive des Handels und der Schiffahrt.

Der Schiffbau nahm seit dem 11. Jahrhundert sehr rasch an Umfang und Bedeutung zu. Zahlreiche neue Werften entstanden oder wurden erweitert. Straff kontrollierte der städtische Magistrat die Qualität der Arbeit, hingen doch davon nicht nur Wohl und Wehe der Seeleute und Passagiere ab, sondern die Existenz des Handels schlechthin. Die bedeutendste Werft in Venedig, das Arsenal, gehörte der Stadt unmittelbar. Mehrere Tausende Arbeiter waren hier beschäftigt.

Im 13. Jahrhundert bauten die Venezianer eine größere Anzahl von
Handelsschiffen, die nicht mehr gerudert, sondern ausschließlich ge-
segelt wurden. Oben Skizze nach einer spätmittelalterlichen Miniatur, unten Rekonstruktion.

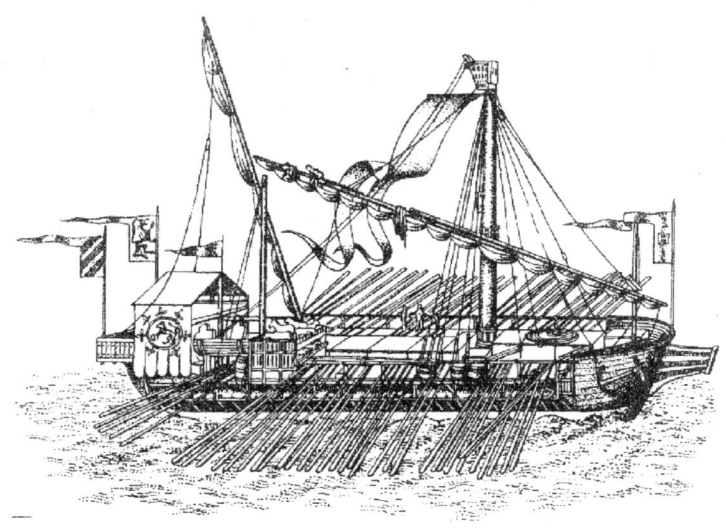

Im Mittelmeerraum diente die geruderte Galeere das ganze Mittelalter hindurch als Kriegs- und schnelles Handelsschiff.

Die Kosten für den Bau eines Handelsschiffes müssen hoch gewesen sein. In der Regel beteiligten sich jeweils mehrere Kaufleute finanziell am Bau eines Schiffes. Für Venedig lassen sich bis vierundzwanzig Teilhaber nachweisen.

Nur sehr spärlich sind wir über die Schiffstypen unterrichtet. Erst etwa für das 12. Jahrhundert, also die Zeit der Handelsblüte, können einige Typen deutlicher belegt werden. Unter den Kriegsschiffen setzte sich die Dromone durch. In der Grundanlage auf byzantinische Vorbilder zurückgehend, war dieser Galeerentyp etwa fünfunddreißig bis vierzig Meter lang und fünf bis sechs Meter breit. Die Dromone führte an jeder Seite etwa zwanzig bis fünfundzwanzig Riemen in zwei Reihen. Zusätzlich mit zwei Lateinersegeln getakelt, war sie schnell und beweglich.

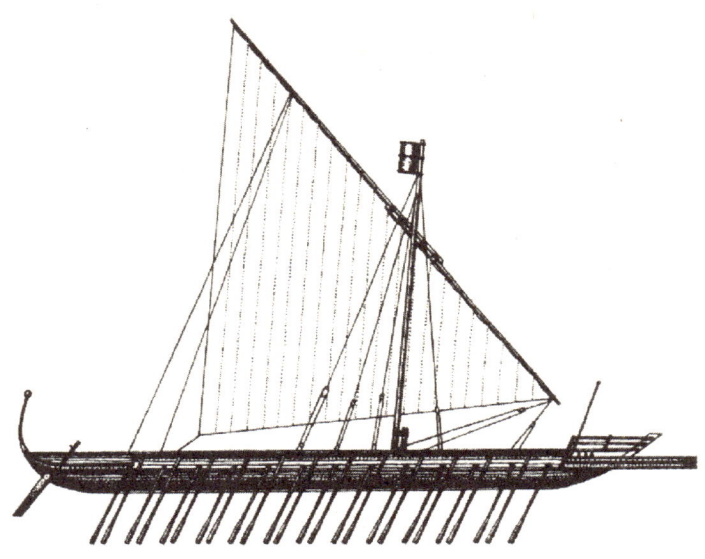

Rekonstruktionsversuch einer Mittelmeergaleere des Dromonentyps aus dem 12. und 13. Jahrhundert.

Bei den Handelsschiffen dominierten die den römischen Frachtschiffen der Antike immer noch sehr ähnlichen Rundschiffe. Nur etwa dreimal so lang wie breit boten sie viel Platz für Fracht und Passagiere samt Pferden und militärischer Ausrüstung. Die meisten dieser Schiffe konnten bis zu zweihundert Tonnen, in Einzelfällen sogar fünfhundert Tonnen Ladung aufnehmen. Mit einem Schiff dieser Klasse scheint Jakob von Vitry als Bischof von Akkon 1216 die Reise in den Orient angetreten zu haben. Er hatte für sich und sein Gepäck fünf Kabinen zur Verfügung.

Nach einer Beschreibung aus der Mitte des 13. Jahrhunderts war ein Schiff dieses Typs sechsundzwanzig Meter lang, sechs Meter und fünfundvierzig Zentimeter breit, sechs Meter und sechzig Zentimeter tief. Es wies zwei Decks und an Aufbauten ein Achter- und meist auch ein Bugkastell auf. Die Takelage bestand aus zwei nach vorn geneigten Masten, die Lateinersegel trugen. Diese Schiffe wurden als »Navis«, »Buzus« oder »Banzonus« bezeichnet. Für den Frachtverkehr waren diese gesegelten Schiffe, die keine Riemen führten, wirtschaftlicher als die Galeeren mit ihrer großen Besatzung.

Ob ein Schiff militärischen oder zivilen Zwecken diente, war in den oberitalienischen Städten nicht von der Bauart abhängig, wenngleich die schnellen und beweglichen Dromonen gegenüber den schwerfälligen Segelschiffen dominierten. In einer Zeit, da zur See in der Regel der Enterkampf das Gefecht entschied, hing die Einstufung als Kriegs- oder als Handelsschiff von der Anzahl der Bewaffneten ab, die auf dem Schiff fuhren. Da sich die Besatzungen für Handels- und Kriegsfahrten aus den gleichen Seeleuten rekrutierten, entschied für die venezianischen Behörden nur die Besatzungsstärke darüber, ob ein Schiff als bewaffnet oder unbewaffnet registriert wurde. So wies eine bewaffnete Galeere eine Besatzung von 140 bis 180 Mann auf, während das gleiche Schiff mit weniger als 60 Mann Besatzung als unbewaffnet galt.

Im Gegensatz zur Antike wurden die italienischen Galeeren nicht von Sklaven gerudert, sondern von Bürgern, die nach einer Art Wehrpflichtgesetz in Kriegszeiten dienstverpflichtet wurden, und es scheint, als habe man die Ruderer durchaus nicht als Seeleute zweiter Klasse angesehen.

Im gleichen Maße wie den Schiffbau kontrollierte die Stadt den gesamten Seeverkehr, so das Beladen der Schiffe, die Zusammenstellung der Mannschaften usw. Seit dem 13. Jahrhundert entstanden detaillierte Schiffahrtsstatuten, die alle Einzelbestimmungen genau festlegten: Schiffslast, Bewaffnung, Takelage, Richtlinien für Passagierverträge usw. Seit dieser

Zeit wurde es auch zumindest auf größeren Schiffen üblich, Bordregister zu führen.

Nach wie vor befuhr man die großen Routen in Konvois. Auch hierbei behielt sich die Stadt die Kontrolle vor. In Venedig nahm der Rat die Organisation der Konvois nach Konstantinopel, Syrien und Alexandria in eigene Regie. Er legte die Zahl der bewaffneten Galeeren, die die Handelsschiffe eskortieren mußten, fest, ernannte den Kapitän des Geleitzuges, dem alle übrigen Kommandanten zu Gehorsam verpflichtet waren.

Trotzdem blieb die Seefahrt gefährlich und risikoreich. Man mied die offene See und bevorzugte nach wie vor die Reise entlang der Küste. Hauptschiffahrtsrouten waren zusätzlich durch eine Reihe von Inseln stützpunktartig abgesichert.

Parallel zum Ausbau der Schiffahrt entwickelten sich die Handelsformen. Bis zum 13. Jahrhundert blieb die Colleganza oder auch Commenda die übliche Vertragsart im Handel. Zwei Kaufleute schlossen sich zum Zweck eines Geschäfts zusammen, wobei einer als stiller Teilhaber fungierte. Gewinn und Verlust wurden geteilt. Das große Risiko des Handels versuchte der Kaufmann dadurch auszugleichen, daß er sein Kapital nie in ein Geschäft allein steckte. Der Abschluß mehrerer gleichzeitig laufender Colleganzien war üblich.

Die Rückwirkungen des Handelsaufschwungs auf das Bild der italienischen Seestädte erfaßten im 13. Jahrhundert nicht nur Schiffbau und Seefahrt, sondern alle Bereiche des gesellschaftlichen Lebens. Der überwiegende Teil der städtischen Bevölkerung war mit dem Handel beziehungsweise den daraus resultierenden Nebengewerben beschäftigt. Der Reichtum der Kaufleute wuchs rasch.

Im Ergebnis der kommerziellen Blüte ging man wieder zur Prägung von Goldstücken als Zahlungsmittel über. 1252 tauchten in Genua und Florenz die ersten Goldgulden auf, 1284 in Venedig Golddukaten. Damit hatte man gegenüber der byzantinischen und orientalischen Goldwährung gleichgezogen. Allerdings beschränkte sich die Verwendung des neuen Edelmetallgeldes auf die dafür vorgesehenen Märkte. Für den alltäglichen Bedarf wurde auch weiterhin Silbergeld benutzt.

Insgesamt entwickelte sich seit dem 13. Jahrhundert in den italienischen Seestädten eine kulturelle Blüte, die auch auf das umliegende Land ausstrahlte. Wenn Kreuzzugsbewegung und -idee im 13. Jahrhundert ihrem Verfall entgegengingen – den Handel des Orientkaufmanns betraf das nicht. Die Expansionen des 12. und des beginnenden 13. Jahrhunderts hatten viel Spielraum geschaffen und dem italienischen Kaufmann beträchtliche wirtschaftliche und politische Macht gegeben. Jetzt brauchte er die freiwillige oder unfreiwillige Hilfe des Adels nicht mehr. Die oberitalienischen Städte waren auf dem Weg zu mittelalterlichen Stadtstaaten so weit vorangeschritten, daß sie auf eine beachtliche politische und militärische Potenz zurückgreifen konnten, die durch Geld jederzeit noch erweiterungsfähig war.

Mit dem 13. Jahrhundert wurden daher die Verbindungen der Kreuzzugsbewegung zu den Interessen der oberitalienischen Städte lockerer. Das Eigengewicht der letzteren wuchs von Jahrzehnt zu Jahrzehnt. An die Kreuzzugszeit schloß sich im Spätmittelalter die Herrschaft des italienischen Kaufmanns im Mittelmeer an.

NORMANNENREICH UND
RECONQUISTA

Bisher stand an dieser Stelle die Expansion des europäischen
Adels nach dem Orient im Vordergrund. Die Entwicklung im
süditalienischen Normannenreich und in Spanien wurde aus-
gespart, obwohl diesen Eroberungen gleiche Triebkräfte und
ähnliche Kräftekonstellationen zugrunde lagen.

Das Normannenreich in Süditalien und Sizilien bot am Vorabend der Kreuzzüge das Bild einer aus katholischen und orthodoxen Christen, Mohammedanern und Juden gemischten
Bevölkerung, wobei jeder Teil seine materielle und geistige
Kultur erhalten hatte. In der Anfangszeit der normannischen
Eroberung besaß diese relative Selbständigkeit noch den Charakter des Zufälligen, geboren aus der noch nicht gefestigten
Herrschaft. In den folgenden Jahrhunderten entstand jedoch
daraus eine wirtschaftlich und geistig blühende Feudalgesellschaft, an der alle ethnischen Elemente beteiligt waren. Die
Grundlegung erfolgte unter dem Normannenkönig Roger II.
(1101 bis 1154), den absoluten Höhepunkt bildete die Regie-
rung Kaiser Friedrichs II. (1212 bis 1250).

Von der geographischen Lage und der politischen Situation
her wäre kein Staat besser geeignet gewesen, zum Vorkämpfer
der Kreuzzugsidee aufzurücken, als das Normannenreich.
Einige Kreuzzugsheere wählten ihren Weg über Süditalien.
Mancher Pilger bevorzugte die Schiffsreise von Süditalien
aus. Die Normannen beteiligten sich selbst an mehreren Kreuzzügen. Die bedeutendste Handelsstadt ihres Reiches, Amalfi,

besaß in mehreren Städten der Kreuzfahrerstaaten ihre Stützpunkte.

Dennoch dominierte gerade in diesem Territorium nie die
Kreuzzugsidee. Vielmehr waren alle Aktionen nach dem Orient politisch-staatlichen Interessen untergeordnet. Den Primat
besaßen Festigung und Ausbau der Normannenherrschaft. Nie
ließen sich die normannischen Grafen und Könige auf eine
Kreuzzugspolitik festlegen, sondern sie betrachteten islamische und europäische Fürsten, das Byzantinische Reich und
das Papsttum gleichermaßen als Feinde oder als Verbündete,
ganz wie die Situation es erforderte. Roger II. kämpfte gegen
den deutschen Kaiser Lothar um die Erweiterung seiner Besitzungen in Süditalien, überfiel zur Zeit des 2. Kreuzzuges, an
dem er sich ursprünglich hatte beteiligen wollen, byzantinische Gebiete in Griechenland, trat als Feind des Papstes auf
und dehnte seine Eroberungszüge nach Nordafrika aus, wo er
vorübergehend Tunis und Tripolis einnahm.

Diese Außenpolitik war nicht zufällig. Sie entsprach seiner
innenpolitischen Konzeption, einen straff zentralisierten Staat
aufzubauen, der das vorhandene hohe materielle und geistige
Niveau des Landes fortführte. Dabei setzte er stets alle Kräfte
gegen aufflammenden Widerstand ein, gleich ob er von den
Städten, von normannischen Baronen oder von der islamischen Bevölkerung ausging. Alle die Zentralisierungspolitik
unterstützenden Schichten und Gruppen genossen sein Vertrauen, unabhängig vom religiösen Glauben. Muslime, Juden
und Griechen wurden zur wirtschaftlichen und staatlichen Organisation herangezogen. So befand sich der gesamte lokale
Verwaltungsapparat auf Sizilien in den Händen der Muslime.
Juden und Griechen besetzten ebenso Funktionen im zentralen Staatsapparat wie die Araber. Im Heer Rogers zählten arabische Einheiten unter dem Kommando islamischer Hauptleute zu den Elitetruppen.

Entscheidenden Anteil an der ökonomischen und kulturellen Blüte des Normannenreiches hatten die Städte. In ihrer politischen und sozialen Stellung innerhalb des Staates ähnelten sie allerdings mehr dem arabischen als dem westeuropäischen Beispiel. Kommunefreiheit und daraus resultierend soziale und politische Privilegien, die die Stadt rechtlich vom Land abhoben, waren weitestgehend unbekannt. Die straffe Einordnung in das zentralstaatliche Gefüge gab der normannischen Stadt das Gepräge.

An der wirtschaftlichen Blüte änderte das allerdings während der hier interessierenden Zeit nichts. Handwerkliche und landwirtschaftliche Produktion blühten im gleichen Maße wie vor der normannischen Eroberung. Von der bisher üblichen künstlerischen Gestaltung machten die arabischen Handwerker kaum Abstriche. Der spätere Krönungsmantel der deutschen Könige und Kaiser, der während der Regierungszeit Rogers hergestellt wurde, ist dafür ein bekanntestes, aber bei weitem nicht einziges Beispiel. Zahlreiche andere heute in den europäischen Museen aufbewahrte Kunstgegenstände bezeugen das gleiche. In Süditalien blühte die byzantinische Kultur.

Andererseits ließ Roger zahlreiche Kirchen bauen, in denen vorwiegend westeuropäische Traditionen erkennbar sind. Palermo, die Hauptstadt des Reiches, erlebte während dieser Zeit seine eigentliche mittelalterliche Blüte. Zeitgenossen berichten vom Sprachengewirr in den Städten und Straßen, von dem Nebeneinander von Kirchen, Moscheen und Synagogen. Der Königshof selbst war eine Anlage, die alle orientalische und byzantinische Bequemlichkeit mit der Lebenskunst der Herrscher vereinigte. Die Chronisten berichten von zahlreichen Palästen und Lustschlössern, Jagden, Sammlungen orientalischer und afrikanischer Tiere sowie verschiedenen technischen Kunstwerken wie Wasseruhren usw.

Am Königshof mischten sich orientalische und christliche Elemente. Zur unmittelbaren Umgebung Rogers gehörten außer normannischen Baronen auch Juden und Griechen. Roger selbst soll orientalische Kleidung getragen haben. Zu Rogers engsten Vertrauten gehörte der berühmte arabische Geograph al-Idrisi, der von Spanien an den normannischen Hof übersiedelte und dort lange Zeit lebte und arbeitete. Er weckte Rogers Interesse für die Geographie, und der Normannenkönig soll Idrisis bedeutendstes Werk mit dem Titel »Buch des Roger, eine geographische Beschreibung der Welt« tatkräftig gefördert haben. Auch griechische Autoren wirkten neben Orientalen unmittelbar an Rogers Hof.

Trotz allem kam es jedoch nicht zur Verschmelzung der Kulturen und ihrer Träger. In der islamischen Poesie spiegelt sich das so wider, daß Rogers positive Züge zwar voll des Lobes besungen werden, aber gleichzeitig nicht vergessen wird, daß es sich um einen »Ungläubigen« handelt, den man dergestalt würdigt. In der Liebeslyrik taucht das Thema der unglücklichen Liebe zwischen jungen Leuten verschiedenen Glaubens auf.

Roger selbst hat wahrscheinlich die verschiedenen Konfessionen mit Distanz betrachtet – nicht im Sinne eines Atheismus, sondern eher in byzantinischer Tradition, wie sie dann bei Friedrich II. deutlicher sichtbar wird. Bezeichnend dafür scheint folgende Anekdote: Anläßlich eines Sieges seiner Flotte vor Nordafrika fragte Roger einen islamischen Höfling, wo denn die Hilfe Mohammeds geblieben wäre, ob er dies Land und seine Bewohner vergessen hätte? Er bekam zur Antwort, Mohammed sei fern bei Edessa gewesen, das soeben den Kreuzrittern entrissen worden war. Roger gab sich mit dieser Antwort zufrieden. Religiöse Streitigkeiten scheinen ihn unberührt gelassen zu haben.

In dieser Atmosphäre wuchs der spätere Kaiser Friedrich II. auf, 1194 in Süditalien geboren. Seine Mutter, Konstanze, war eine Tochter Rogers II., sein Vater Kaiser Heinrich VI. Das normannische Königreich wurde damit in Personalunion mit dem Reich verbunden. Die innenpolitische Struktur Süditaliens änderte sich dadurch nicht, obwohl die Kreuzzugsbewegung während dieser Zeit durch Innozenz III. mächtig angeheizt wurde.

Friedrich II. sah den Mittelpunkt seines Reiches im Süden. Hier war er aufgewachsen. Nur etwa acht Jahre seines Lebens verbrachte er nördlich der Alpen. Das normannische Erbteil setzte unter Friedrich seinen wirtschaftlichen und geistigen Aufschwung fort. Der Kaiser veranlaßte ein System von staatlichen und wirtschaftlichen Maßnahmen, die diese Tendenz förderten. Wichtig ist in diesem Zusammenhang, daß weiterhin die Religionen als gleichberechtigt behandelt wurden. Nur die höchsten Regierungsämter waren den Muslimen und Juden verwehrt.

Friedrichs II. Residenz Foggia im nördlichen Apulien war ein System von Palästen, Jagd- und Lustschlössern, in denen alle Genüsse des Orients geboten wurden. Friedrichs Feinde unterstellten ihm sogar, er halte sich dort einen Harem. Selbstverständlich stand an seinem Hof die höfische Dichtung hoch im Kurs. Sänger aus Frankreich, Italien, aber auch aus dem islamischen Bereich trugen ihre Helden- und Minnelieder vor. Nicht Dekadenz war das Wesen dieser Hofhaltung, sondern eine für mittelalterliche Verhältnisse bis dahin einzigartige Weltoffenheit, entstanden aus der spezifischen Situation Süditaliens und Siziliens.

Friedrich selbst soll mehrere Sprachen – Sizilianisch, Lateinisch, Arabisch, Griechisch, Hebräisch, Französisch und Deutsch – beherrscht haben. Er hielt Kontakt zu arabischen Herrschern und Gelehrten, europäischen Fürsten und zum byzantinischen Kaiser. An seinem Hof trafen sich Gelehrte und Künstler aus allen Teilen der Welt. Der berühmte Mathematiker Fibonacci aus Pisa arbeitete hier, und der schottische Philosoph Michael Scotus weilte ebenso am kaiserlichen Hof wie viele islamische Gelehrte.

Friedrich II. selbst interessierte sich für viele Wissenschaftsgebiete. Mathematik, Philosophie, Alchemie waren nur einige, aus denen er sich die neuesten Ergebnisse referieren ließ. Die Chronisten wissen von langen und ausführlichen Gesprächen des Kaisers mit den Gelehrten zu berichten. Er selbst schrieb für seinen Sohn eine Abhandlung über die Falkenjagd, in der er Naturbeobachtung und Erfahrung als Quellen der Erkenntnis an die erste Stelle setzte. In Neapel gründete Friedrich eine Hochschule – die erste »Staatsuniversität«, das heißt außerhalb des Protektorats der katholischen Kirche. Salerno, die berühmteste medizinische Ausbildungsstätte Europas im 12. und 13. Jahrhundert, wurde von Medizinern aus Norditalien und Frankreich besucht. In der sizilianischen Flotte dominierten in den Kommandorängen Seefahrer aus den oberitalienischen Städten.

Obwohl es sich hierbei um äußere Einflüsse handelt, stehen sie doch für eine Variante zur Kreuzzugspolitik, die zwar nur im kleinen territorialen Rahmen praktiziert werden konnte, aber doch eine Perspektive bot. Dabei wäre es falsch, die sozialen Verhältnisse zu harmonisieren. Die Herrschaft Friedrichs in Süditalien war und blieb eine Klassengesellschaft. Bauern und Handwerker hatten hohe Abgaben zu entrichten, und in den Webereien, die wegen ihrer kostbaren Seidenstoffe berühmt waren, arbeiteten sarazenische Sklavinnen. 1223 ließ Friedrich fünfzehntausend muslimische Bauern, die sich gegen ihn erhoben hatten, von Sizilien nach dem nördlichen Apulien umsiedeln, um sie besser unter Kontrolle zu haben. Die Spitze gegen das Papsttum war dabei unverkennbar, denn das Siedlungsgebiet um die Stadt Lucera lag in unmittelbarer Nähe des Kirchenstaates. Solche Auseinandersetzungen waren aber nicht religiös gefärbt.

Friedrich II. hatte sich die heftige Feindschaft der Päpste und ihrer Anhänger zugezogen, allerdings nicht nur wegen seiner Innenpolitik, sondern aus machtpolitischen Gründen. Rom wehrte sich gegen die Umklammerung durch ein staufisches

Imperium von Nord und Süd. Dabei entstand die kuriose Situation, daß bei den Feldzügen Friedrichs in Italien gegen Rom und seine Bundesgenossen im kaiserlichen Heer neben deutschen und normannischen Rittern auch sarazenische Bogenschützen kämpften. Grotesker konnte sich der »Heilige Krieg« nicht entwickeln.

Auch im Verhältnis Staat-Kirche beziehungsweise Staat-Religion bot Friedrich eine Variante. Er wollte die Kirchen dem Staat untergeordnet sehen. Seine Gegner, die Anhänger des päpstlichen Universalismus, streuten gezielte Gerüchte aus, wonach der Kaiser dem Gesetz Mohammeds mehr zugetan sei als dem Gesetz Jesu Christi. Er bringe den Sarazenen größere Freundschaft entgegen als den Christen. Man beschuldigte ihn des Ausspruchs: »Drei Betrüger haben ihre Zeitgenossen so schlau getäuscht, daß sie in den Besitz der Weltherrschaft gelangten: Moses, Jesus und Mohammed.«

Unabhängig davon, ob es sich hierbei um Verleumdungen handelt, treffen diese Überlieferungen doch in gewisser Weise die Geisteshaltung Friedrichs. Am Ende seines Lebens soll er die byzantinischen Kaiser beneidet haben, da dort die Kirche dem Monarchen untergeordnet war. Eine ähnliche unmittelbar von Gott abgeleitete Vorrangstellung maß er seiner eigenen Position zu. Von daher wird verständlich, daß er trotz Exkommunikation 1228/29 seinen Kreuzzug nach dem Orient durchführte – nicht etwa als reuiger Sünder und frommer Gottesstreiter, sondern im vollen Bewußtsein seiner Selbständigkeit und kaiserlichen Würde. Er führte auf der einen Seite geschickte diplomatische Verhandlungen mit den islamischen Herrschern, die zur Rückgabe Jerusalems an die Kreuzfahrerstaaten führten – wobei er gesagt haben soll, er wäre glücklich, wieder einmal einen Muezzin rufen zu hören. Auf der anderen Seite ließ er sich trotz seiner Bannung in Jerusalem krönen.

Friedrich II. war bei den Zeitgenossen heftig umstritten.

Die Papstpartei bezeichnete ihn als Antichrist, seine Anhänger verehrten ihn. Sofort nach seinem Tode bemächtigte sich seiner Person die Legende. Noch nach Jahrhunderten erwartete man seine Rückkehr als Kaiser der Endzeit. Sein Handeln und seine Vorstellungswelt erklären sich jedoch nicht so sehr aus seiner starken Persönlichkeit, sondern aus dem spezifischen Konglomerat an Kulturen im Süden seines Reiches. Nach seinem Tod, gleichsam mit dem Ende der Kreuzzüge und der dafür charakteristischen wirtschaftlichen, politischen und geistigen Kräftekonstellation im Mittelmeerraum, verfiel auch diese eigenartige Kulturblüte in Süditalien und auf Sizilien. Und die Sage von der Rückkehr des Kaisers wandelte sich bald. Nach mehreren Zwischenstufen wurde sie auf Kaiser Friedrich I. Barbarossa übertragen (Kyffhäusersage), dessen Wiederkunft in den Wirren des späten Mittelalters vom Volk erwartet wurde, damit er das Reich wiederaufrichte, das »gute alte Recht« wiedereinsetze und den Armen und Schwachen gegen Not und Bedrückung helfe.

In ähnlichen Bahnen verlief die Entwicklung in Spanien, die hier nur gestreift werden soll. Die Reconquista hatte ihre Ausgangspositionen in den christlichen Staaten Nordspaniens, Kastilien, León, Navarra und Aragon, die zugleich auch die Hauptnutznießer waren, da jedes eroberte Gebiet diese Reiche unmittelbar vergrößerte. Zu Beginn der Kreuzzüge verlief, wie bereits dargestellt, die Teilnahme europäischer Ritter an der Expansion nach dem Süden parallel zu den Eroberungen im Orient, aber nach dem 2. Kreuzzug verschwand der gleichförmige Rhythmus.

Militärisch wurden die nordspanischen Königreiche durch ständigen Zuzug von vor allem französischen Rittern gestärkt, unterstützt durch eine bäuerliche Siedlung. Die Kreuzzugsidee trat dabei rasch in den Hintergrund. Höhepunkte der Reconquista wurden jedoch von den örtlichen Gewalten mit der Idee vom »Heiligen Krieg« verbrämt. Es entstanden auch drei spanische Ritterorden nach dem Vorbild der Ritterorden der Kreuzfahrerstaaten; die Templer versuchten ebenfalls ihr Glück in Spanien, aber insgesamt waren alle diese Kräfte dem Ausbau der christlichen Königreiche untergeordnet.

Mitte des 13. Jahrhunderts schloß die erste Phase der Reconquista mit der Eroberung von Córdoba (1236), Valencia (1238) und Sevilla (1248) ab. Die Muslime mußten sich auf geringe Besitzungen in Südspanien, mit dem Zentrum Granada, zurückziehen. Die Gründe für die erfolgreichen Rückeroberungen lagen bei den Mauren selbst, deren Herrschaft immer wieder in zahlreiche einander befehdende Kleinstaaten zerfiel, so daß einer Zusammenfassung aller Kräfte zu energischem Widerstand der Boden entzogen war.

Materiell und geistig standen die eroberten Gebiete immer noch in der Traditionslinie des Omaijaden-Kalifats von Córdoba. Als Träger der islamischen Kultur galten nach wie vor Muslime, Juden und die christliche Bevölkerung. Viele Juden waren angesehene und reiche Kaufleute. Aus ihren Reihen kamen hervorragende Gelehrte. Das Handwerk befand sich überwiegend in den Händen der islamischen Bevölkerung. Die Muslime beherrschten auch den Anbau spezieller landwirtschaftlicher Kulturen. Die christlichen Könige des 12. und 13. Jahrhunderts mit ihrem Gefolge stützten sich auf diese Bevölkerungsschichten. Lange Zeit stand die religiöse Toleranz im Vordergrund ihrer Herrschaft.

DIE EINFLÜSSE DES ORIENTS
AUF EUROPA

1808 regte das »Institut de France« historische Untersuchungen zum Thema an: »Wie war der Einfluß der Kreuzzüge auf die zivile Freiheit der europäischen Völker, auf ihre Zivilisation, ihre Bildung, den Handel und die Industrie.« Daraufhin entstand eine Flut von Arbeiten, die mehr oder weniger die gesamte materielle und geistige Entwicklung des hohen und späten Mittelalters in Beziehung zu den Kreuzzügen setzte.

Die Gegenreaktion kam bald. In Detailstudien widmete man sich dem Verhältnis von äußeren Einflüssen und eigenständiger Entwicklung und unterschied dabei genau zwischen Kreuzzügen, Handelsexpansionen des oberitalienischen Kaufmanns, Normannenreich und Reconquista. Im Ergebnis wurde deutlich, daß die Kreuzzüge nur einen minimalen Anteil an der Übernahme byzantinischer und arabisch-islamischer Kultur hatten.

Wir folgen der Auffassung, die gesamte Expansion der europäischen Feudalgesellschaft in das Mittelmeergebiet seit dem 11. Jahrhundert als relative Einheit zu betrachten. Kreuzzugsbewegung, Reconquista und die Eroberung Süditaliens/ Siziliens wurden von ähnlich strukturierten feudalen Kräften getragen. Es wirkten vergleichbare Ursachen. Damit galt auch grundsätzlich das gleiche Ursache-Wirkung-Verhältnis in der Auseinandersetzung mit der Kultur der unterworfenen Völker, wie es bei allen mittelalterlichen Eroberungsbewegungen zu beobachten ist.

Erst von dieser Gemeinsamkeit aus können die Besonderheiten gewertet werden. Die Hauptunterschiede resultierten aus der unterschiedlichen Stabilität der Eroberungen. Die Kreuzfahrerstaaten waren von Anfang an politisch und militärisch äußerst labil. In der ersten Hälfte des 12. Jahrhunderts mußte die Herrschaft erst ausgebaut werden, seit dem Aufstieg Saladins stand der Kampf um die verbliebenen Restpositionen im Vordergrund. Damit konnten Fragen der Auseinandersetzung mit der islamisch-arabischen Kultur, die eine ethnisch-soziale Annäherung zwischen Eroberern und Unterworfenen voraussetzt, keine große Rolle spielen. Darüber hinaus erwies sich die Kreuzzugsidee als ungeeignet, die Beschäftigung mit der arabischen Kultur zu fördern. Im Gegenteil, überall dort, wo Kreuzritter in ihrem Sinn agierten, kam es zur Abkapselung, wurde das Gegensätzliche in einem Maße betont, daß jede Beschäftigung mit der arabisch-islamischen Kultur absterben mußte. Nur die Annehmlichkeiten des orientalischen Lebens nutzte man. Wo immer in den Kreuzfahrerstaaten Kontakte entstanden, geschah dies außerhalb und im Widerspruch zur Kreuzzugsidee.

Die Kreuzfahrerstaaten waren perspektivlos in Inhalt und Form. Byzanz, dem man »militärische Hilfe« hatte leisten wollen, erlitt durch die Kreuzritter so schwere Verluste, daß es sich auch nach 1261 nicht wieder vollständig erholen konnte. Das Normannenreich und die christlichen Staaten in Spanien vermochten demgegenüber stabile Lehensstrukturen aufzubauen. Damit war die Grundlage für die Einbeziehung der Araber, Griechen und Juden in die Gesellschaft gegeben, die Voraussetzung für eine Blüte der materiellen und geistigen Kultur, die die Kreuzzugszeit überdauerte.

Religiöse Toleranz galt, trotz zeitweiliger Unterdrückung, als Selbstverständlichkeit. Nicht zufällig wurde Europa vor allem über diese beiden Staaten mit der islamisch-arabischen Kultur vertraut.

Hin und wieder werden das militärische und das wirtschaftliche Ausgreifen Europas als Gegensätze dargestellt – kriegerisch das eine, friedlich das andere. Das erscheint insofern problematisch, als der Händler zwar mit anderen Mitteln agierte, aber unmittelbar einen Teil der Gesamtexpansion darstellte. Er nutzte die militärische Eroberung direkt und lenkte sie mit.

Trotz aller auftauchenden Differenzen etwa im Verhältnis zu Ägypten, ist die Handelsexpansion in ihrem konkreten Verlauf nur durch die Kriegszüge möglich geworden. Der 4. Kreuzzug steht dafür nicht als einziger Beweis. Der Aufbau des Levantehandels erfolgte im 12. Jahrhundert nicht neben der militärischen Expansion und schon gar nicht trotz der Kreuzzüge, sondern wuchs mit ihr. Aufbau der Flotte, der Handelsstützpunkte, der Verkehrswege, Akkumulation von Handelskapital usw., alles das entwickelte sich mit den Kreuzzügen.

Nach dem Verfall der Kreuzzugsbewegung waren die Städte wirtschaftlich und politisch so stark geworden, daß sie notwendige militärische Unterstützung selbst finanzieren und organisieren konnten.

Die Einflüsse arabisch-islamischer Kultur, die während der Kreuzzugszeit durch den Handel auf Europa ausstrahlten, gehören mit zur Gesamtproblematik. Ein Maßstab für den Grad der Beschäftigung und der Auseinandersetzung mit einer anderen Kultur kann wohl die Bereicherung des Wortschatzes, die Aufnahme von Lehnwörtern in die eigene Sprache sein. Eine knappe Zusammenstellung genügt, um unter diesem Gesichtspunkt die Vielfalt des Übernommenen deutlich zu machen, wobei allerdings einschränkend zu bemerken ist, daß dieser Prozeß sich nicht auf die Kreuzzugszeit beschränkte. Als Lehnwörter wurden zum Beispiel in die deutsche Sprache aus dem Arabischen beziehungsweise über das Arabische aus dem Persischen und Griechischen aufgenommen: Limone, Pomeranze, Aprikose, Zitrone, Zucker, Orange und andere für in

Europa bisher unbekannte Früchte. Zu den Gewürznamen gehören Muskat, Zimt, Kümmel, Estragon, Safran. An Begriffen für handwerkliche Erzeugnisse sei verwiesen auf Kattun, Damast (Damaskus), Musselin (Mosul), Atlas, Barchent, Mohair, Chiffon, Taft, Samt (griech.); aber auch Joppe, Karaffe, Baldachin (Bagdad), Pantoffel, Matratze, Diwan, Sofa. Auch die Farbbezeichnungen Karmesin, Lila, Azur stammen aus dem Arabischen.

Sehr zahlreich sind die Wörter arabischen Ursprungs in den Naturwissenschaften. In der Astronomie gehören dazu fast alle Sternbilder sowie die Grundbegriffe dieser Disziplin; Algebra und Algorithmus sind Verballhornungen arabischer Namen beziehungsweise Buchtitel. Kampfer, Benzin, Alkohol, Alkali, Natron, Soda, Borax und andere stellen ebenfalls Übernahmen dar. Ähnliche Beispiele ließen sich auch aus anderen Wissenschaftsdisziplinen anführen. Auf dem Gebiet der Seefahrt sei nur auf Admiral, Korvette, Bussole und Havarie verwiesen.

Schließlich wurde auch eine Reihe von Spezialbegriffen eingeführt, wie Tarif, Zechine, Arsenal, Alkoven, Basar, Amulett, Talisman, Elixier, damaszieren und andere.

Die philologischen Belege besagen allerdings noch nicht sehr viel über Inhalt und Formen der Auseinandersetzungen mit den arabisch-islamischen Kulturleistungen. In grober Einteilung kann man die erwähnten Lehnwörter um drei große Bereiche gruppieren: Landwirtschaft, Handwerk und Handel, Wissenschaften. Hinzu kommen Einflüsse verschiedenster Art auf das Leben der europäischen Gesellschaft, speziell des Adels.

Mit den Expansionen rückte eine Vielfalt bisher unbekannter Kulturpflanzen und Früchte in den Gesichtskreis des Europäers: Zitronen, Orangen, Aprikosen, Pfirsische, Pflaumen, Gurken, Melonen, Pistazien, Reis, Safran, Artischocken, Sesam, Johannisbrot, Datteln, Zuckerrohr usw. Es ist überliefert, daß sich die Kreuzritter während des 1. Kreuzzuges mit Verwunderung und Begeisterung auf das ihnen bis dahin unbekannte Zuckerrohr stürzten. Viele Milieuschilderungen aus den Kreuzfahrerstaaten sind voll des Lobes über die riesigen Gärten mit ihren wohlschmeckenden Früchten.

Europa erfuhr davon. Mancher Kreuzfahrer oder Pilger nahm Samenkörner mit in die Heimat zurück. Doch auf die Verbreitung dieser Pflanzen hatte das wenig Einfluß. Weder Pflege noch Zucht waren den Adeligen bekannt, und die überlieferten Beispiele besitzen eher den Charakter von Kuriositäten als von ernsthaften Bemühungen zur Veränderung der europäischen Agrikultur.

Der eigentliche Ausbreitungsweg verlief über Spanien und Sizilien/Süditalien. Die muslimischen Bauern verfügten über die Kenntnisse und Fertigkeiten zum Anbau dieser Früchte. Es ist bekannt, wie rasch sich der Charakter der Landwirtschaft in diesen Gebieten nach der islamischen Eroberung änderte. So wurden zum Beispiel auf Sizilien sofort systematisch Dattelpalmen angepflanzt. Von hier begann allmählich die Ausbreitung, vor allem nach Italien und Südfrankreich. Die entscheidende Bedeutung kam dabei den Erzeugern zu und nicht den Feudalherren, übrigens auch in Spanien nicht. Die Übernahme dieser Kulturpflanzen begann erst in der Kreuzzugszeit, und sie setzte sich während der folgenden Jahrhunderte fort.

Ein zweiter, insbesondere für Osteuropa bedeutungsvoller Weg der Ausbreitung von Kulturpflanzen verlief während des Mittelalters von Byzanz über den Balkan, so daß wahrscheinlich auch eine Reihe dieser Früchte, etwa Melonen und Gurken, in Mitteleuropa über den Balkan bekannt wurde. Seit dem 12. Jahrhundert nahm, vermittelt durch den Orient- und Byzanzhandel, der Verbrauch an Gewürzen, Farb- und Duftstoffen sowie den verschiedensten handwerklichen Erzeugnissen beträchtlich zu. Pfeffer, Nelken, Muskatnuß, Ambra, Weihrauch, Safran, Alaun, Indigo, rotes Sandelholz, Lack, Kattun,

Damast, Musselin, Seide, Samt, Atlas und anderes wurden auf den großen Märkten Europas ständig angeboten, außerdem prachtvolle Gewänder und Decken.

Sehr begehrt waren orientalische Teppiche, Perlen- und Edelsteinschmuck, Emailarbeiten, kunstvolle Erzeugnisse der Glas- und Keramikproduktion. Elfenbeinschnitzereien zählten zu den Kostbarkeiten, für die hohe Preise gezahlt wurden. Das gleiche galt für Gold- und Silberschmiedearbeiten sowie Schmuckwaffen aus Damaszener-Stahl.

Diese und andere Erzeugnisse waren Importe, die zunächst einmal durch den Kaufmann vermittelt wurden. Zum anderen ist jedoch vor allem bei den handwerklichen Erzeugnissen für das 12. und 13. Jahrhundert zu einem bedeutenden Teil mit Beutegut oder auch Geschenken der Kreuzritter zu rechnen. Die Praxis des 4. Kreuzzuges hat das besonders deutlich gemacht. Leider gibt es keine detaillierten Überlieferungen, aber ein beträchtlicher Teil der heute noch erhaltenen Sammlungen in Kirchen und Klöstern stammt von Kreuzzugsteilnehmern.

Jede Ritterburg dürfte zumindest einige orientalische Luxusgegenstände besessen haben. Kirchen und Klöster statteten sich damit aus. Nicht selten trugen selbst Altardecken, Meßgewänder und liturgische Gefäße arabische Inschriften oder Motive arabisch-islamischer Kultur.

Die Zeitgenossen schien dieser Umstand wenig zu stören, zumal die Zeichen oft für Hebräisch gehalten wurden. Entscheidend war die feierliche Atmosphäre.

Zu recht unvermittelter Blüte gelangte der »Reliquienhandel«. Jede bedeutende Kirche dieser Zeit, jedes große Kloster kämpfte um einen Anteil an den im Orient und Byzanz geraubten Reliquien und den kostbaren Reliquiaren, hing doch vom Wert der Reliquien in nicht unbedeutendem Maße das Ansehen der jeweiligen Kirche ab. In Halberstadt zum Beispiel wurde noch lange Zeit der Tag der Übereignung des Reliquienschatzes aus dem 4. Kreuzzug mit einer feierlichen

Prozession begangen. Daß er aus der Plünderung einer christlichen Stadt stammte, daran dachte dabei wohl niemand mehr.

Obwohl die orientalischen Waren sehr begehrt waren, stellte sich die handwerkliche Produktion nur verhältnismäßig langsam auf ähnliche Erzeugnisse um. Die Seidenherstellung allerdings breitete sich im 13. Jahrhundert aus. Mitte des 12. Jahrhunderts scheint sie noch auf Sizilien beschränkt gewesen zu sein, doch von hier aus eroberte sie Mittel- und Oberitalien, die Provence und schließlich auch Oberdeutschland. Lucca wurde das große Zentrum, aber auch Bologna, Venedig, Augsburg, Ulm und andere Städte betrieben Seidenraupenzucht beziehungsweise die Produktion von Seidenstoffen.

Papier führte man bis zum 13. Jahrhundert über Spanien aus dem Orient ein. Seitdem ist seine Herstellung auch in Europa nachweisbar. Der Kaufmann benutzte vom hohen Mittelalter an in zunehmendem Maße Papier als Beschreibstoff. Im ausgehenden 13. Jahrhundert wurde es in Genua und Ravensburg, kurze Zeit später auch in Bologna, Padua, Venedig und anderen Städten produziert.

Im Orient hatten die Kreuzritter und Pilger die Windmühlen kennengelernt. In diesem Fall erfolgte die Übernahme relativ rasch, denn bereits zur Mitte des 12. Jahrhunderts lassen sie sich in verschiedenen Gebieten Europas nachweisen.

Vielfältig waren indirekte Einflüsse auf die handwerkliche Produktion hochwertiger Erzeugnisse mit dem Ziel, die orientalischen und byzantinischen Importe nachzuahmen – Einflüsse, die freilich oft nur den Charakter von Anregungen besaßen. Die oberitalienischen Städte wurden nach dem 13. Jahrhundert zu Produktionszentren qualitativ hochwertiger Wolltuche. Die Rohstoffe, Wolle, Farbstoffe, Alaun, kamen vorwiegend aus dem Orient und aus Byzanz.

Emailarbeiten kannte man in Europa bereits vor der Kreuzzugszeit. Ihre eigentliche künstlerische Blüte datiert jedoch seit dem 13. Jahrhundert – nicht zuletzt weil man den Wert und die Qualität byzantinischer Emailarbeiten kennengelernt hatte.

Die Herstellung von Glas hatte vor allem in Venedig den Untergang der Antike überlebt. Doch die verfeinerten Bearbeitungsmethoden – Glasmalerei durch entsprechende Schmelzverfahren, Anfertigung von geschliffenen Kristallglasschalen und anderes, all das blieb der Zeit nach dem 12. Jahrhundert vorbehalten.

Ähnlichen Einfluß nahmen die Erzeugnisse des Orients auf die Herausbildung der Elfenbeinschnitzerei, der Fayencenkunst und der Entwicklung von Gold- und Silberschmiedearbeiten. Die handwerkliche Produktion Europas, vor allem Italiens, erhielt durch die Kontakte zur islamisch-arabischen und byzantinischen Kultur zahlreiche Anregungen und nahm viele Einflüsse auf. Akkumulation aus dem Zwischenhandel und hohe Produktivität des Handwerks zählten zu den grundlegenden Voraussetzungen, auf denen sich später die Renaissance entfalten konnte.

Etwas anders stellt sich die Übernahme der arabisch-islamischen wissenschaftlichen Leistungen dar. Seit dem 13. Jahrhundert institutionalisierte sich in Westeuropa die Pflege der Wissenschaften. Universitäten und Hochschulen entstanden. Zu den bedeutendsten gehörten Oxford (um 1100), Paris (1174/1200), Neapel (1224), Toulouse (1229), Montpellier (1239), Rom und andere; in Spanien wurden während dieser Zeit sechs Universitäten gegründet, in Oberitalien bildete sich, in Abhängigkeit von Bologna, eine Reihe von Rechtshochschulen heraus.

Dieser Formierungsprozeß resultierte aus dem Aufblühen der europäischen Feudalgesellschaft und der zunehmenden Bedeutung der Städte. Unter kirchlicher Leitung stehend, dominierte an den Universitäten, von wenigen Ausnahmen abgesehen, die Theologie und deren philosophische Verarbeitung. Aber auch Naturwissenschaften, wie Mathematik, Physik,

Biologie, Medizin, Chemie und andere, gewannen zunehmend an Bedeutung. Die Grundlagen dieser Wissenschaftsentwicklung wurden durch die Rezeption islamisch-arabischer und antiker Autoren geschaffen.

Seit dem frühen 12. Jahrhundert übertrug man die naturwissenschaftlichen und philosophischen Arbeiten des griechischen Altertums und der islamischen Welt aus der arabischen Sprache in die lateinische. Die Zentren dieses Wirkens waren Spanien, Sizilien und die Kreuzfahrerstaaten. Den Hauptanteil hatte Spanien. Hier gab es insofern die günstigsten Bedingungen, als eine relativ große Gruppe von Juden und einheimischen Christen, die des Arabischen, Hebräischen, Griechischen und Lateinischen kundig waren, die Übersetzerarbeiten übernehmen konnte.

Zu den markantesten Persönlichkeiten zählte Johannes von Sevilla, auch unter dem Namen Johannes von Spanien oder Ibn Daud bekannt. Er war Jude, stand in der Traditionslinie der Kultur des Omaijadenreiches in Spanien, bekannte sich aber zum Christentum. Eine große Zahl von Übersetzungen mathematischer, astronomischer, medizinischer und astrologischer Arbeiten stammte aus seiner Feder, entstanden in der ersten Hälfte des 12. Jahrhunderts.

Wenige Jahre später wurde Gerhard von Cremona die bestimmende Persönlichkeit. Seit 1165 wirkte er in Toledo und arbeitete dabei wahrscheinlich mit anderen einheimischen Übersetzern zusammen. Einundsiebzig Übertragungen sollen unter seiner Regie angefertigt worden sein, vorwiegend griechische Autoren, Aristoteles, Euklid, Archimedes, fanden sein Interesse, aber auch Arbeiten arabisch-islamischer Gelehrter wie ar-Razi, Ibn Sina, al-Kindi usw. Ähnlich war die Situation in Süditalien/Sizilien, wo am Hof Friedrichs II. zahlreiche Übersetzungen entstanden.

In den Kreuzfahrerstaaten hingegen zog man die einheimischen Syrer und Juden offensichtlich wenig zu solchen Arbeiten heran, zumindest sind die Überlieferungen sehr spärlich. Es ist zwar bekannt, daß Pilger Schriften mitbrachten, aber als Übersetzer sind Kleriker und italienische Bürger nachgewiesen, die sich in den Kreuzfahrerstaaten niedergelassen hatten, etwa Stefan von Antiochia und Philipp von Tripolis mit medizinischen Arbeiten.

Geringer war die Zahl der Westeuropäer, die in Spanien und Süditalien so sprachkundig waren, daß sie sich an den Übersetzungsarbeiten hätten beteiligen können. Adelard von Bath hatte in Antiochia und Toledo Arabisch gelernt, Gerhard von Cremona wurde bereits genannt. Aber immer wieder erhoben sich Klagen, daß an den Universitäten zu wenig Arabisch, Hebräisch und Griechisch gelehrt und studiert werde.

Es ist unmöglich, die Übersetzungen hier auch nur aufzuzählen. Einige Beispiele müssen genügen. Auf dem Gebiet der Mathematik und Astronomie wurde eine Reihe von Werken übersetzt, die das indisch-arabische Zahlensystem in Europa bekannt machten. Arbeiten von Euklid und anderen antiken Gelehrten fanden ebenso Interesse wie arabische Autoren zur Algebra und zur Trigonometrie. Dazu zählte etwa die berühmte Abhandlung von al-Chwarismi (von diesem Namen wurde der Begriff »Algorithmus« abgeleitet): »algabt ...« (hiervon der Begriff »Algebra«), die bis in das 16. Jahrhundert grundlegendes Lehrbuch der Mathematik an europäischen Universitäten war.

Auf dem Gebiet der Optik ragte die Arbeit von Ibn al-Haitam (lat. Alhazen): »Buch der Optik« hervor, die sich mit der Lichtbrechung in durchsichtigen Medien beschäftigt und unter anderem Roger Bacon anregte.

Die Chemie wurde lange Zeit durch eine Reihe alchimistischer Lehrbücher arabischer Herkunft beeinflußt. Die Arbeiten von al-Biruni über Astronomie und den Kalender regten in Europa bereits im 13. Jahrhundert zu Reformvorschlägen hinsichtlich des traditionellen Julianischen Kalenders an.

Eine wahre Flut von Übersetzungen bereicherte die Medizin. Die Vermittlerrolle von Salerno wurde bereits erwähnt. Spanien und die Kreuzfahrerstaaten schlossen sich an. In Toledo schienen sich die Übersetzer auf medizinische Schriften spezialisiert zu haben. Das zusammenfassende Werk von Ibn Sina, in Europa unter dem Titel »Kanon der Medizin« bekannt, war bis in das 17. Jahrhundert Standardlehrbuch. Das grundlegende Kompendium zur Medizin von ar-Razi wurde mehrmals übersetzt. Verbreitung fanden auch Bücher über Pharmakologie und Arzneimittelkunde.

Auf dem Gebiet der Philosophie widmeten sich die Übersetzer den antiken Philosophen, insbesondere Aristoteles, aber auch den philosophischen Werken von Ibn Sina (Avicenna) und Ibn Rušd (Averroes). Von diesen Arbeiten wurden die Diskussionen innerhalb der hochmittelalterlichen Scholastik nachhaltig beeinflußt.

Bereits Mitte des 12. Jahrhunderts veranlaßte der Abt von Cluny, Petrus Venerabilis, anläßlich einer Reise nach Spanien die Übersetzung des Korans. Die Franziskaner und Dominikaner, die sich auf die Mission vorbereiteten, gingen somit nicht mehr ohne Kenntnisse über den Islam nach dem Orient. Seit dem 12. Jahrhundert begann eine rege Übersetzertätigkeit an islamisch-arabischen Manuskripten. Die Beispiele könnten fortgesetzt werden.

Der Strom der wissenschaftlichen Erkenntnisse floß über Spanien und das süditalienische Normannenreich an die Universitäten Europas. Die Kreuzfahrerstaaten, ausschließlich auf Eroberungen orientiert und seit dem Aufstieg Saladins noch dazu in einer schwierigen militärischen Situation, die zu entscheidenden Gebietsverlusten geführt hatte, boten keine Ruhe für wissenschaftliche Arbeiten. Zudem führte die einheimische Bevölkerung, anders als in Spanien und Süditalien, ein Sonderdasein.

Trotzdem scheint der indirekte Einfluß der Kreuzfahrerstaaten auf die Rezeption der orientalischen Wissenschaften in Europa größer gewesen zu sein, als sich unmittelbar ausweisen läßt. Die bedeutendsten Universitätsstädte in Südfrankreich und Italien lagen nicht nur in der Nachbarschaft Spaniens und Unteritaliens, sie waren auch traditionelle Zentren der Kreuzzüge und des Orienthandels.

Eine Reihe von Gelehrten beschränkte sich nachweisbar nicht auf eine »Kontaktzone« zum Orient. An den Kreuzzügen des 13. Jahrhunderts nahmen Mediziner als Leibärzte der Könige und Fürsten teil und vervollständigten bei dieser Gelegenheit ihre Kenntnisse. Einige Lebensläufe sollen die möglichen Querverbindungen und Einflüsse veranschaulichen.

Hugo von Lucca, auch Hugo von Bologna genannt, entstammte einer Adelsfamilie und nahm 1218 als Arzt am Kreuzzug teil. 1221 zurückgekehrt, wurde er als städtischer Wundarzt nach Bologna berufen und begründete hier eine Chirurgenschule, die eine Reihe praktischer Neuerungen einführte. Sein Sohn, ein Kleriker, schrieb ein vierbändiges Lehrbuch der Chirurgie.

Petrus von Maricourt, auch Petrus Peregrinus genannt, brachte aus dem Orient Kenntnisse über den Magnetismus und den Kompaß mit nach Frankreich und schrieb 1269 einen Traktat über den Magnetismus, in dem erstmalig ein Kompaß gezeichnet wurde.

Leonardo Fibonacci, einer der berühmtesten Mathematiker des 13. Jahrhunderts, wurde um 1180 in Pisa geboren. Sein Vater war Leiter eines pisanischen Handelsstützpunktes in Bougie (Nordafrika). Hier lernte Leonardo Arabisch und wurde von einem arabischen Rechenmeister unterrichtet. Anschließend vervollständigte er seine mathematischen Kenntnisse auf Handelsreisen nach Ägypten, Syrien, Byzanz, Sizilien und Spanien. 1202 veröffentlichte er den »Liber abaci« (Buch vom Rechenbrett), in dem er das arabische Zahlensystem erläuterte, das bald danach in Pisa auch praktisch eingeführt wurde. In anderen Werken führte er in die arabische Algebra ein und bot Lösungen zu Gleichungen ersten und zweiten Grades. Das größte Ansehen genoß Fibonacci allerdings nicht in Pisa, sondern am sizilianischen Hof Friedrichs II., wo er gerngesehener Gast war.

Natürlich kannte nur ein geringer Teil der Wissenschaftler des 13. Jahrhunderts die islamische Welt aus eigener Erfahrung. Aber seit dieser Zeit waren die Hauptergebnisse der arabisch-islamischen Wissenschaft und der von ihnen verarbeiteten antiken Autoren in Europa bekannt. Universitäten und Klöster bewahrten die Handschriften auf.

Für die folgende Zeit gibt es auch eine Reihe von Beispielen eigenständiger Verarbeitung und Weiterentwicklung durch Gelehrte aus verschiedenen europäischen Ländern. Dennoch kann daraus nicht auf Breitenwirksamkeit geschlossen werden. Die feudale Gesellschaft mit ihrer schmalen wirtschaftlichen Basis war zu einer umfassenden Anwendung nicht in der Lage. Daher dauerte der Prozeß der eigentlichen Rezeption der wissenschaftlichen Leistungen auch bis in die Zeit nach 1500.

Umstritten sind Ausmaß und Formen des Einflusses der Kreuzzüge und des Orients auf den Feudaladel selbst, insbesondere auf die Ritter. Die Zeit der Kreuzzüge war zugleich die Blütezeit der Ritterschaft. Es sind die Jahrhunderte, in denen sie ihr geistiges Profil erhielt. Der Bau von Burgen erlebte seinen Höhepunkt, und der Pflege eines ritterlichen Ehrenkodex, der Moral und Ehrbegriffe festlegte, galt die besondere Aufmerksamkeit. Troubadours und Minnesänger äußerten sich nicht nur zu den Formen des ritterlichen Minnedienstes, sondern verkündeten die Normen des ritterlichen Lebens insgesamt.

Im Zusammenhang mit der Entwicklung der Kreuzzugsidee wurden einige charakteristische Merkmale der Ritterethik wie kriegerische Tapferkeit, Frömmigkeit, Wohltätigkeit usw. bereits angedeutet. Die Parallelität der inneren Entwicklung des

Adels und der Kreuzzugsbewegung legt Einflüsse des Orients auf die Ritterkultur nahe. Dennoch waren die gesellschaftlichen Bedingungen, unter denen sich die Ritter in Europa entwickelten, von denen des Orients auch noch im 13. Jahrhundert zu unterschiedlich, als daß eine innere Annäherung hätte erfolgen können. Das intellektuelle Niveau des islamisch-arabischen Feudalherren erreichte der europäische nicht und strebte es in seinem Ritterideal auch nicht an.

Lediglich in Spanien und im Normannenreich beschäftigten sich die Herrscher mit wissenschaftlichen Problemen und Entwicklungen. Ansonsten konnte der Ritter in der Regel kaum schreiben und lesen. Selbst zahlreiche Minnesänger und Spielleute mußten ihre Lieder und Epen diktieren.

Verwandt ist eine Reihe von moralischen Begriffen wie kriegerische Tapferkeit, Verwurzelung im religiösen Glauben, Minnedienst, Edelmut gegenüber dem Besiegten und andere. Turnierspiele haben die Kreuzritter erstmalig im Orient kennengelernt und dann auch bald selbst praktiziert, desgleichen höfische Feste. Ritterliche Dichtkunst pflegte man an den muslimischen ebenso wie an den christlichen Höfen, und am Hofe der Normannenkönige trugen beide Seiten ihre Werke vor. Dennoch dürfen die Berührungspunkte in ihrer Bedeutung nicht allzu hoch veranschlagt werden, da sich nachweisbar vieles eigenständig entwickelte und die Kenntnis vom Orient nicht mehr als einen Anstoß bedeutete.

Im Alltag des ritterlichen Lebens setzten sich jedoch, bedingt durch den Orienthandel und die Kenntnis des Lebens im Orient, bestimmte Sitten und Gewohnheiten durch. Die Einrichtung von Badestuben wurde übernommen – übrigens auch in den Städten –, Toiletten kamen in Gebrauch, den Bart ließ man wachsen. Die ritterlichen Wohnräume dürften, wie bereits angedeutet, einigen orientalischen Luxus aufgewiesen haben, allerdings kaum vergleichbar mit dem der arabisch-islamischen Feudalherren.

Allgemein wird in der Literatur angenommen, daß sich in der Bekleidung das äußere Bild der adeligen Oberschicht sichtbar veränderte. Vor allem die Frauen nutzten das Angebot an kostbaren Stoffen. Aber auch wenn man alles das und noch einiges andere zusammenzählt, bleibt es dabei, daß die Einwirkungen des Orients im Grunde nur relativ geringfügig waren.

Etwas anders stellt sich die Entwicklung des Kriegswesens dar. Die bedeutendsten Schlachten und Kriegszüge des 12. und 13. Jahrhunderts waren die der Kreuzzugsheere und der Ritterheere in den Kreuzfahrerstaaten. Die modernsten Burgen entstanden im Orient, von Jahrzehnt zu Jahrzehnt verbessert und ergänzt. Die Belagerungstechnik wurde ebenfalls verfeinert, und die Bewaffnung des Ritters vervollkommnete sich. Die Panzerhemden verlängerte man über die Knie und verstärkte sie an besonders gefährdeten Stellen des Körpers, zum Beispiel an den Armen, durch Eisenplatten. Kettenpanzerschutz für Pferde kam in Gebrauch, vor allem als Sicherung gegen Angriffe von Bogenschützen. Alle diese Veränderungen wirkten sich auch in Europa aus.

Auch der Tuchumhang für Reiter und Pferd, über der Rüstung getragen, wurde aus dem Orient übernommen. Ursprünglich als Schutz gegen die Sonne gedacht, galt er später als ein Attribut ritterlicher Kleidung.

Seit dem ausgehenden 11. Jahrhundert setzte sich bei den europäischen Rittern das Führen von Wappen durch, ebenfalls durch arabisch-islamisches Vorbild beeinflußt. Anfangs diente das zur Schau getragene Zeichen zur Identifikation der durch die vollständige Panzerung unkenntlich gemachten Ritter. Daraus entwickelten sich bald die Familienwappen. Zahlreiche Symbole verweisen auf den Orient als Ursprung der Tradition.

Veränderungen in der taktischen Kriegführung, zum Beispiel der verstärkte Einsatz der Bogenschützen und des Fußvolkes, wurden durch die Kreuzzüge bestimmt und dann unter veränderten Bedingungen bei den Kämpfen des 13. und 14. Jahrhunderts auch in Europa praktiziert.

Alles das scheint zunächst eine positive Aufrechnung zu sein, obwohl es sich im Grunde um eine Summe von Einzelheiten handelte, die sich je nach Gesellschaftsschicht mehr oder weniger auf das tägliche Leben auswirkten. Vor allem aber darf nicht übersehen werden, daß die kulturellen Beziehungen, Verbindungen und Einflüsse im Grunde nur Begleiterscheinungen einer kriegerischen Expansion waren, von den politischen Eliten nicht beabsichtigt und daher auch, wenn man vom Detail absieht, mehr zufällig am Rand der politischen und militärischen Ereignisse.

Es würde das Wesen der Kreuzzüge verwischen, wollte man den Eroberungscharakter dieser Unternehmungen außer acht lassen, der es dem europäischen Adel unmöglich machte, sich wirklich auf die Kultur des Orients einzulassen. So blieben die Einwirkungen des Orients und des Byzantinischen Reiches trotz der vielen Beispiele für Europa nördlich der Alpen nur Oberflächenerscheinungen – nicht allein wegen des materiellen und geistigen Niveauunterschiedes zwischen Ost und West, sondern mehr noch, weil die Adeligen im Höchstfall zufällige Übermittler, aber keineswegs Träger der orientalischen Kultur wurden. Diese Feststellung schließt die erwähnten gegenteiligen Beispiele nicht aus: Mindestens bis zum Hochmittelalter braucht die feudale Expansion eine wenigstens in Ansätzen vorhandene soziale Integration zwischen Eroberern und Unterworfenen, wenn eine echte Rezeption des höheren Kulturniveaus der unterworfenen Völker erfolgen soll. Das sizilianische Normannenreich und Spanien stehen unter diesem Aspekt nicht in einer Linie mit den Kreuzfahrerstaaten des Orients.

Anders stellt sich das Verhältnis Expansion-Kulturrezeption für das mittelalterliche Bürgertum dar. Der oberitalienische

Kaufmann blieb im Orient wie in Byzanz ein Fremder. Die Übernahmen materieller und geistiger Kultur stellen sich als eine Summe von Einzelleistungen dar.

Außer den bereits erwähnten Beispielen sei zudem auf die Impulse verwiesen, die das kaufmännische Geschäftsgebaren aus dem Orient übernahm. Neben dem arabischen Zahlensystem zählen hierzu rationalisiertes Rechnungswesen in Form von Buchhaltung, die Einführung des vereinfachten Zahlungsverkehrs in Gestalt von Schecks und Wechseln.

Natürlich galt auch hier, daß die Anregung dominierte und keineswegs die schematische Übernahme. Alle diese Einzelbeispiele fielen in den Heimatstädten auf so fruchtbaren Boden, daß die wichtigsten Bereiche des gesellschaftlichen Lebens der oberitalienischen Städte Impulse erhielten, die den historischen Fortschritt wesentlich beschleunigten. Dabei ging die Eigenständigkeit der Entwicklung nicht verloren.

Die Kreuzzüge nach dem Orient und die Kreuzzugsidee gehörten, obwohl sie die gesamte westeuropäische Feudalgesellschaft über zwei Jahrhunderte in Spannung hielten, zu den perspektivlosesten Eroberungsbewegungen der mittelalterlichen Geschichte. Neben dieser grundsätzlichen Wertung bleibt jedoch bestehen, daß in den Auswirkungen das Antlitz des europäischen Adels von den Folgen der Kreuzzüge nicht unwesentlich mitgeformt wurde. Markant zeichnen sich die Spuren in der Ritterkultur des 11. bis 13. Jahrhunderts ab. Die spätmittelalterliche wirtschaftliche Blüte Italiens ist, genauso wie beträchtliche Teile des europäischen Fernhandels, ohne die Expansion nach dem Orient undenkbar. Die Kolonialreiche der oberitalienischen Städte entstanden auf den durch die Kreuzzüge gewonnenen Positionen.

Zahlreiche Berührungspunkte materieller und geistiger Kultur sind als Begleiterscheinung feststellbar und haben als Einzelbeispiele bis weit über die Kreuzzüge hinaus Spuren in der Wirtschaft und im geistigen Leben Europas hinterlassen. Eine gesellschaftliche Synthese der verschiedenen Feudalgesellschaften entstand jedoch nicht. Nach dem Vergleich der Kreuzfahrerstaaten mit dem süditalienischen Normannenreich und Spanien ist man zunächst geneigt, die spezifische Kreuzzugsidee dafür verantwortlich zu machen. Das ist zunächst berechtigt, hieße jedoch in der letzten Konsequenz, die Idee überzubetonen. Die Grenzen werden vielmehr durch die unterschiedlichen Strukturen der Adelsgesellschaft gesetzt, die, jeweils innerlich gefestigt, eine Synthese nicht mehr zuließen. Auch das süditalienische Normannenreich war in diesem Sinne nicht mehr als eine Symbiose, zudem noch von, historisch gesehen, nur relativ kurzer Lebensdauer. Ein stärkeres und dauerhaftes Zusammenwachsen von Orient und Okzident war unter diesen Voraussetzungen nicht möglich.

ZEITTAFEL

661-755	Dynastie der Omaijaden
750-1258	Abbasidenkalifat
755	Gründung des Emirats der Omaijaden von Córdoba (829 Kalifat von Córdoba)
868-905	Herrschaft der Tuluniden in Ägypten. Ägypten bleibt nur locker dem Abbasidenkalifat untergeordnet
969-1171	Herrschaft der Fatimidendynastie in Ägypten. Die nur noch lockere Oberherrschaft der Abbasiden über Ägypten wird beendet
1016	Die Normannen beginnen mit der Eroberung Süditaliens
1016	Pisa erobert Sardinien
1031	Zerfall des Omaijadenkalifats von Córdoba in einzelne Kleinreiche. Damit günstige Voraussetzungen für das Forcieren der Reconquista von den nordspanischen christlichen Kleinreichen Asturien, León, Navarra, Kastilien, Aragon aus
1034	Pisa gründet Handelskolonie in Bono (Nordafrika)
1054	Spaltung der christlichen Kirche in die griechisch-orthodoxe und die römisch-katholische
1055	Seldschuken erobern Bagdad
1061	Beginn der Eroberung Siziliens von Süditalien aus durch die Normannen

1064	Französische Fürsten und Ritter erobern im islamischen Spanien Barbarstro
1070	Seldschuken entreißen den Fatimiden Jerusalem
1071	Schlacht bei Mantzikert. Die Seldschuken (Alp Arslan) schlagen das byzantinische Heer und gründen in Kleinasien das Sultanat Rum
1073-1085	Papst Gregor VII.
1074	Gregor VII. plant Kreuzzugsunternehmen zur Unterstützung von Byzanz gegen die Seldschuken und zur Unterordnung der byzantinischen Kirche unter Rom
1085	Toledo wird von Alfons VI. von Kastilien erobert
1081-1118	Kaiser Alexios I. von Byzanz
1088-1099	Papst Urban II.
1095	Konzil in Clermont, Papst Urban II. erläßt den Kreuzzugsaufruf
1096	Die Fatimiden erobern von den Seldschuken Jerusalem zurück
1096	Frühjahr: Bauernkreuzzug unter Leitung des Peter von Amiens, bei Nicäa vernichtet (6.10.1096)
1096-1099	1. Kreuzzug
1097-1098	Belagerung und Eroberung Antiochias. Bohemund von Tarent gründet Fürstentum
1097	Balduin von Boulogne Herr über Grafschaft Edessa
1099 (15.7.)	Eroberung Jerusalems
1100	Gründung des Königreiches von Jerusalem
1101	Kreuzzug französischer, deutscher und lombardischer Adeliger in Kleinasien vernichtend geschlagen
1104	König Balduin erobert Akkon
1105-1124	König (seit 1130) Roger II. von Sizilien verei-

	und die Herrschaften von Damaskus, Aleppo und Mosul zu einem Reich vereinigt
1187	Schlacht bei Hattin. Saladin besiegt das Heer der Kreuzfahrerstaaten. Jerusalem sowie andere wichtige Gebiete und Städte der Kreuzfahrer werden erobert
1189-1199	König Richard Löwenherz von England
1189-1192	3. Kreuzzug (Kaiser Friedrich I. Barbarossa, König Richard Löwenherz von England, König Philipp II. August von Frankreich)
1190 (10.6)	Friedrich Barbarossa ertrinkt im Saleph
1190-1197	Kaiser Heinrich VI.
1191/1192	Nach wechselvollen Kämpfen Waffenstillstand zwischen den Kreuzfahrern und Saladin. Nur ein schmaler Küstenstreifen verbleibt den Kreuzfahrerstaaten. Jerusalem kann nicht zurückgewonnen werden. Akkon wird Hauptstadt des Königreiches
1193	Tod Saladins
1197	Kreuzzug Kaiser Heinrichs VI.
1198-1216	Papst Innozenz III.
1198	Der Deutsche Ritterorden gegründet. Hauptsitz Akkon
1202	Teilnehmer des 4. Kreuzzuges erobern für Venedig Zara an der Dalmatinischen Küste (Preis für die Überfahrt)
1202-1204	4. Kreuzzug, gegen Ägypten geplant, wird unter Führung des venezianischen Dogen Enrico Dandolo zur Eroberung von Byzanz geführt
1203 (17.7.)	Erste Eroberung Konstantinopels
1204 (12.4)	Zweite Eroberung und verheerende Plünderung Konstantinopels
1204-1261	Gründung des Lateinischen Kaiserreiches durch Teilnehmer des 4. Kreuzzuges. Balduin von

Flandern wird Kaiser. Abhängige Lehensfürsten-
tümer in Thessalonike, Athen, Theben, Achaja,
Salona. Byzantinische Kleinreiche verbleiben:
Kaiserreich Nicäa, Trapezunt, Despotat Epiros

1209-1219 Albigenserkreuzzug. Militärische Führung im
Auftrag des Papstes Simon von Montfort. Der
Form nach gegen die Katharer in Südfrankreich
gerichtet, werden die Albigenserkriege in der
Folge (bis 1229) ein Instrument zur Unterwer-
fung des Südens unter die französische Krone

1212-1250 Kaiser (seit 1220) Friedrich II.

1212 Kinderkreuzzug. Ausgangsgebiete: Rheinland,
Ostfrankreich, Niederlothringen. Es handelt sich
wahrscheinlich um eine bäuerliche Bewegung,
an deren Spitze Kinder gestellt wurden.

1215 Laterankonzil. Die Kreuzzugsbewegung wird
forciert. Aufforderung an alle Klassen und
Schichten. Kreuzzugssteuer für geistlichen
Besitz (in drei Jahren den 20. Teil des Einkom-
mens)

1217-1229 Welle des 5. Kreuzzuges in mehreren zeitlich
voneinander getrennten Unternehmen. Hauptziel
Ägypten

1217-1218 Kreuzzug des Königs Andreas II. von Ungarn.
Sein Ziel war, Akkon zu sichern

1219-1221 Kreuzzug unter Kardinal Pelagius mit dem Ziel
Damiette zu erobern

1228-1229 Kreuzzug Kaiser Friedrichs II. Durch Vertrag
Jerusalem an Kreuzfahrerstaaten zurückgege-
ben. Friedrich läßt sich in Jerusalem krönen

1219 Franz von Assisi bemüht sich erfolglos, Sultan
al-Kamil zum Christentum zu bekehren

1230 Der Deutsche Orden beginnt mit der blutigen
Eroberung Preußens

1236	König Ferdinand III. von Kastilien erobert Córdoba
1238	Vom christlichen Königreich Aragon aus wird Valencia erobert
1245	Papst Innozenz IV. schickt Franziskaner unter Leitung von Johannes Carpini zu den Mongolen zwecks Missionierung und Bündnisverhandlungen, weitere Delegationen folgen
1248-1254	6. Kreuzzug, Ludwig IX., König von Frankreich, erobert Damiette, wird in der Schlacht bei Mansurah geschlagen, gefangengenommen und gegen Lösegeld freigelassen. Anschließend Aufenthalt in Akkon
1251	Pastorellenaufstand in Nordostfrankreich. Kreuzzugspredigt. Bewegung richtet sich gegen den Klerus
1259	Baibars, Sultan von Ägypten (seit 1260) schlägt die Mongolen und vereinigt Ägypten und Syrien
1260-1277	Mamelukensultan Baibars von Ägypten
1261	Mit der Eroberung Konstantinopels beendet Byzanz die Existenz des Lateinischen Kaiserreiches
1268	Sultan Baibars erobert Jaffa und Antiochia
1270	7. Kreuzzug. Feldzug Ludwigs IX. von Frankreich nach Tunis
1289	Tripolis geht den Kreuzfahrerstaaten verloren
1291	Akkon, letzter Stützpunkt der Kreuzfahrer im Orient, wird von den Mameluken (Sultan al-Aschraf) erobert. Zypern wird Rückzugsgebiet
1489	Zypern wird venezianischer Herrschaft unterworfen

LITERATUR

Die Literatur zum Thema ist fast unübersehbar. Jährlich erscheinen neue Untersuchungen und zusammenfassende Darstellungen. Die Bibliographie kann daher keinen Überblick auch nur über die wichtigsten Arbeiten geben. Sie will lediglich auf einige einführende Titel sowie Handbücher verweisen, ergänzt durch wenige Spezialuntersuchungen.

Atiya, A.S., Kreuzfahrer und Kaufleute, Stuttgart 1964

Bradford, E., Der Verrat von 1204. Die Zerstörung und Plünderung Konstantinopels, München 1980

Brentjes, B., Die Söhne Ismaels. Geschichte und Kultur der Araber, Leipzig 1971

Deschamps P., Terre Sainte Romane, Paris 1964

Durand, W., Das Zeitalter des Glaubens. Die Geschichte der Zivilisation. Bd. 4, Bern 1952

Eickhoff, E., Seekrieg und Seepolitik zwischen Islam und Abendland. Das Mittelmeer unter byzantinischer und arabischer Hegemonie, Berlin 1966

Erdmann, C., Die Entstehung des Kreuzzugsgedankens, Stuttgart 1935

Fedden, R./Thomson, J., Die Kreuzfahrerburgen im Heiligen Land, Wiesbaden 1969

Fink, H., Der Weg nach Jerusalem. Die unglaubliche Geschichte des 1. Kreuzzuges, Frankfurt 1987

Geschichte der Araber, hg. von L. Rathmann, Bd. 1/2, Berlin 1971

Le Goff, J., Das Hochmittelalter. Fischer-Weltgeschichte, Bd. 11, Frankfurt 1965

Haussig, H.W., Kulturgeschichte von Byzanz, Stuttgart 1954

A History of the Crusades, hg. von K.M. Setton, 4 Bde., Philadelphia 1955 ff.

Hunke, S., Allahs Sonne über dem Abendland – unser arabisches Erbe. Fischer-Taschenbuch Frankfurt 1991

Kashdan, A.P., Byzanz und seine Kultur, Berlin 1973

Die Kreuzzüge in Augenzeugenberichten, hg. und bearb. von R. Pernoud, München 1971

Die Kreuzzüge aus arabischer Sicht. Aus den arabischen Quellen ausgewählt und übersetzt von F. Gabrieli, München 1975

Lehmann, J., Die Kreuzfahrer: Abenteurer Gottes, Berlin 1979

Lilie, R.J., Byzanz und die Kreuzfahrerstaaten. Studien zur Politik des Byzantinischen Reiches gegenüber den Staaten der Kreuzfahrer (1096-1204), München 1981

Lüders, A., Die Kreuzzüge im Urteil syrischer und armenischer Quellen. Berliner byz. Arbeiten, Bd. 24, Berlin 1964

Madaule, J., Das Drama von Albi – der Kreuzzug gegen die Albigenser und das Schicksal Frankreichs, Freiburg 1964

Mayer, H.E., Bibliographie zur Geschichte der Kreuzzüge, Hannover 1965

Mayer, H.E., Geschichte der Kreuzzüge, Stuttgart 1980

Mazaheri, A., So lebten die Muselmanen im Mittelalter, Stuttgart 1957

Miccoli, G., La »crociata dei fanciulli« del 1212, Studi Medievali, Bd. 2, 1961, S. 407-443

Müller-Wien, W., Burgen der Kreuzritter im Heiligen Land, München/Berlin 1966

Norwich, J., The Normans in the South (1016-1130), London 1967

Ostrogorsky, G., Geschichte des byzantinischen Staates, München 1963

Payne, R., Die Kreuzzüge, 200 Jahre Kampf um das Heilige Grab, Bergisch Gladbach 1988

Prawer, J., Histoire du Royaume Latin de Jerusalem, Paris 1969

Prawer, J., Die Welt der Kreuzfahrer, Bergisch Gladbach 1979

Prutz, H., Kulturgeschichte der Kreuzzüge, Berlin 1883

Renouard, J., Les villes d'Italie de la fin du Xe siècle au début du XIVe siècle, Paris 1969

Rice, D.T., Die Kunst des Islam, München/Zürich 1967

Runciman, St., Geschichte der Kreuzzüge, München 1983

Smail, R.C., Crusading warfare (1097-1193). A contribution to medieval military history. Cambridge Studies Nr. 53, Cambridge 1956

Stickel, E., Der Fall von Akkon. Untersuchung zum Abklingen des Kreuzzugsgedankens am Ende des 13. Jahrhundert, Frankfurt 1975

Thiriet, T., Histoire de Venise, Paris 1969

Verbruggen, J.F., De krijgskunst in West-Europa in de middeleeuwen IXe tot begin XIVe eeuw., Brüssel 1954

Waas, A., Geschichte der Kreuzzüge, Freiburg 1966

Wentzlaff-Eggebert, F.-W., Kreuzzugsdichtung des Mittelalters. Studien zu ihrer Geschichte und dichterischen Wirklichkeit, Berlin 1960

Wollschläger, H., Die bewaffneten Wallfahrten gen Jerusalem, Zürich 1984

Zöllner, W., Geschichte der Kreuzzüge, Berlin 1990

BILDNACHWEIS

REGISTER

ISBN 3-7766-2048-X

Gerhard Konzelmann

Felsendom und Klagemauer

Am Brennpunkt des israelisch-palästinensischen Konflikts

Seit 1967 kontrollieren die Israelis den Ort, von dem aus Mohammed in den Himmel aufgestiegen sein soll. Doch Arafat will seinem Volk sein Heiligtum wiedergeben ...

Das aktuelle Buch zum Nahost-Friedensprozeß, das aus dem engen, ja freundschaftlichen Kontakt des Autors mit Yassir Arafat brisante Insider-Informationen liefert.

Herbig

Band 64156

Gerhard Konzelmann

**König Davids Erbe -
3000 Jahre Jerusalem**

**Auch 3000 Jahre nach der Eroberung durch David findet der
blutige Kampf um die heilige Stadt kein Ende**

Wenige Städte in der Menschheitsgeschichte haben mehr Blut-
vergießen und Zerstörung erlebt als Jerusalem, „die Heilige". Sie ist
eine der ältesten Städte der Erde und zugleich eine theologische
Kultstätte mit drei Dimensionen: einer jüdischen, einer christlichen und
einer islamischen.
König David eroberte sie um 1000 v. Chr. und machte sie zu seiner
Hauptstadt. Sein Sohn Salomo baute den ersten Tempel. 587 v. Chr.
zerstörte Nebukadnezar die Stadt. Die aus der babylonischen Gefan-
genschaft zurückgekehrten Juden bauten sie wieder auf. Nach der
Eroberung durch die Römer, Byzantiner, Perser, Omaijaden, Abbasiden,
Fatimiden, Kreuzfahrer, Mamelucken und Osmanen stand Jerusalem
erst unter britischer, dann jordanischer Herrschaft. Seit 1967 gehört
Jerusalem zum Staat Israel und Frieden ist noch immer eine Utopie.
Der Nahost-Experte Gerhard Konzelmann erörtert in seinem neuen
Buch die Sonderstellung Jerusalems in Geschichte und Gegenwart und
leistet damit einen unschätzbaren Beitrag zum Verständnis dieses
Brennpunktes in Israel.

**BASTEI
LÜBBE**

S. Fischer-Fabian Der Traum
vom Frieden
der Völker

Band 64152

S.Fischer-Fabian

**Alexander
der Große**

Alexander
DER GROSSE

Schon von den Menschen seiner Zeit erhielt er den ehrenvollen Beinamen »der Große«. Unsere Zeit sieht in ihm den Mann, der den Bedürfnissen seines Zeitatlers Rechnung trug, indem er die längt notwendig gewordene Öffnung des Orients für den Okzident ermöglichte.

Die Versöhnung von West und Ost war das Problem, das er lösen wollte. Alexander, ein Mann der Tat und Träumer zugleich, betrachtete es als seine Mission, den Haß zwischen den Völkern zu tilgen, Vorurteile abzubauen und alle Menschen unter einem Gesetz zu vereinigen. Ein Traum? Doch was wäre die Menschheit ohne eine Utopie, ohne Hoffnung?

**BASTEI
LÜBBE**